はじめて学ぶ
社外取締役・社外監査役の役割

松山 遙
Haruka Matsuyama

商事法務

はしがき

　本書は、新しく上場企業の社外役員に就任した方を対象に、株式会社の仕組み、取締役会・監査役会・各種委員会の位置づけ、そこで社外役員が果たすべき役割について解説したものである。

　新聞の紙面などで「コーポレート・ガバナンス」という言葉が飛び交うようになって久しい。会社法改正やコーポレートガバナンス・コードを受けて、どこの企業にとってもガバナンスの強化は喫緊の課題である。一方で、企業会計の大型不祥事など各種の不祥事は続いており、コンプライアンスの強化も依然として大きな課題となっている。

　こうした中、日本企業における社外取締役・社外監査役の存在感が増している。法改正等の動きを受けて、社外取締役を選任する企業が一気に増えた。会社の取締役会・監査役会といった重要会議の場に相当数の社外の者が参加することは、今ではごく当たり前の光景となっている。

　社外取締役・社外監査役に就任する方々の経歴は多様で、会社経営者として長い経験を有している方もいれば、株式会社に所属したことのない学者や専門家の方もいる。中には、株式会社の仕組みや会社法の規律などを詳しく知らないという方も多いだろう。会社の経営に携わってきた方であっても、昨今のコーポレート・ガバナンスの議論の流れなどを正確に把握されていない方もいるかもしれない。

　本書は、そのような方々に向けて書かれたものである。書中ではまず、株式会社の仕組みを説明しつつ、社外役員が出席しなければならない取締役会・監査役会・各種委員会の位置づけを整理する。次に、それら各種会議体ごとに社外役員が何をするべきなのか、何に注意するべきなのかを解説する。それらを通じて会社法やコーポレートガバナンス・コードが求める社外取締役・社外監査役の役割・責務のエッセンスをわかりやすく伝えることが、本書の狙いである。

　本書はしたがって、一般的な会社法の解説書とは異なり、社外役員が出席しなければならない会議体に焦点を当て、会議体ごとのスケジュールや審議事項を中心に構成されている。

はしがき

　筆者自身もいくつかの企業の社外役員を務める機会をいただいてきたが、本書を執筆する中で改めて気づかされる点が多かった。例えば、社外取締役・社外監査役が参加する形での取締役会運営とはどうあるべきか、新しく設置されることとなった指名・報酬委員会では何をどのように議論したらいいのか、法の趣旨と実務の乖離をどう埋めていくべきか、といった点である。これらは筆者が、監査役会設置会社の社外取締役・社外監査役、監査等委員会設置会社の監査等委員である取締役、指名委員会等設置会社の社外取締役（指名・報酬委員）などさまざまな立場を実際に経験する中で、日々考えさせられてきた点でもある。その意味では、本書に記した社外取締役・社外監査役のあるべき姿には、多分に筆者自身の経験に則した私見が含まれていることをご容赦いただきたい。

　これからの取締役会の運営のあり方、社外取締役・社外監査役が果たすべき役割・責務のあり方に関する議論は、今まさに始まったばかりである。今後の実務の積み重ねを通じて社外取締役・社外監査役の「あるべき姿」が、より明確になっていくと考えられる。そういう意味で、現在あるいはこれから社外取締役・社外監査役に就任する方々の努力それ自体が、今後の社外取締役・社外監査役の役割・責務を象っていくはずである。本書がそういう皆様にとって少しでもお役に立てれば幸いである。

　なお、本書の刊行に当たっては、株式会社商事法務の岩佐智樹氏および木村太紀氏に大変お世話になった。ここに深く感謝の意を表する次第である。

2017年9月

　　　　　　　　　　　　　　　　　　　　　　　　松　山　　遙

目 次

序 ··· 1

第1章　株式会社の基本的な仕組みとスケジュール ─── 5

◆1◆　株式会社の基本的な仕組み ······································ 5
　（1）　株式会社の機関設計 ··· 5
　　　①　監査役会設置会社 ··· 6
　　　②　監査等委員会設置会社 ·· 7
　　　③　指名委員会等設置会社 ·· 8
　　　④　3つの機関設計の比較 ··· 9
　（2）　定款・社内規則等 ··· 10

◆2◆　株式会社の年間スケジュール ·································· 12
　（1）　年間スケジュールの具体例 ··································· 12
　（2）　株主総会 ·· 17
　（3）　取締役会 ·· 19
　　　①　株主総会直後の取締役会 ···································· 20
　　　②　定例取締役会 ·· 22
　　　③　決算に関する取締役会 ······································· 24
　　　④　総会招集決定の取締役会 ···································· 26
　（4）　指名・報酬委員会 ··· 27
　　　①　指名委員会 ··· 27
　　　②　報酬委員会 ··· 31
　（5）　監査役会・監査委員会・監査等委員会 ··················· 34
　　　①　株主総会直後の監査役会・監査委員会・監査等委員会 ······ 34
　　　②　定例の監査役会・監査委員会・監査等委員会 ············· 38
　　　③　総会招集決定前の監査役会・監査委員会・監査等委員会 ··· 41

第2章　取締役会 ──────────── 45

◆1◆　取締役会の役割・機能 ·· 45

目　次

  (1)　取締役会の2つの機能 …………………………………… 46
  (2)　マネジメント・モデルとモニタリング・モデル ………… 48
   ① マネジメント・モデル …………………………………… 48
   ② マネジメント・モデルに対する批判 …………………… 49
   ③ モニタリング・モデル …………………………………… 50
   ④ ハイブリッド型のガバナンス・モデル ………………… 52
  (3)　社外取締役に求められる役割 …………………………… 54
   ① 指名・報酬の決定プロセスへの関与 …………………… 54
   ② 取締役会の審議を通じた監督 …………………………… 55
   ③ コーポレートガバナンス・コードに定める社外取締役の役割・
    責務 ………………………………………………………… 56
   ④ 社内取締役との関係 ……………………………………… 58

◆ **2** ◆　**取締役会の構成・権限等** ……………………………… 60
  (1)　取締役会の構成 …………………………………………… 60
  (2)　取締役会の権限 …………………………………………… 61
  (3)　取締役会の運営 …………………………………………… 62
   ① 招集手続 …………………………………………………… 62
   ② 議事・決議 ………………………………………………… 62
  (4)　取締役会の開催スケジュール …………………………… 63

◆ **3** ◆　**取締役会決議事項と留意点** …………………………… 64
  (1)　はじめに …………………………………………………… 64
  (2)　取締役会に上程される決議事項 ………………………… 65
   ① 「重要な業務執行」の判断基準 ………………………… 66
   ② コーポレートガバナンス・コード等で要請されている事項 …… 68
   ③ 取締役会付議基準 ………………………………………… 70
  (3)　事業活動に関する議案の留意点 ………………………… 74
   ① 経営判断の原則 …………………………………………… 76
   ② 信頼の原則 ………………………………………………… 85
   ③ 社外取締役が注意しなければならないポイント ……… 87
  (4)　経営方針・経営計画に関する議案の留意点 …………… 89
   ① 経営方針・経営計画を策定・公表する必要性 ………… 90
   ② 経営方針・経営計画に関する議論のあり方 …………… 93

　　　　③　社外取締役が注意しなければならないポイント ………… 94
　　(5)　内部統制システムに関する議案の留意点 ……………………… 96
　　　　①　内部統制システムの構築・運用義務 ………………………… 96
　　　　②　企業集団としての内部統制システムの必要性 …………… 101
　　　　③　社外取締役が注意しなければならないポイント ………… 104
　　(6)　子会社管理に関する議案の留意点 …………………………… 106
　　　　①　子会社の業務執行のマネジメント ………………………… 107
　　　　②　子会社役員に対するモニタリング ………………………… 107
　　　　③　社外取締役が注意しなければならないポイント ………… 109
　　(7)　利益相反に関する議案の留意点 ……………………………… 112
　　　　①　利益相反関係に対する監督 ………………………………… 113
　　　　②　親会社・支配株主との取引に対する監督 ………………… 115
　　　　③　社外取締役が注意しなければならないポイント ………… 117

◆ 4 ◆　**取締役会報告事項と留意点** ……………………………………… 120
　　(1)　はじめに ………………………………………………………… 120
　　(2)　取締役会の報告事項 …………………………………………… 121
　　　　①　取締役会への報告が必要とされる事項 …………………… 121
　　　　②　定期的・継続的な報告の必要性 …………………………… 124
　　　　③　取締役会報告基準 …………………………………………… 125
　　(3)　業績の進捗状況報告 …………………………………………… 129
　　　　①　業績の進捗状況報告の必要性 ……………………………… 129
　　　　②　社外取締役が注意しなければならないポイント ………… 131
　　(4)　内部統制システムの運用結果報告 …………………………… 132
　　　　①　内部統制システムの運用結果報告の必要性 ……………… 132
　　　　②　社外取締役が注意しなければならないポイント ………… 135
　　(5)　委員会の活動状況報告 ………………………………………… 137
　　　　①　委員会の活動状況報告の必要性 …………………………… 137
　　　　②　社外取締役が注意しなければならないポイント ………… 139

◆ 5 ◆　**事前説明・情報収集等の必要性** ……………………………… 140
　　(1)　はじめに ………………………………………………………… 140
　　(2)　取締役会の事前説明 …………………………………………… 141
　　(3)　就任時の説明 …………………………………………………… 142

(4)　情報入手と支援体制 …………………………………………… 144
　　(5)　社外役員会議 ………………………………………………… 145
　　(6)　取締役会の実効性評価 ……………………………………… 146

第3章　指名・報酬委員会 ――――――――――――――― 147
◆1◆　指名・報酬委員会の役割　147
　　(1)　指名・報酬委員会の設置が求められる理由 ……………… 148
　　(2)　社外取締役に求められる役割 ……………………………… 151
◆2◆　指名・報酬委員会の構成・権限等　154
　　(1)　委員会の構成 ………………………………………………… 155
　　(2)　委員会の権限 ………………………………………………… 156
　　　①　決定権限の有無 …………………………………………… 156
　　　②　決議・諮問事項の範囲 …………………………………… 157
　　(3)　委員会の運営 ………………………………………………… 159
　　　①　招集手続 …………………………………………………… 159
　　　②　決議・答申の方法 ………………………………………… 160
　　(4)　委員会の開催スケジュール ………………………………… 160
◆3◆　指名委員会における審議事項と留意点　164
　　(1)　はじめに ……………………………………………………… 164
　　(2)　指名委員会で審議すべき事項 ……………………………… 165
　　　①　社内取締役候補者の指名 ………………………………… 166
　　　②　社外取締役候補者の指名 ………………………………… 170
　　　③　サクセッション・プラン ………………………………… 173
　　　④　取締役会の構成・員数 …………………………………… 177
◆4◆　報酬委員会における審議事項と留意点　180
　　(1)　はじめに ……………………………………………………… 180
　　(2)　報酬委員会で審議すべき事項 ……………………………… 181
　　　①　個人別の報酬の内容の決定 ……………………………… 181
　　　②　報酬の基本方針の明確化 ………………………………… 183
　　　③　報酬体系の見直し（業績連動型のインセンティブ報酬の導入）… 185

第4章　監査役会・監査委員会・監査等委員会 ━━━━━ 191

- ◆1◆ **監査役会・監査委員会・監査等委員会の役割・機能** ……… 191
  - (1) 監査役等による監査 ……………………………………………… 191
  - (2) 取締役会による監督との違い …………………………………… 194
  - (3) 社外の監査役・監査委員・監査等委員に求められる役割 … 196
    - ① 違法性の監査 ………………………………………………… 196
    - ② 監査委員・監査等委員である社外取締役に求められる役割 … 199
    - ③ 社内出身の監査役・監査委員・監査等委員との関係 ……… 202
- ◆2◆ **監査役会・監査委員会・監査等委員会の構成・権限** ……… 204
  - (1) 監査役・監査委員・監査等委員の地位 ……………………… 204
  - (2) 監査役会・監査委員会・監査等委員会の構成 ……………… 205
    - ① 社外者の占める比率 ………………………………………… 206
    - ② 常勤者の有無 ………………………………………………… 206
    - ③ 調査権等を行使する監査委員・監査等委員の選定 ……… 207
  - (3) 監査役・監査役会・監査委員会・監査等委員会の権限 …… 208
    - ① 監査役・監査役会の権限 …………………………………… 208
    - ② 監査委員会・監査等委員会の権限 ………………………… 212
  - (4) 招集手続 …………………………………………………………… 214
  - (5) 決　議 ……………………………………………………………… 215
  - (6) 開催スケジュール ……………………………………………… 215
- ◆3◆ **監査役会・監査委員会・監査等委員会における審議事項** … 217
  - (1) はじめに …………………………………………………………… 217
  - (2) 監査役会・監査委員会・監査等委員会で審議すべき事項 … 219
    - ① 監査役会における審議事項 ………………………………… 219
    - ② 監査委員会・監査等委員会における審議事項 …………… 221
  - (3) 常勤の監査役・監査委員・監査等委員からの報告 ………… 222
    - ① 監査方針・監査計画・役割分担等の策定 ………………… 222
    - ② 常勤の監査役・監査委員・監査等委員からの定期的な報告 … 223
  - (4) 内部監査部門との連携 ………………………………………… 224
    - ① 内部監査部門からの報告 …………………………………… 224
    - ② 内部監査の体制・運用に対する評価 ……………………… 225

(5)　会計監査人との連携 ……………………………………………… 226
　　　①　会計監査人からの報告 ……………………………………… 226
　　　②　会計監査人の評価・監督 …………………………………… 228
　　(6)　子会社の監査役等との連携 …………………………………… 230
　　(7)　監査報告の作成 ………………………………………………… 231
　　(8)　株主総会に提出する議案への同意 …………………………… 233

第5章　株主総会 ——————————————————— 235

◆1◆　株主総会の役割・機能 ………………………………………… 235
　　(1)　株式会社の最高意思決定機関 ………………………………… 236
　　(2)　株主総会における決議事項 …………………………………… 237
　　(3)　株主総会における報告事項 …………………………………… 239
◆2◆　株主総会の議事運営 …………………………………………… 240
　　(1)　議事の流れ ……………………………………………………… 240
　　(2)　議事の整理が必要な場合 ……………………………………… 247
　　　①　発言の制止・退場命令 ……………………………………… 247
　　　②　答弁担当者の指名 …………………………………………… 247
　　　③　動議対応 ……………………………………………………… 248
　　(3)　決議要件 ………………………………………………………… 248
◆3◆　取締役・監査役の説明義務 …………………………………… 249
　　(1)　説明義務の範囲 ………………………………………………… 250
　　　①　説明しなければならない事項 ……………………………… 250
　　　②　説明してはいけない事項 …………………………………… 251
　　(2)　社外取締役・社外監査役としての留意点 …………………… 253
　　　①　社外取締役としての留意点 ………………………………… 253
　　　②　社外監査役としての留意点 ………………………………… 254

第6章　社外取締役・社外監査役の責任 ——————— 256

◆1◆　はじめに ………………………………………………………… 256
◆2◆　会社法に基づく役員責任 ……………………………………… 257
　　(1)　経営判断の誤り ………………………………………………… 259

| (2) 利益相反取引の監督 …………………………………………… 262
| (3) 監視義務 …………………………………………………………… 263
| (4) 内部統制システムの構築・運用 ……………………………… 265
◆3◆ **金融商品取引法に基づく責任** ……………………………… 267

事項索引 ………………………………………………………………… 271

●著者紹介●

松山　遙（まつやま　はるか）

＜現職＞
　日比谷パーク法律事務所パートナー

＜経歴＞
　平成 4 年 10 月　　司法試験合格
　平成 5 年 3 月　　　東京大学法学部卒業
　平成 5 年 4 月　　　司法修習生（47 期）
　平成 7 年 4 月　　　東京地裁判事補任官
　平成 12 年 7 月　　 弁護士登録（第二東京弁護士会）、日比谷パーク法律事務所入所
　平成 24 年 6 月　　 株式会社バイテック　社外監査役
　平成 25 年 6 月　　 株式会社 T&D ホールディングス　社外取締役（現職）
　平成 26 年 6 月　　 三井物産株式会社　社外監査役（現職）
　平成 26 年 6 月　　 株式会社三菱 UFJ フィナンシャル・グループ　社外取締役（現職）
　平成 27 年 6 月　　 株式会社バイテック（現株式会社バイテックホールディングス）社
　　　　　　　　　　外取締役（現職）

＜主な著作＞
　日経 BP 実戦 MBA ④『MBA 訴訟戦略』（日経 BP 社、2002 年）
　『委員会等設置会社への移行戦略』（共著）（商事法務、2003 年）
　『ハンドブックシリーズ 3　取締役・執行役』（共著）（商事法務、2004 年）
　『実務相談　株式会社法――補遺』（共著）（商事法務、2004 年）
　『実務対応　新会社法 Q&A』（共著）（清文社、2005 年）
　『コンプライアンス経営の確立と法務部門の機能強化』（共著）（企業研究会、2006 年）
　『経営判断ケースブック――取締役のグッドガバナンスの実践』（共著）（商事法務、
　2008 年）
　『論点体系会社法 2』（共著）（第一法規、2012 年）
　『敵対的株主提案とプロキシーファイト〔第 2 版〕』（商事法務、2012 年）
　『独立取締役の基礎知識』（共著）（中央経済社、2012 年）
　『〔専門訴訟講座 7〕会社訴訟――訴訟・非訟・仮処分』（共著）（民事法研究会、2013 年）
　『株主提案の議案ごとの分析と問題点』（共著）別冊商事法務 No.381（商事法務、2013 年）
　『監査等委員会設置会社の活用戦略』（共著）（商事法務、2015 年）
　『平成 29 年株主総会の準備実務・想定問答』（共著）（中央経済社、2017 年）
　『コーポレートガバナンスハンドブック』（共著）（商事法務、2017 年）

＜所属＞
　日比谷パーク法律事務所
　千代田区有楽町 1 丁目 5 番 1 号　日比谷マリンビル 5 階
　　TEL　03-5532-8888（代）　03-5532-8083（直）
　　FAX　03-5532-8800

序

　近年、「社外取締役」がブームである。わが国を代表する企業がガバナンス強化のためとして次々と社外取締役を選任し、不祥事を起こした企業でも著名な社外取締役を迎えることで再発防止に向けた取組みをアピールしている。
　その背景にあるのは、社外取締役の導入を促す会社法や金融商品取引所のルール改正の動きである。
　平成27年5月の改正会社法施行、同年6月のコーポレートガバナンス・コードの適用開始により、上場会社に対して社外取締役の選任が事実上義務づけられることとなった。しかも、1名ではなく複数名、できれば取締役会の3分の1以上、目指すべきは取締役会の過半数といった形で社外取締役の増員が求められている。新聞その他のマスコミでは、単に社外取締役を導入するだけでなく、女性や外国人の社外取締役の導入を促すような論調も多い。あたかも社外取締役を入れさえすればガバナンス体制が強化されるかのごとくである。
　このような流れを受けて、多くの上場会社で社外取締役が選任されることとなり、毎年多くの方が新たに社外取締役に就任している。
　しかし、実際に社外取締役に就任した者として、一体何をすれば社外取締役としてガバナンスの強化に貢献できるのか、自分が期待された役割・責務を果たしていると言えるのかどうか、自信がないという向きも多いのではないか。その理由の1つとして、社外取締役には具体的な業務が課されておらず、取締役会等の個々の場面でどういう活動・貢献が求められているのかという行動指針・判断基準が曖昧だからという点があげられる。
　社外取締役を導入することの効用としてよく語られているのは、社外の

I

序

目を入れることによって取締役会の議論が活性化するとともに経営の方向性に対して大所高所からの助言を得ることができるという点である。

しかし、これだけ世の中をあげて社外取締役の導入・増員が求められている以上、単なる助言やアドバイスだけが目的のはずがない。もっと具体的な役割・責務が期待されているはずである。

コーポレートガバナンス・コードでは、社外取締役に求められる役割・責務について、以下のとおり整理されている。

【原則 4-7. 独立社外取締役の役割・責務】
　上場会社は、独立社外取締役には、特に以下の役割・責務を果たすことが期待されることに留意しつつ、その有効な活用を図るべきである。
（ⅰ）経営の方針や経営改善について、自らの知見に基づき、会社の持続的な成長を促し中長期的な企業価値の向上を図る、との観点からの助言を行うこと
（ⅱ）経営陣幹部の選解任その他の取締役会の重要な意思決定を通じ、経営の監督を行うこと
（ⅲ）会社と経営陣・支配株主等との間の利益相反を監督すること
（ⅳ）経営陣・支配株主から独立した立場で、少数株主をはじめとするステークホルダーの意見を取締役会に適切に反映させること

しかし、これを読んでも、社外取締役になった立場としては、具体的な場面で何をどのように判断したらいいのか、どのように行動したらいいのか、よくわからないというのが正直なところであろう。特に経営者出身ではない社外取締役の場合には、会社における意思決定の仕組み・手続についても初めて経験するわけであるから、「取締役会の重要な意思決定を通じ、経営の監督を行うこと」などと言われても、取締役会に出席して自分は何をすべきなのか、取締役会に上程される個別の議案についてどういう視点で意見を述べればよいのか、具体的にイメージすることは難しい。

また、多くの上場会社では、「社外取締役」以外に「社外監査役」も選任されているが、両者の間にどういう役割・責務の違いがあるのかというと、これも曖昧である。

コーポレートガバナンス・コードでは、監査役および監査役会の役割・

責務について、以下のとおり整理されている。

> 【原則4-4．監査役及び監査役会の役割・責務】
> 　監査役及び監査役会は、取締役の職務の執行の監査、外部会計監査人の選解任や監査報酬に係る権限の行使などの役割・責務を果たすに当たって、株主に対する受託者責任を踏まえ、独立した客観的な立場において適切な判断を行うべきである。
> 　また、監査役及び監査役会に期待される重要な役割・責務には、業務監査・会計監査をはじめとするいわば「守りの機能」があるが、こうした機能を含め、その役割・責務を十分に果たすためには、自らの守備範囲を過度に狭く捉えることは適切でなく、能動的・積極的に権限を行使し、取締役会においてあるいは経営陣に対して適切に意見を述べるべきである。

　しかし、「守りの機能」を超えて能動的・積極的に権限を行使せよと言われても、どのような権限を行使すればよいのかわからず、途方に暮れてしまう。

　このように、社外取締役・社外監査役の果たすべき役割・責務については、会社法やコーポレートガバナンス・コードを勉強して一通りの理解を得たとしても、それだけでは個別具体的な場面で何をなすべきなのか、何に注意しておく必要があるのかという点について、なかなかイメージしにくいと思われる。

　そこで本書では、社外取締役・社外監査役の役割・責務を具体的にイメージできるように、実際に社外取締役・社外監査役に就任した後に行わなければならない活動を念頭に置いて、それらの場面で社外取締役・社外監査役として何をすることが求められているのか、何に注意しなければいけないのかを検討しながら、社外取締役・社外監査役の役割・責務を明らかにしていきたい。

　物理的な意味での社外取締役・社外監査役の仕事とは、それぞれの立場で株主総会、取締役会、監査役会のほか、指名・報酬に関する委員会を設置している場合にはそれらの委員会へ出席し、審議に参加して意見を述べたり、決議に参加することである。

序

　本書では、それらの会議体の意義・目的、具体的にそれらの会議ではどういう事項が審議されているのかを説明した上、それらの審議・決議に加わるに当たり、社外取締役・社外監査役として留意しなければならない点を検討・解説していく。

　このような会議における審議・決議を通じて社外取締役・社外監査役として特に留意しなければならない点というのが、社外取締役・社外監査役に求められる役割・責務でもある。

第1章　株式会社の基本的な仕組みとスケジュール

◆ 1 ◆　株式会社の基本的な仕組み

　社外取締役・社外監査役は、会社の事業に関して具体的に業務を分担することはない。取締役会、監査役会などの会議に出席し、その審議を通じて期待される役割・責務を尽くすことが社外役員としての仕事である。それらの会議で求められる役割・留意点について説明する前に、前提知識として、株式会社にはどういう会議が設置されているのか、それらの会議の基本的ルールはどのように定められているのか、を概説しておく。

(1)　株式会社の機関設計

　わが国の上場会社の機関設計には、①監査役会設置会社、②指名委員会等設置会社、③監査等委員会設置会社、という3つのタイプがある。もともとは監査役会設置会社という1つのタイプしかなかったが、平成14年商法改正で指名委員会等設置会社（当時は「委員会等設置会社」と定義されていたが、本書では「指名委員会等設置会社」という）、平成26年会社法改正で監査等委員会設置会社というタイプが認められるようになり、現在では3つのタイプの中から各社の判断で選択できるようになっている。多くの会社は従来どおり監査役会設置会社のままであるが、ここ数年の間で監査等委員会設置会社へ移行する会社が増えてきている（平成29年6月総会終了時点で822社。三菱UFJ信託銀行調べ）。一方で、指名委員会等設置会社へ移行した会社はまだ少ない（同年8月1日時点で73社。日本取締役協会調べ）。

第1章　株式会社の基本的な仕組みとスケジュール

[図1　監査役会設置会社]

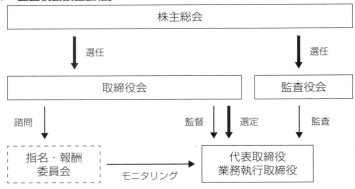

まず、これら3つのタイプの機関設計の基本的な仕組みを比較してみよう。

①　監査役会設置会社

監査役会設置会社の基本的な仕組みは、図1のとおりである。株主総会で取締役および監査役を選任し（会社法329条1項）、取締役で構成される取締役会（同362条）、監査役で構成される監査役会（同390条）が設置される。

監査役は会社の業務を執行することはせず、取締役の職務執行を監査するために選任される（会社法335条2項、381条1項）。監査役会の半数は社外監査役とする必要があるが（同335条3項）、社外取締役の選任は義務づけられていない（同327条の2参照）。

具体的な業務執行を担当するのは代表取締役・業務執行取締役であり、彼らは取締役会で取締役の中から選定される（会社法362条3項、363条1項）。

取締役会は、会社の重要な業務執行を決定し、取締役の職務執行を監督する（会社法362条2項）。重要な業務執行の決定は取締役に委任することはできず、必ず取締役会で決定しなければならない（同条4項）。次期取締役候補者の指名や個々の取締役の報酬額の決定も取締役会で行う。

[図2 監査等委員会設置会社]

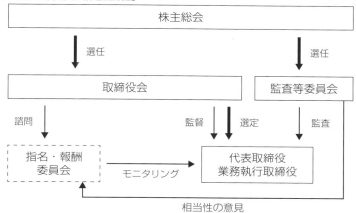

ただし、コーポレートガバナンス・コードでは、社外取締役の選任が強く推奨されており（原則 4-8）、多くの上場企業（平成 29 年 6 月総会終了時点で約 67.1％。東証 1 部では約 87.3％。三菱 UFJ 信託銀行調べ）は 2 名以上の社外取締役を選任している。そして、取締役会の下に社外取締役を主要な構成員とする任意の諮問委員会を設置し、指名・報酬などの重要事項に社外取締役を関与させることが要請されており（補充原則 4-10 ①）、そのような委員会を設置する会社も増えている。

② **監査等委員会設置会社**
　監査等委員会設置会社の基本的な仕組みは、図 2 のとおりである。ここでは、株主総会で取締役および「監査等委員である取締役」を別々に選任し（会社法 329 条 1 項・2 項）、監査等委員も含めた全取締役で構成される取締役会、監査等委員である取締役で構成される監査等委員会（同 399 条の 2 第 1 項）が設置される。
　監査等委員会の仕事は原則として監査役会と同じである。監査役が「監査等委員である取締役」に置き換えられ、取締役会メンバーとして議決権も付与されるイメージである。監査等委員である取締役の過半数は社外取締役でなければならない（会社法 331 条 6 項）。

[図3 指名委員会等設置会社]

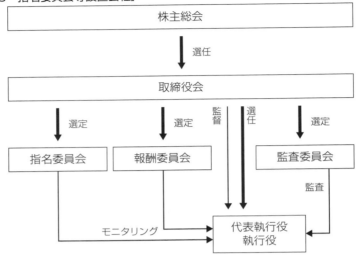

具体的な業務執行を担当するのは代表取締役・業務執行取締役であり、彼らは取締役会で取締役の中から選定される（会社法399条の13第3項）。

取締役会は、原則として会社の重要な業務執行を決定し、取締役の職務執行を監督する（会社法399条の13第1項）。ただし、定款の定めを置けば、重要な業務執行の決定権限を代表取締役らに委任することができる（同条6項）。また、次期取締役候補者の指名や個々の取締役の報酬額の決定も取締役会で行うが、監査等委員会において指名・報酬の相当性についてチェックし、必要があれば意見を述べることができる（同342条の2第4項、361条6項）。さらに、コーポレートガバナンス・コードでは、監査役会設置会社だけでなく監査等委員会設置会社に対しても指名・報酬に関する任意の諮問委員会を設置するよう要請されており（補充原則4-10①）、そのような委員会を設置する会社も増えている。

③ 指名委員会等設置会社

これに対し、指名委員会等設置会社の基本的な仕組みは、図3のとおりであり、他の2つのタイプとかなり異なる。株主総会で取締役を選任し、

全取締役で構成される取締役会において、指名・監査・報酬という3つの委員会の委員を選定する（会社法400条2項）。

監査委員会が、図1の監査役会、図2の監査等委員会と同じく「監査」という仕事を担当しているが、監査役会および監査等委員会のメンバーは株主総会で選任され、取締役会から独立して位置づけられているのに対し、監査委員会のメンバーは取締役会で選定され、取締役会の下部機関に近い位置づけとなる。ただし、監査委員会の構成メンバーの過半数は社外取締役でなければならない（会社法400条3項）。

具体的な業務執行を担当するのは執行役であり、取締役会は執行役を選任し（会社法402条2項）、執行役の中から代表執行役を選定する（同420条1項）。執行役は取締役を兼ねることができるため（同402条6項）、実態としては業務執行取締役と変わらないが、理念としては、取締役＝監督する立場、執行役＝業務執行する立場として整理され、執行と監督の分離が図られている。

重要な業務執行の決定権限は取締役会から執行役へ委任することができる（会社法416条4項）。そのため取締役会は、極めて重要な業務執行の決定を行う以外は、取締役および執行役の職務執行の監督を行う。また、取締役候補者の決定は指名委員会が、取締役および執行役の個別の報酬額の決定は報酬委員会が行うこととされている（同404条1項・3項）。指名・報酬委員会も、その構成メンバーの過半数は社外取締役であり、各委員会で決定した内容を取締役会の決議で変更することはできない。

④ 3つの機関設計の比較

以上のとおり、これらの3つのタイプを比較すると、株主総会で取締役を選任し、取締役で構成される取締役会で業務執行者（代表取締役・業務執行取締役または代表執行役・執行役）を選任または選定するという点は、いずれの機関設計であっても共通である。

また、監査を担当する会議として、監査役会・監査等委員会・監査委員会が設置されている。監査を担当する役員が、株主総会で選任される監査役なのか、株主総会で「監査等委員」として選任される取締役なのか、取締役会で「監査委員」として選定される取締役なのか、といった違いはあ

るにせよ、業務執行に関与しない立場の会社役員が取締役・執行役の職務執行を監査するという点において3つの機関設計の間で違いはない。

一方で、重要な業務執行の決定については、監査役会設置会社では必ず取締役会で決定しなければならないのに対し、指名委員会等設置会社では大幅に執行役に委任することが認められている。監査等委員会設置会社では原則として取締役会で決定することとされているが、定款の定めを置けば大幅に取締役に委任することができる。

指名・報酬については、指名委員会等設置会社では社外取締役を過半数とする指名委員会および報酬委員会の設置が義務づけられているのに対し、監査役会設置会社および監査等委員会設置会社では特に委員会の設置は義務づけられていない（ただし、監査等委員会設置会社では、監査等委員会が指名・報酬について意見を言うことができる）。しかし、コーポレートガバナンス・コードにおいて、監査役会設置会社または監査等委員会設置会社であっても、社外取締役を主要な構成員とする任意の諮問委員会を設置し、指名・報酬といった重要事項に関して社外取締役を関与させるべきであると提言されているため（補充原則4-10①）、近年では任意に指名・報酬に係る諮問委員会を設置する企業が増えつつある。

監査役会設置会社および監査等委員会設置会社でそのような任意の諮問委員会を設置した場合には、取締役会の下に社外取締役が過半数を占める委員会を設置し、そこで指名・報酬について審議を行うことになり、3つの機関設計ともに近い運営がなされることになる。もちろん、指名委員会等設置会社の場合には、会社法で委員会の構成や権限等について決められているのに対し、監査役会設置会社および監査等委員会設置会社の場合には任意設置の諮問委員会なので構成・権限等についても各社の裁量で決めることができるため、全く同じということではないが、指名・報酬の決定プロセスに社外取締役を積極的に関与させるという役割・機能はいずれの機関設計であっても同じである。

(2) 定款・社内規則等

上場会社には、どのタイプの機関設計を選択するかによって若干の違い

はあるものの、基本的な仕組みとして、株主総会、取締役会、監査を担当する監査役会・監査委員会・監査等委員会のほか、任意または法定の委員会として指名・報酬委員会が設置されることになる。社外取締役・社外監査役に就任した場合には、その立場に応じてこれらの会議に出席することが主な仕事となる。

　これらの会議のメンバーをどのように選ぶのか、その職務・権限はどういうものか、誰が招集し、どのように決議するのかといった運営方法については、会社法をふまえつつ各社で定款や社内規則等を定め、そこで詳細なルールを決めている。

　定款とは会社の根本規範であり、株式会社を設立する際には必ず作成しなければならないものである。定款を変更するためには株主総会の3分の2以上の賛成が求められるなど厳格な要件・手続が定められており（会社法309条2項11号）、いわば株式会社の憲法のようなものである。ここでは、会社の事業目的は何なのか、どういう機関設計を選択するのか、株主総会・取締役会・監査役会・各委員会の構成（例えば、発行する株式総数や取締役員数の上限など）、招集手続、決議要件・手続等が定められている。ただし、詳細については取締役会・監査役会・各委員会の規則へ委ねていることが多い。

　取締役会・監査役会・各委員会の運営に関する詳細については、取締役会規則、監査役会規則、各委員会規則で定められている。ここでは、招集権者・議長、招集手続等のほか、各会議の職務や審議すべき事項について定められている。後述するとおり、取締役会では当該会社の重要な業務執行に関する事項について決議することとされているため、取締役会規則では取締役会に付議するべき事項を定める基準（取締役会付議基準）についても示されている。

　以上は、社外取締役・社外監査役が出席することが予定されている会議に関するルールであるが、株式会社にはそれ以外にもさまざまな会議や委員会が設置されており、取締役会に上程される議案の中には事前にそれらの会議・委員会を経ることが義務づけられていることもある。

　例えば、多くの会社では、社外取締役以外の取締役が集まる「経営会議」とか「常務会」といった名称で呼ばれる会議が設置されている。これ

は、代表取締役・業務執行取締役といった実際に業務を担当する取締役による会議であり、実質的な議論はここで行われていることが多い。それ以外にも、会社によっては、コンプライアンス委員会、リスク管理委員会、投資委員会といった委員会が設置されていることもある。

社外取締役・社外監査役は、これらの経営会議や委員会に出席することはないものの、そこでどのような議論がされていたのかについては適宜報告を受けながら、取締役会に参加する必要がある。そのため、当該会社にはどのような会議・委員会が置かれているのかという会社全体の組織体制については、就任した時点できちんと説明を受けておくべきである。

◆2◆ 株式会社の年間スケジュール

次に、社外取締役・社外監査役の仕事を具体的にイメージするため、就任した後の年間スケジュールはどういうものなのか、その全体像を見てみよう。

(1) 年間スケジュールの具体例

株式会社では、前述したとおり、さまざまな会議が設置され、組織体制・決裁ルールの中に組み込まれている。社外取締役・社外監査役は、それぞれの立場に応じて各会議に出席しなければならない。

その中で、社外取締役が出席しなければならない会議は、①株主総会、②取締役会、③任意または法定の指名・報酬委員会の委員である場合にはそれらの委員会である。

社外監査役が出席しなければならない会議は、①株主総会、②取締役会、③監査役会、となる。指名委員会等設置会社または監査等委員会設置会社という機関設計をとっている会社では、監査役会の代わりに、監査委員会・監査等委員会という会議が設置される。監査委員・監査等委員である社外取締役は、これらの会議にも出席する必要があるが、その位置づけは監査役会とほぼ同様と考えてかまわない。

2　株式会社の年間スケジュール

　それらの会議の年間スケジュールと審議されるテーマ（議題）を一覧表の形にまとめてみると、表1のとおりである。これは3月決算の株式会社をモデルとしている。3月決算の場合、事業年度は4月1日から3月31日までであるが、会社役員は株主総会で選任されるため、社外取締役・社外監査役としての活動のスタートは、6月の定時株主総会で選任された時点となる。

　ここで記載したスケジュールは、あくまでもイメージであり、もちろん会社によって多少の違いはあるものの、おおよその流れは一致している。それぞれの会議において決めなければならないことや審議しなければならないことが会社法上定められているため、事業年度中のどこのタイミングで何を審議・決議する必要があるのかといった年間スケジュールの流れは、ほぼ同じである。

[表1　監査役会設置会社の年間スケジュール例]

	株主総会	取締役会	指名・報酬委員会	監査役会
6月下旬	定時株主総会 ✓計算書類等の報告 ✓剰余金処分議案 ✓取締役選任議案 ✓監査役選任議案	取締役会 ✓代表取締役の選定 ✓役付取締役の選定・担当業務の決定 ✓招集権者・議長の決定 ✓各種委員会の委員の選定 ✓取締役の個別報酬額の決定 ✓有価証券報告書・内部統制報告書の提出 ✓責任限定契約の締結	指名・報酬委員会 ✓委員長の選定	監査役会 ✓招集権者・議長の決定 ✓常勤監査役の選定 ✓特定監査役の選定 ✓監査方針・監査計画・役割分担等 ✓各監査役の報酬額の決定

第1章　株式会社の基本的な仕組みとスケジュール

7月下旬	定例取締役会 ✓ストック・オプションの発行・割当 ✓事業年度経営計画のモニタリング結果報告（第1四半期）		定例監査役会 ✓常勤監査役からの報告 ✓会計監査人からの報告（監査計画等） ✓会計監査人の報酬への同意
8月中旬	取締役会 ✓第1四半期決算短信の承認（or 報告）		
下旬	定例取締役会 ✓政策保有株式のモニタリング結果報告		定例監査役会 ✓常勤監査役からの報告 ✓会計監査人からの報告（第1四半期レビュー）
9月下旬	定例取締役会		定例監査役会 ✓常勤監査役からの報告 ✓内部監査部門からの報告
10月下旬	定例取締役会 ✓事業年度経営計画のモニタリング結果報告（第2四半期）		定例監査役会 ✓常勤監査役からの報告
11月中旬	取締役会 ✓第2四半期決算短信の承認（or 報告） ✓中間配当の決定	指名委員会 ✓社外取締役候補者の人選（内定）について	

2　株式会社の年間スケジュール

時期		取締役会	指名委員会	監査役会
	下旬	定例取締役会 ✓内部統制システムの運用状況報告（上期）		定例監査役会 ✓常勤監査役からの報告 ✓会計監査人からの報告（第2四半期レビュー）
12月	下旬	定例取締役会		定例監査役会 ✓常勤監査役からの報告 ✓内部監査部門からの報告
1月	下旬	定例取締役会 ✓事業年度経営計画のモニタリング結果報告（第3四半期）		定例監査役会 ✓常勤監査役からの報告
2月	中旬	取締役会 ✓第3四半期決算短信の承認（or 報告）		
	下旬	定例取締役会		定例監査役会 ✓常勤監査役からの報告 ✓会計監査人からの報告（第3四半期レビュー）
3月	下旬	定例取締役会 ✓新事業年度の経営計画 ✓新事業年度の内部監査計画 ✓執行役員人事	指名委員会 ✓社内取締役候補者の人選（内定）について	定例監査役会 ✓常勤監査役からの報告 ✓内部監査部門からの報告 ✓会計監査人による説明（再任に当たっての監査体制）

第1章 株式会社の基本的な仕組みとスケジュール

4月初旬			報酬委員会 ✓ 新事業年度の経営計画に基づく業績評価目標設定について	
下旬		定例取締役会 ✓ 会計監査人・監査役への計算書類提出の承認 ✓ 内部統制システムの運用状況報告（下期）・見直しの決議 ✓ 事業年度経営計画のモニタリング結果報告（第4四半期）		定例監査役会 ✓ 常勤監査役からの報告 ✓ 会計監査人品質評価の報告
5月初旬				監査役会 ✓ 会計監査人による説明（会計監査報告） ✓ 会計監査人の再任の決定
		取締役会 ✓ 決算短信の承認（or 報告）	指名委員会 ✓ 取締役選任議案の内容について	監査役会 ✓ 監査役会監査報告の作成 ✓ 監査役選任議案への同意
中旬		取締役会 ✓ 計算書類等の承認 ✓ 株主総会の招集決定	報酬委員会 ✓ 前事業年度の経営計画に基づく業績評価結果について ✓ 現任取締役の個別賞与額について	

			✓再任・新任取締役の月例報酬額について ✓再任・新任取締役のストック・オプション付与について		
下旬		定例取締役会 ✓取締役会実行性評価の報告			定例監査役会 ✓常勤監査役からの報告

* 定例取締役会では、上記以外に、①重要な業務執行の決定、②取締役の職務執行の報告、が行われる。
* 指名委員会では、上記以外に、サクセッション・プランや取締役会構成の見直しなどについて審議されることがある。
* 報酬委員会では、上記以外に、報酬体系の変更（役位水準の見直し、中長期業績連動型報酬の導入など）について審議されることがある。

(2) 株主総会

　社外取締役・社外監査役は、株主総会で選任される。新たに選ばれる際には、会社役員として株主総会に出席する義務はないものの、新任役員候補者として紹介されることもあるため、臨席していることが多い。選任された翌年の株主総会からは、会社役員として株主総会に出席し、場合によっては質問を受けて説明しなければならない立場になる（会社法314条）。

　株式会社というのは、不特定多数の株主から少しずつお金を集め、大きな元手にして大きなビジネスを行うための仕組みである。大きなビジネスを行って利益を上げてもらうためには、経営のプロ（会社役員）を雇わなければならず、誰を雇うかについては出資者である株主が協議して決めなければならない。そして、経営を任された会社役員は、ビジネスがうまくいっているのかどうかを、委任者である株主に対して報告しなければならない。かかる目的で開催されるのが株主総会である。

　そのため、株式会社は、必ず年に1回、毎事業年度の終了後一定の時期に定時株主総会を招集しなければならず（会社法296条1項）、そこでは1

年間の事業の内容および成果を示す事業報告および計算書類を株主に報告することとされている（同438条、439条）。また、株主に対する剰余金配当について決議したり（同454条）、取締役・監査役の選任議案を上程し、これからの会社経営を任すことになる会社役員を定期的に選任することとなる（同329条1項）。

社外取締役・社外監査役は、自ら業務を執行することはないものの、会社役員の一人として経営に関与する者であるから、当然に株主総会に出席し、質問されれば1年間の活動状況を説明する義務を負っている。

このように、社外取締役・社外監査役としての活動は、新任役員候補者として6月の定時株主総会に臨席するところからスタートすることになる。

> **Column　株主総会で否決されないために**
>
> 　当然のことであるが、社外取締役・社外監査役は、株主総会で選任されなければ就任することはできない。社外取締役・社外監査役となるためには、自らを候補者とする取締役選任議案が賛成多数で承認されることが前提条件となる。
>
> 　これまでの株主総会実務では、会社が提案する議案が否決されることなどほぼ皆無であった。しかし、近年は会社提案に対して反対票を投じる機関投資家が増えてきたため、否決されるリスクが高くなっている。これは、スチュアードシップ・コード等により機関投資家に対して適切な受託者責任という観点から議決権行使の透明性が求められるようになったためである。これを受けて、機関投資家は、無条件に会社提案に賛成するのではなく、議案に対する賛成・反対を決めるための判断基準を設け、その基準に従って議決権を行使するようになった。その結果、会社提案であっても、議決権行使基準に合致しないものについては反対票が投じられるようになったのである。
>
> 　そして、昨今の議決権行使の状況を見てみると、買収防衛策の更新議案などと並んで、社外役員選任議案に対して多くの反対票が投じられている。その反対理由とされているのは、①社外役員としての独立性に欠けること、②取締役会・監査役会への出席率が低いこと、③就任年数が長期にわたっていること、などである。

自分または自分が所属する会社・団体が就任先の企業と取引関係があり、一定額以上の報酬を受け取っていたりすると、独立性がないとして反対される。また、10年以上の長きにわたって社外役員に就任していると、やはり独立性がないとして反対される可能性が高まる。

　さらに注意しなければならないのは、取締役会・監査役会への出席率である。大手議決権行使助言会社の基準によると、出席率75％を下回ると再任について反対されることになる。

　したがって、社外取締役・社外監査役に就任した場合には、体調管理・スケジュール管理をしっかり行い、欠席しないように気をつけなければならない。特に取締役会の開催回数が少ない会社の場合には、うかつに風邪を引くこともままならないので、注意が必要である。

(3) 取締役会

　社外取締役・社外監査役として株主総会で選任された場合には、取締役会に出席しなければならない。

　社外取締役は取締役会のメンバーとして選任されているわけであるから、取締役会に出席して決議に加わる義務があることは当然であるが（会社法362条1項）、社外監査役であっても取締役会に出席し、必要があると認めるときは意見を述べなければならない（同383条）。

　このように、取締役会というのは社外取締役・社外監査役を含めたすべての会社役員が一堂に会する非常に重要な会議であり、その職務は、重要な業務執行について「決定」するとともに、取締役の職務執行を「監督」することである（会社法362条2項1号・2号）。

　取締役の職務執行を監督するためには、定期的に職務執行の状況について報告を受ける必要がある。そのため、会社法は、代表取締役および業務執行取締役に対し、3か月に1回以上の割合で職務の執行の状況を取締役会に報告することを義務づけている（会社法363条2項）、なお、ここでいう「3か月に1回」というのは、四半期に1度開催すればよいということではなく、前回の取締役会と今回の取締役会の間に3か月以上の間隔が空いてはならないという趣旨である。

第1章　株式会社の基本的な仕組みとスケジュール

しかし、実際に取締役会で決議しなければならない事項を考えていくと、3か月に1回では到底足りず、ほとんどの上場会社はもっと頻繁に取締役会を開催している。実務的には月に1回の定例取締役会という形で開催している例が多い。

①　株主総会直後の取締役会

指名委員会等設置会社および監査等委員会設置会社では、取締役(監査等委員である取締役を除く)の任期は1年とされており(会社法332条3項・6項)、監査役会設置会社でも、会社法上取締役の任期は2年までとされているが(同条1項)、近年では任期1年としている会社が多い。

そのため、定時株主総会が終わると、新たに選任された取締役も含めたメンバーの中から代表取締役を選定し、新たなメンバー間での役割分担や各種委員会の委員等を決議するなどして、今後の業務執行体制・組織体制を整える必要がある。

(a)　代表取締役・業務執行取締役の選定および担当業務の決定

株式会社では代表取締役がその業務に関する一切の裁判上または裁判外の行為をする権限を有している(会社法349条4項)。対外的な活動においては代表取締役が当該会社を代表する立場に立つため、代表取締役が空席となる期間があるのは望ましくない。

しかし、会社法では、株主総会で直接代表取締役を選ぶのではなく、株主総会ではまず取締役を選任し、取締役会で代表取締役を選定するという2段階の仕組みとなっている(会社法329条1項、362条2項3号)。

そのため、株主総会で取締役が改選された場合には、総会終了直後の取締役会で代表取締役を選定する必要がある。

また、株式会社では、代表取締役以外に業務執行取締役を選定することができ、これも取締役会で決議することとされている(会社法363条1項)。これは取締役としての担当業務の定めであり、取締役の間の役割分担のようなものである。

どのような形で取締役としての役割を定めるのかについては、会社によってさまざまであり、役付取締役として会長・社長・副社長・専務・常

務といった肩書を設けている例、営業担当、総務・人事担当、経理・財務担当といった形で各取締役の担当業務を決めている例などがある。そのほか、執行役員制度を導入し、執行役員としての業務分担を取り決め、各取締役には執行役員を兼務させることで担当業務を決めている例もある。

　いずれにしても、どのような役割分担で今後の業務執行を進めていくかという体制を決めるわけであるから、取締役メンバーが入れ替わった株主総会直後の取締役会で決議することが多い。もっとも、最近では執行役員や従業員の異動と合わせて事業年度の開始（4月1日）に担当業務を変更することもある。

　なお、指名委員会等設置会社の場合には、代表取締役・業務執行取締役の代わりに代表執行役・執行役を選任することになるが、その位置づけは同じである。したがって、株主総会直後の取締役会において代表執行役・執行役を選任し、その職務分掌・指揮命令関係等について決めておく必要がある（会社法416条1項1号ハ）。

(b) 招集権者および議長の選定

　取締役会は各取締役が招集するが、定款または取締役会で招集する取締役を定めたときには当該取締役が招集する（会社法366条1項）。

　定款で取締役会の招集権者・議長の定めを設けている会社も多いが、仮に定めがない場合には、株主総会で取締役が改選された後の取締役会において招集権者・議長を決議する必要がある。

(c) 各種委員会の委員の選定

　指名委員会等設置会社では、指名委員会・報酬委員会・監査委員会という3つの委員会を設置しなければならず、各委員会の委員は取締役の中から取締役会の決議で選定することとされている（会社法400条2項）。したがって、株主総会直後の取締役会において、3つの委員会の委員を選定しなければならない。

　これに対し、監査役会設置会社および監査等委員会設置会社では、指名・報酬委員会を設置することは義務づけられていない。しかし、任意に指名・報酬委員会を設置している場合には、株主総会で取締役が改選され

た後の取締役会において、各委員会の委員を選定する必要がある。

なお、監査等委員会設置会社では「監査等委員会」という委員会が設置されるが、このメンバーとなるべき取締役は、その他の取締役と区別して「監査等委員である取締役」として株主総会で選任されるため、取締役会において監査等委員を選定するということはない。

(d) 取締役の個別報酬額の決定

取締役の報酬金額は定款または株主総会の決議によって定めることとされており（会社法361条1項）、ほとんどの会社は株主総会の決議によって定めている。

しかし、株主総会では、取締役ごとに個別の報酬金額を決議するのではなく、取締役全員に対する報酬総額の上限（社外取締役がいる場合には社内・社外を区別した上限）を決議し、個別の報酬金額については取締役会の決議に一任するのが通例となっている。

そのため、株主総会で取締役のメンバーが入れ替わった後の取締役会において、取締役の個別の報酬金額を決議することが必要となる。

ただし、実際には、取締役会の場で個別の金額を明示して協議することはめったにない。代表取締役に一任する旨の決議がされるか、取締役の役位別の報酬金額を定めた報酬規程等があれば、それに従って決定する旨の決議がされるのが一般的である。なお、任意の報酬委員会が設置されている場合には、報酬委員会へ一任することも可能であるし、報酬委員会への諮問・答申を前提として代表取締役に一任することも可能である。

これに対し、指名委員会等設置会社の場合には、取締役・執行役の個別の報酬金額を決定するのは報酬委員会の専権であり、取締役会ではなく報酬委員会で決議することになる。

② 定例取締役会

株主総会直後の取締役会で、代表取締役を含む新しい業務執行体制を決定した後は、その業務執行体制のメンバー（代表取締役・業務執行取締役）で事業を遂行していくことになる。

しかし、業務を遂行する過程では、取締役会で決議しなければならない

事項や報告しなければならない事項がさまざまに出てくるため、定期的に取締役会を開催することが必要となる。

(a) **重要な業務執行の決定（決議事項）**

監査役会設置会社では、重要な業務執行については必ず取締役会で決議しなければならず、取締役に委任することができない（会社法362条4項）。これは、重要な業務執行について代表取締役・業務執行取締役に判断を任せず、必ず取締役会で審議・決定するよう求めることで、取締役会による事前の監督機能を期待しているものである。

指名委員会等設置会社および監査等委員会設置会社の場合には、重要な業務執行の決定であっても、大幅に取締役・執行役に委任することが認められているが（会社法399条の13第5項・6項、416条4項）、それでも極めて重要な業務執行については取締役会で審議・決定するという運営が行われている。

したがって、定例取締役会では、その時点で会社が進めようとしている業務執行の中で重要なものがあるときには、当該事項が決議事項として付議されることになる。

どういう事項が「重要な業務執行」として取締役会の決議を要するのかについては、詳しくは第2章で説明するが、各社とも、会社法の趣旨や過去の裁判例等を参照しながら、自社の事業規模・利益水準等に応じて取締役会に付議するべき重要事項を「取締役会付議基準」という形で定め、当該基準に該当する案件については取締役会に付議することとしている。

(b) **業務執行状況の報告（報告事項）**

取締役会は、業務執行者（代表取締役・業務執行取締役または代表執行役・執行役）から各自の職務執行の状況について報告を受け、それを通じて取締役の職務の執行を監督する。

そのため、会社法は、代表取締役・業務執行取締役および執行役に対し、3か月に1回以上の割合で職務執行の状況を取締役会に報告することを義務づけている（会社法363条2項、417条4項）。

しかし、具体的にどういう事項を報告すべきかという点については、決

議事項の場合と異なり、会社法で特段の定めは置かれていない。実務としても、取締役会で決議すべき事項については「取締役会付議基準」が設けられているが、報告すべき事項の基準は設けていないか、設けていても極めて曖昧という会社がほとんどである。これまでの取締役会では、メンバー全員が業務執行を担当する取締役であり、改めて報告しなくても会社の業務の状況はすべて頭に入っていたため、報告事項はあまり重視されていなかったのである。

しかし、これからの取締役会は複数の社外取締役が参加し、彼らが取締役会の監督機能を担っていくことが期待されている。社外取締役はもともと会社の業務に精通していない上、普段は会社に来ていないから、会社の業務の状況について知る方法としては取締役会で報告を受けることが中心となる。監督機能を果たすためには十分な情報を得ていることが必須であるため、今後は、取締役会の報告事項については質的にも量的にも充実させていくことが求められることになる。

どういう事項を取締役会に報告すべきかについては、詳しくは第2章で説明するが、定期的に事業計画の進捗状況や内部統制システムの運用状況、委員会における活動状況を報告することなどが考えられる。半期に1度なのか、四半期に1度なのか、あるいは毎月報告すべきかについては、報告事項ごとに検討していくことになろう。

③ 決算に関する取締役会

株式会社とは不特定多数の株主が少しずつ出資して経営のプロに事業経営を委任するという仕組みであるため、受任者たる会社役員は、事業年度が終わった後で、委任者たる株主に対し、1年間の事業の内容および成果を報告しなければならない。

その際、特に重要となるのが決算手続である。株式会社は営利企業である以上、その事業の成果はどうしても業績という数字で判断されることになる。そのため、会社法は、事業年度が終了した後、計算書類を作成して監査を受け、株主総会へ報告するまでの手続を詳細に規定しており、その手続の流れに従って取締役会を開催する必要がある。

それに加えて、上場企業の場合には、金融商品取引法で求められる有価

証券報告書・四半期報告書等の提出および金融商品取引所の規則で求められる決算短信等の開示も実施する必要があり、それに合わせて取締役会が開催されるのが通例である。

(a) 決算取締役会

　上場している株式会社は、金融商品取引法に基づき、事業年度の終了後3か月以内に有価証券報告書を提出するほか（金融商品取引法24条1項）、四半期報告書の提出も義務づけられている（同24条の4の7）。また、金融商品取引所の規則に基づき、事業年度もしくは四半期ごとに決算短信もしくは四半期決算短信を開示することが義務づけられている（東証有価証券上場規程404条等）。

　これらは金融商品取引法または金融商品取引所の自主規制に基づく開示であり、会社法上は、有価証券報告書や四半期報告書の提出あるいは決算短信の開示に当たり、取締役会での承認・報告が必要といった定めは置かれていない。

　しかし、これらの報告書や決算短信で公表された決算の数字を見て投資家は当該会社へ投資するかどうかを判断するわけであるから、これらの報告書・決算短信が正確に作成・開示されるかどうかは株式会社にとって非常に重要である。

　そのため、上場企業では、定例取締役会とは別に四半期決算短信の開示に合わせて取締役会を開催し、その内容を決議するか、報告を受けることが多い。また、有価証券報告書については、株主総会直後の取締役会で決議または報告を受けることになる。

　近年では、有価証券報告書等の提出や決算短信の開示について、報告事項ではなく決議事項とする会社が増えている（澤口実＝太子堂厚子「取締役会規則における付議基準の見直し」資料版商事法務362号（2014年）14頁）。

　そのほか、中間配当（会社法454条5項）を実施する会社では、11月中旬の第2四半期決算の報告を受ける取締役会において中間配当の決議をするのが一般的である。

第 1 章　株式会社の基本的な仕組みとスケジュール

(b)　計算書類等の承認

　株式会社は、事業年度ごとに計算書類（貸借対照表、損益計算書、株主資本等変動計算書、個別注記表）、事業報告およびそれらの附属明細書を作成しなければならない（会社法 435 条）。これらは 1 年間の事業の内容および成果を記した書類であり、株主から会社経営を委託された取締役としては、これらの書類を作成して株主へ提供することで委任業務に係る結果報告を行うことになる。したがって、これらの計算書類等を正確に作成する必要があることは当然である。

　しかし、世間では多くの会計不祥事が報道されているとおり、特に決算に関しては不正が行われやすい土壌がある。経営者としての評価は業績という数字で判断されることが多いため、経営者の業績達成への意欲が「数字を作る」という誤った方向へ会社全体を走らせてしまうリスクは、どのような企業においても内在している。そのため、決算に関しては、不正が行われないように厳格なチェック体制を定めておく必要がある。

　かかる観点から、会社法は、事業年度ごとに計算書類を作成した後、まず専門家である会計監査人の監査を受け、次いで監査役・監査委員会・監査等委員会（以下「監査役等」という）の監査を受け、その後に取締役会で承認してから株主に提供することとしている（会社法 436 条 2 項・3 項）。

　そのため、3 月決算の会社においては、事業年度が終了した 3 月末日から速やかに計算書類の作成を開始し、監査を受けるために会計監査人および監査役等へ提出し、監査を受けた後の 5 月中旬頃に取締役会を開催して計算書類等の承認を行うことになる。

④　総会招集決定の取締役会

　株式会社は、事業年度の終了後一定の時期に定時株主総会を招集し（会社法 296 条 1 項）、1 年間の事業の内容および成果を株主に報告しなければならない。これを招集するのは取締役であり（同条 3 項）、取締役会において、株主総会の日時・場所、会議の目的事項およびその議案の概要などを決定する（会社法 298 条 1 項・4 項、会社法施行規則 63 条）。

　この招集決定を行った後、株主に送る招集通知およびそれと一緒に送付する事業報告・監査報告・参考書類などを準備し、印刷・発送作業を行う

ことになる。

　招集通知は、株主総会の日から2週間以上前までに発送する必要があるが、近年では機関投資家等からの招集通知の早期発送への要望が強く、3週間前あたりを目安に発送している会社が多い。

　そうなると、6月末に株主総会を開催する場合には、そこから遡って5月中旬には取締役会を開催し、株主総会の招集決定を行う必要がある。

　なお、前述の計算書類等の承認については、株主総会の招集決定と合わせて決議されることも多い。

(4) 指名・報酬委員会

　指名委員会等設置会社では、社外取締役を過半数とする指名委員会および報酬委員会を設置しなければならない。

　また、コーポレートガバナンス・コードを受けて、監査役会設置会社および監査等委員会設置会社においても、任意に指名・報酬委員会を設置する例が増えつつある。社外取締役・社外監査役に就任し、指名・報酬委員会の委員として選定された場合には、それらの委員会にも出席しなければならない。

　しかし、指名・報酬委員会の開催スケジュールについては、会社法でもコーポレートガバナンス・コードでも定められていない。既に指名・報酬委員会を設置している会社においても、具体的にどのように各委員会を運営すべきかについては検討している最中であり、実務としては未だ固まっていない状況である。

　ただし、指名・報酬委員会において決議または審議すべき事項はあらかじめ決められているので、そこから逆算しながら、各社の実情に合わせて考えていく必要がある。

① 指名委員会

　指名委員会では、株主総会に提出する取締役選任議案の内容を審議する必要があるため、少なくとも、株主総会の招集を決定する5月中旬の取締役会の前には開催しなければならない。

第1章　株式会社の基本的な仕組みとスケジュール

　そのほか、コーポレートガバナンス・コードでは、取締役会は最高経営責任者等の後継者の計画について適切に監督を行うべきとされており（補充原則4-1③）、指名委員会でサクセッション・プラン等を検討する場合には、そのために別途委員会を開催することになる。

(a)　委員長の選定

　指名委員会の委員を誰にするかについては、取締役会で決議することになるが、その中で誰が委員長になるのかについては委員の互選で決めるのが通例である。

　そのため、取締役会で指名委員会の委員を選定したら、委員が集まって指名委員会を開催し、そこで委員長を決定することが必要となる。多くの会社では、委員会規則において委員長が委員会の招集権者・議長となる旨を定めているため、その後の委員会については委員長が招集し、議長を務めて運営することになる。ただし、招集権者を委員長に限定することは許されない。

(b)　株主総会に提出する取締役選任議案の決定

　指名委員会等設置会社の場合には、指名委員会において株主総会に提出する取締役の選解任に関する議案の内容を決定しなければならない（会社法404条1項）。取締役会は、株主総会の招集決定に当たり、株主総会の会議の目的事項およびその議案の概要について決議する必要がある（同298条1項・4項、会社法施行規則63条7号）。そのため、株主総会の招集決定を行う取締役会の前に指名委員会を開催し、取締役選任議案の内容を決定する必要がある。

　監査役会設置会社および監査等委員会設置会社においても、任意の指名委員会を設置した場合には、同委員会が取締役会から取締役の選解任に関する議案の内容が相当かどうかについて諮問を受け、意見を述べることになる。したがって、株主総会の招集決定を行う取締役会の前に指名委員会を開催し、取締役選任議案の内容が相当かどうかを審議する必要がある。

　以上のとおり、法定・任意のいずれの指名委員会であっても、株主総会に提出する取締役選任議案を決定する前に当該候補者が相当かどうかを審

議し、決定あるいは答申を行うことが求められており、そのためには5月中旬の株主総会招集決定の取締役会の前の時点で指名委員会を開催することが必要となる。

　ただし、指名委員会を開催するとしても、株主総会招集決定の取締役会の直前に開催するのか、それとも多少の間隔を空けるのか、1回開催するだけで十分なのかについては慎重に検討する必要がある。

　というのも、株主総会招集決定の取締役会の直前に指名委員会を1回開催しただけでは、現経営陣の提案してきた人事案をそのまま承認しているだけではないかという批判を受ける可能性があるからである。指名委員会で異論が出たとしても変更する時間的余裕がないようなスケジュール設定がされていたとすれば、後から指名委員会が形骸化していたと批判された場合に反論することが難しい。かかる批判を受けないためには、招集決定の取締役会の直前に指名委員会を開催するのではなく、指名委員会から意見・質問が出されたときに対応する時間的余裕をもって開催するとか、取締役候補者を決定するまでの評価プロセスや評価基準について説明を受けるための指名委員会を別途開催するなどの工夫も必要と考えられる。

　そのほか、監査等委員会設置会社の場合には、監査等委員会において指名の方針・手続等が相当であったかどうかを確認しなければならず、その点も考慮して各委員会の開催スケジュールを検討する必要がある。

　会社法は、監査等委員会の選定する監査等委員が、監査等委員以外の取締役の選任・解任・辞任について、株主総会で意見を述べることができると定めている（会社法342条の2第4項）。そのため、監査等委員会設置会社では、取締役選任議案を確定する前に、監査等委員会において監査等委員以外の取締役の指名の方針・手続等が相当であったかどうかを確認する作業が必要となる。具体的に何をどのように確認すべきかについては、特に決まりはないものの、一般的には、別途設置されている指名委員会の審議の状況を聞いて、あらかじめ定められた指名の方針・手続に沿っているかどうかを確認することになろう。その場合には、まず指名委員会を開催し、その状況を監査等委員会が確認した上で株主総会招集決定の取締役会を開催するといった流れとなり、各委員会の開催スケジュールをそろえる必要がある。かなり慌ただしくなる可能性もあるため、注意が必要である。

(c) 社内・社外取締役候補者の内定

現在の実務では、株主総会の招集を決定する5月中旬の取締役会の前には指名委員会を開催しているが、それ以外にどのタイミングで開催するかについては各社各様である。株主総会に提出する取締役選任議案の内容が固まった段階で年1回開催するだけという会社も多いと思われる。

しかし実際には、次期の取締役候補者については、取締役選任議案を決議するタイミングよりもかなり以前に事実上決まっていることが多い。

例えば社内出身の取締役候補者については、執行役員・幹部職員から昇格するわけであるから、社内人事と合わせて決めているはずである。執行役員・幹部職員人事を事業年度と合わせて4月に交代する会社であれば、新任取締役に昇格する者もその時点で決めており、よほど特別な事情がない限り、その後に変更することは予定されていないと考えられる。

また、社外取締役候補者については、社内取締役候補者と異なり、打診しても何らかの事情で断られる可能性もあるため、早めに候補者を選定して就任依頼をしているはずである。6月総会で選任する予定であれば、前年末頃までに就任を依頼する例が多いように思われる。社外取締役候補者に対していったん就任をお願いした後で会社側から断るということは考えられないため、就任を依頼した時点でもはや変更はできないことになる。

このように、社内・社外いずれの取締役候補者も、かなり早い段階から内定している可能性がある以上、社外取締役によるモニタリングという指名委員会の本来の趣旨に照らすならば、内定する前の時点で指名委員会を開催することが望ましい。

一方で、取締役の人事については社内でも徹底した情報管理が求められることが多く、いかに指名委員会という限られたメンバーであっても、早くから候補者の固有名詞を出して議論することは難しいという側面もある。

このような事情を総合的に勘案し、自社にふさわしい指名委員会の開催スケジュールを検討する必要がある。

(d) サクセッション・プラン等の検討

以上のほか、指名委員会では、サクセッション・プランや取締役会のあるべき構成（取締役の員数、社内取締役と社外取締役の比率など）について

審議することも考えられる。

　そのような場合には、次期の取締役候補者を選ぶプロセスとは別に、審議の必要性・進捗状況等を見ながら、別途指名委員会を開催することになる。

②　報酬委員会

　報酬委員会では、取締役・執行役の個人別の報酬金額を審議する必要がある。取締役・執行役の報酬のうち、固定金額で支払われることになる基本報酬については役員報酬規程等の内規で役位に応じた報酬金額の算定方法が決まっていることも多いが、業績を反映させて金額が上下する報酬（年次賞与など）については、事業年度が終わって業績が確定してから報酬委員会で個別金額を審議することになる。

　そのほか、コーポレートガバナンス・コードでは、経営陣の報酬については、中長期的な会社の業績や潜在的リスクを反映させ、健全な起業家精神の発揮に資するようなインセンティブ付けを行うべきであるとされている（原則4-2）。これを受けて、現行の報酬規程を改定して業績連動型のインセンティブ報酬を新たに導入する場合には、報酬委員会で審議して決定すべきであり、そのための委員会を開催することになる。

ⓐ　委員長の選定

　報酬委員会においても、指名委員会と同様、誰を委員長にするのかについては委員の互選で決めるのが通例である。

　そのため、取締役会で報酬委員会の委員を選定したら、委員が集まって報酬委員会を開催し、そこで委員長を決定することが必要となる。

ⓑ　取締役等の個別報酬金額の決定

　指名委員会等設置会社の場合には、報酬委員会において取締役・執行役の個人別の報酬等の内容を決定しなければならない（会社法404条3項）。監査役会設置会社および監査等委員会設置会社においても、任意の報酬委員会を設置した場合には、同委員会が取締役会から諮問を受けて、業務執行者（代表取締役・業務執行取締役ら）の個人別の報酬等の額について相当

かどうかの意見を述べる必要がある。

ただし、役員報酬の体系については会社によってさまざまであり、どのような仕組みの報酬体系を採用しているかによって、報酬委員会をいつ開催すべきなのかは異なってくる。

日本企業の役員報酬は、(i)固定金額として定められる基本報酬、(ii)短期の業績に応じた年次賞与、(iii)退職慰労金に代わるストック・オプションの組み合わせとなっていることが多い。かつては退職慰労金を支給する企業が多かったが、現在では退職慰労金制度を廃止してストック・オプションを導入する企業が増えている。

(i) 基本報酬

基本報酬については、各人の生活費に相当するものとして毎月支給するものであるから、新たに取締役に就任した時点で具体的な金額を本人に伝える必要がある。

監査役会設置会社および監査等委員会設置会社では、株主総会直後の取締役会において取締役の個別報酬金額を決定（あるいは、代表取締役に一任決議し、代表取締役が決定）するのが通例であり、任意の報酬委員会の答申はその前に行う必要がある。実際には、会社が提案する取締役候補者が決まった後、株主総会が開催される前（5月中旬から6月中旬）に報酬委員会を開催し、株主総会で取締役選任議案が承認されることを条件として各取締役の個別の報酬金額の案を審議し、相当かどうかの意見を述べるということになろう。

指名委員会等設置会社では、株主総会直後の取締役会において報酬委員会の委員を選定し、その後すぐに報酬委員会を開催して個別報酬金額を決定することになる。

(ii) 賞 与

短期業績連動部分である賞与については、当該事業年度の業績に応じて支給額を決まるものであるから、事業年度が終了して業績が確定した後で、各取締役の個人別の額を決定して支給することになる。

そのため、監査役会設置会社および監査等委員会設置会社では、決算の数字が判明した5月頃に報酬委員会を開催し、個別の賞与金額の案を審議し、相当かどうかの意見を述べるということになろう。

指名委員会等設置会社でも、同じ時期に報酬委員会を開催し、個別の賞与金額を決定することになる。

(iii) ストック・オプション

退職慰労金制度に代わる株式報酬型ストック・オプション（1円ストック・オプション）については、確定金額報酬とは別に株主総会で承認を受け、取締役会で承認を受けた上限の範囲内で新株予約権の発行・割当を決議する例が多い。

その場合、新たに取締役に就任した後で各人との間で新株予約権付与契約を締結することになるため、基本給と同じタイミングで報酬委員会を開催し、付与する新株予約権の数を決定・答申することになる。

(c) 報酬体系の変更（業績連動型インセンティブ報酬の導入など）

報酬委員会の主な職務は、取締役の個人別の基本報酬あるいは賞与の額を決定し、または相当かどうかを答申することであり、事業年度が終了して業績が判明してから株主総会が開催される前（5月から6月中旬頃）に開催されることが多い。

また、役員報酬については役位別の報酬テーブルや業績連動の計算式などをあらかじめ決めておくことも多く、社会経済情勢に応じて定期的に、あるいは事業年度ごとに、報酬テーブルの金額や業績連動の算定根拠となる指標・業績目標の設定が妥当かどうかを見直すことが必要となる。その場合には、例えば事業年度が始まる頃（3～4月）に別途報酬委員会を開催することになる。

そのほか、現行の報酬制度をよりインセンティブ型の報酬体系へと変更するため、基本報酬、短期業績連動報酬（賞与）、長期業績連動報酬（ストック・オプションなど）の割合を見直したり、新たな業績連動型のインセンティブ報酬を導入するといった作業を行うことも考えられる。そのような報酬体系の変更を行う場合には、個人別の報酬金額の審議とは別に報酬委員会を開催し、どのような報酬体系にすべきかを審議・決定する必要がある。

(5) 監査役会・監査委員会・監査等委員会

　株式会社では、監査役会設置会社・指名委員会等設置会社・監査等委員会設置会社という3つの機関設計のどのタイプを選択したとしても、「監査」を担当する会議体が設置されている。これらの会議体は、監査役会・監査委員会・監査等委員会と名称も異なり、そのメンバーの地位・権限、想定している監査の方法なども少しずつ異なっているものの、業務執行から離れた立場で取締役・執行役の職務執行を監査するという役割・機能は同じである。

　監査役は、取締役会だけでなく監査役会にも出席しなければならない。取締役会では議決権を有しておらず、一種のオブザーバーのような位置づけで出席することになるが、監査役会の方は監査役全員で組織される会議であり、こちらに出席することが本来の仕事である。

　また、監査委員・監査等委員である取締役は、取締役として取締役会に出席するほか、監査委員会・監査等委員会にも出席しなければならない。

　このように、社外監査役および監査委員・監査等委員である社外取締役は、取締役会と監査役会・監査委員会・監査等委員会の双方へ出席しなければならず、それ以外の社外取締役よりもスケジュール的には多忙となる。

　監査役会・監査委員会・監査等委員会の開催スケジュールについては、会社法上特段の決まりはないが、実務的には、定例取締役会に合わせて同日に開催されることが多い。そのほか、株主総会招集決定の前には監査報告を作成するための監査役会等が開催される。

① 株主総会直後の監査役会・監査委員会・監査等委員会

　定時株主総会が終わった直後には必ず監査役会・監査委員会・監査等委員会が開催される。

　指名委員会等設置会社の場合には、監査委員である取締役も任期は1年であり（会社法332条6項）、株主総会のたびに改選されるため、株主総会直後の取締役会で監査委員を選定し、その後直ちに監査委員会を開催して、委員長や調査権等を行使する監査委員などを決める必要がある。

　監査役会設置会社および監査等委員会設置会社の場合には、監査役の任

期は4年、監査等委員である取締役の任期は2年であり（会社法332条1項・4項、336条1項）、改選期以外ではメンバーが入れ替わるわけではない。しかし、個人別の報酬金額を決める必要があるほか、常勤監査役や調査権等を行使する監査等委員などを改めて決議するために、株主総会直後に監査役会・監査等委員会が開催される。

(a) 招集権者・議長の決定

監査役会・監査委員会・監査等委員会は、各監査役あるいは監査委員・監査等委員である各取締役が招集する（会社法391条、399条の8、410条）。取締役会では定款または取締役会の決議により招集する取締役をあらかじめ定めておくことが認められているが（同366条1項ただし書）、監査役会等ではそのような定めは置かれていない。

しかし、事務手続の効率化を図るために、あらかじめ招集権者・議長を定めておき、原則としてその者が招集するという運用は許容されている。

実務的には誰が招集するのかを決めておいた方が便利であるため、株主総会直後の監査役会において、招集権者および議長を定めることが多い。監査委員会・監査等委員会の場合には、委員会規則で委員長を招集権者および議長とする旨を定めることもあり、その場合には委員長を選定すれば足りる。指名・報酬委員会と同様、誰を委員長にするのかについては委員の互選で決めるのが通例である。

ただし、監査役会・監査委員会・監査等委員会では、このようにあらかじめ招集権者・議長を定めた場合であっても、招集権をその者に限定することは認められず、他の監査役または委員が招集することも認められる。

(b) 常勤監査役の選定

会社法は、監査役会設置会社に対し、3名以上の監査役を選任して監査役会を設置するよう求め（会社法328条1項、335条3項）、監査役の中から常勤監査役を選定しなければならないと定めている（同390条3項）。

そのため、株主総会直後の監査役会において、監査役のうち誰が常勤監査役となるのかを決議することが必要となる。

これに対し、監査委員会・監査等委員会の場合には、常勤の監査委員・

監査等委員を選定することは義務づけられていない。これは、監査委員会・監査等委員会では、委員会が主体となって内部統制システムをモニタリングするという組織監査が前提とされているからである。

ただし、日本では長く常勤監査役を置いて監査を実施してきた歴史があり、指名委員会等設置会社および監査等委員会設置会社へ移行した場合であっても、従前どおり常勤の監査委員・監査等委員を置いている会社が多い。そのような場合には、株主総会直後の委員会において、常勤の監査委員・監査等委員を選定することになる。

(c) 特定監査役・監査委員・監査等委員の選定

株主総会に提供される事業報告および計算書類については、事前に監査を受けることが義務づけられており（会社法436条2項）、株式会社は、事業年度が終了してから速やかに事業報告および計算書類を作成し（同435条2項）、計算書類については会計監査人および監査役・監査委員会・監査等委員会に、事業報告については監査役・監査委員会・監査等委員会に提供して、監査を受けなければならない（会社計算規則125条～129条、会社法施行規則129条～131条）。

計算書類等を受け取ってから監査報告を作成して通知するまで、厳しい時間的な制約の中で取締役や会計監査人との間で書類のやりとりをする必要があるため、監査役会・監査委員会・監査等委員会のメンバーの中から、計算書類等を受領する特定監査役・監査委員・監査等委員をあらかじめ定めておくことが必要となる（会社計算規則130条5項、会社法施行規則132条5項）。

(d) 監査方針・監査計画・役割分担等の策定

監査役会設置会社では、3名以上の監査役の中から常勤監査役を選定し（会社法390条3項）、お互いに役割分担しながら会社全体の監査を進めることを想定している。

このように複数名で監査を進める以上、最初に監査方針・監査計画を協議して今年度の重点監査項目を確認し、お互いの目的意識を共有しておくことが望ましい。そのため、監査役会では、監査の方針、業務・財産状況

の調査の方法その他の監査役の職務の執行に関する事項を決定することとされている（会社法390条2項3号）。

　実務では、株主総会直後の監査役会において、今後の監査方針・監査計画について協議し、常勤監査役・社外監査役の役割分担について決定しておくことが多い。

(e) 各監査役・監査等委員の報酬決定

　会社法では、監査役・監査等委員の報酬金額は、取締役の報酬金額とは区別して、定款または株主総会の決議によって定めることとされており（会社法361条1項・2項、387条1項）、ほとんどの企業において株主総会の決議によって定めている。

　しかし、株主総会ではすべての監査役・監査等委員に対する報酬総額の上限（社内・社外を区別した上限）を決議するだけで、その範囲内で個別の報酬金額をいくらと定めるべきかについては、取締役会で監査役・監査等委員の分まで決議することはできず、監査役・監査等委員の協議によって定めることとされている（会社法361条3項、387条2項）。

　これはあくまでも監査役・監査等委員の「協議」であり、監査役会・監査等委員会の「決議」ではない。すなわち、全員の協議が整わないと金額を確定することができず、多数決で決めることはできない。その意味で、厳密には決議事項ではないのであるが、株主総会直後の監査役会・監査等委員会に個別の報酬金額案を上程し、全員の承認を得るのが通例である。

　これに対し、指名委員会等設置会社では、監査委員たる取締役の個別報酬金額も、その他の取締役・執行役の個別報酬金額と同様、報酬委員会で決定されるため（会社法404条3項）、監査委員会では決議しない。

(f) 調査権等を行使する監査委員・監査等委員の選定

　指名委員会等設置会社および監査等委員会設置会社では、監査委員会・監査等委員会による組織的な監査が想定されているため、個々の監査委員・監査等委員には会社の業務・財産状況についての調査権等が認められておらず、委員会が選定した監査委員・監査等委員だけが調査権等を行使できる（会社法399条の3第1項・2項、405条1項・2項）。

そのため、委員会が調査を行う必要があると考えた場合に具体的に働いてくれる監査委員・監査等委員をあらかじめ選定しておく必要がある。

これに対し、監査役会設置会社では、個々の監査役に調査権等が認められているため（会社法381条2項・3項）、このような監査役を選定する必要はない。

② 定例の監査役会・監査委員会・監査等委員会

監査役会・監査委員会・監査等委員会は、定期的な開催が法律上義務づけられているわけではないが、定例取締役会の開催と合わせて開催されるのが通例である。

これら定例の監査役会・監査委員会・監査等委員会では、主に常勤監査役（または常勤の監査委員・監査等委員）から活動状況の報告を受ける。そのほか、内部監査部門および会計監査人からも定期的に報告を受けることが望ましい。

⒜ 常勤の監査役・監査委員・監査等委員からの報告

監査役会設置会社では、3名以上の監査役がお互いに役割分担しながら会社全体を監査することが想定されており、そのうち1名は常勤監査役として社内の情報収集に努めること、半数以上は社外監査役として経営トップに厳しく意見できるようにすることが求められている。

常勤監査役は、単に会社に常勤しているからというだけでなく、その多くは社内出身であって会社の業務に精通しているため、日常の監査活動を通じた情報収集能力が高いと考えられている。その一方で、長らく会社で勤務してきたため、経営トップとの間で上下関係があり、厳しく監査意見を述べることが難しい。

これに対し、社外監査役は経営トップとの間で上下関係に立ったことがなく、独立しているため厳しく監査意見を述べることもできる一方で、当該会社の事業には精通しておらず、非常勤のため情報も入手しにくい。

そのため、社外監査役がその職責を果たすためには、情報収集能力の高い常勤監査役から日常の監査結果について報告を受け、監査のために必要な情報を入手することが必要となる。

コーポレートガバナンス・コードでも、常勤監査役が高い情報収集力を発揮して日常の監査業務を行い、そこで得た情報を社外監査役と共有し、独立性の高い社外監査役が適切な意見を述べることによって監査の実効性を高めることが期待されている（補充原則4-4①）。

したがって、定例監査役会においては、まずは常勤監査役から監査の結果を報告し、違法性の疑われる事象があったかどうか、仮にあるとすれば、今後どのように対応すべきかといった点について、社外監査役を含めた全員で意見交換することが重要である。

これに対し、指名委員会等設置会社および監査等委員会設置会社では、常勤の監査委員・監査等委員を置くことは義務づけられていない。

しかし、日本では長らく常勤監査役を置いて監査活動を行ってきたため、指名委員会等設置会社・監査等委員会設置会社へ移行した会社であっても、常勤の監査委員・監査等委員を定め、従前と同じような監査活動を行っている例も多い。

そのような場合には、監査役会と同じように、常勤の監査委員・監査等委員からの報告・意見交換を行うことになる。

(b) 内部監査部門からの報告

会社法は、大会社に対して内部統制システムを構築することを義務づけており（会社法362条4項6号・5項）、専門部署（内部監査部、監査部、検査部など）を設けて内部監査を実施しているのが一般的である。

ここで実施される内部監査とは、取締役および従業員の職務の執行が法令・定款に適合し、適正であることを確保するために実施されるものであり、監査役の行う違法性監査の目的と重なる部分が大きい。

そのため、監査役会設置会社では、常勤監査役から報告を受けるだけでなく、内部監査部門から報告を受けることも必要である。コーポレートガバナンス・コードでも、監査役と内部監査部門の連携を確保することが求められている（補充原則4-13③）。

指名委員会等設置会社および監査等委員会設置会社では、常勤の監査委員・監査等委員を置くことが義務づけられておらず、内部統制システムを通じた組織監査を行うとされている。監査委員会・監査等委員会は、内部

統制システムが適切に構築・運用されているかどうかをモニタリングすることで監査を行うことになるから、監査役会の場合以上に内部監査部門からの定期的な報告が重要である。

それに加えて、監査役・監査役会・監査委員会・監査等委員会は、内部統制システムの決定の概要および運用状況が相当かどうかについて意見を述べなければならないため（会社法施行規則129条1項5号、130条2項2号、130条の2第1項2号、131条1項2号）、内部監査部門の仕事ぶりを定期的に確認しておく必要がある。

以上をふまえ、近年では、定例の監査役会・監査委員会・監査等委員会において定期的に内部監査部門から報告を受ける機会を設けるといった運用が行われている。具体的には、①内部監査計画の説明、②半期または四半期の内部監査の状況・結果の報告、③事業年度末の内部監査の運用状況の報告などが行われる。

(c) 会計監査人との意見交換

会社法は、公開大会社に対し、会計監査人を置くことを義務づけている（会社法328条1項）。これは、会社の規模が大きくなると、業務の範囲も増えて会計・経理の処理も複雑となるため、会計のプロである会計監査人による会計監査を義務づけることで決算の正確性を担保しようとするものである。

会計監査人は、年間を通じて会社の経理・財務部と協議し、計算書類や財務諸表等の監査を行うため、その過程で会社の抱えるさまざまな課題や問題点に気がつくことが多い。そのため、監査役会・監査委員会・監査等委員会としても、会計監査人と連携を深めることで、監査の実効性を高めることができる。

一方で、会計基準は年々複雑かつ専門的になっており、決算の正確性を担保する上で会計監査人の責任は非常に大きくなっている。そのため、会計監査人には常に高い会計に関する専門能力を維持してもらわなければならない。また、会社の経営陣から圧力を受けて、あるいは経営陣の意向をおもんぱかって厳しい意見を差し控えるようなことがあれば、大きな会計不祥事へと発展してしまうリスクがあるため、高い独立性も維持してもら

わなければならない。

　そのため、監査役会・監査委員会・監査等委員会には、会計監査業務を通じて会計監査人の専門性・独立性を評価・監督し、場合によっては経営陣の圧力から会計監査人を保護する役割が求められている。例えば、会計監査人の選解任の議案の内容を決定する権限や報酬に同意する権限が認められているが、それらの権限は会計監査人を評価・監督するだけでなく保護するためのものでもある。

　以上をふまえ、近年では、定例監査役会・監査委員会・監査等委員会において定期的に会計監査人と面談する機会を設けるといった運用も行われるようになっている。具体的には、①会計監査の年度計画の説明、②四半期決算の監査の状況・結果の報告、③会計監査人の監査報告の説明のほか、④会計監査人の独立性・職務遂行の適正確保のための体制等に関する報告（再任の是非を判断するための情報提供）、⑤費用見積もりの説明（報酬の同意の是非を判断するための情報提供）などが行われる。

③　総会招集決定前の監査役会・監査委員会・監査等委員会

　監査役会・監査委員会・監査等委員会は、取締役の職務の執行を監査することを職務としており、その結果を監査報告として取りまとめて、株主総会へ報告しなければならない（会社法390条2項1号、399条の2第3項1号、404条2項1号、436条2項）。

　したがって、株主総会の招集決定前に監査役会・監査委員会・監査等委員会を開催し、監査報告の内容を審議する必要がある。

　そのほか、株主総会に上程する議案によっては、監査役会・監査委員会・監査等委員会で議案の内容を決定し、または同意しなければならないものがある。

ⓐ　監査報告の作成

　株式会社は不特定多数の株主が少しずつ出資して経営のプロ（会社役員）に事業経営を委任するという仕組みであり、受任者である会社役員は1年間の事業の内容および成果を委任者である株主に報告しなければならない。そのために作成されるのが事業報告および計算書類である（会社法

435条2項)。

　しかし、それらの内容が正確でなければ、報告を受けた株主としては、現経営陣を再任していいのかどうかを判断することができない。

　そこで、株主総会に提供される事業報告および計算書類については、事前に監査を受けることが義務づけられている（会社法436条2項）。

　具体的には、会社は事業年度が終了してから速やかに1年間の事業の内容・成果をまとめた事業報告および計算書類を作成し（会社法435条2項）、計算書類については会計監査人および監査役等に、事業報告については監査役等に提供して、監査を受けなければならない（会社計算規則125条～129条、会社法施行規則129条～131条）。

　これらの監査報告の内容については、監査役会設置会社においては、1回以上、会議を開催するか、同時に意見交換できる方法（電話・テレビ会議など）により審議しなければならず（会社法施行規則130条3項、会社計算規則128条3項）、指名委員会等設置会社および監査等委員会設置会社においては、委員会の決議をもって定めなければならない（会社法施行規則130条の2第2項、131条2項、会社計算規則128条の2第2項、129条2項）。

　そのため、この間の監査スケジュールはかなりタイトなものとならざるを得ない。

　3月末日に事業年度が終了した後、会社で決算の数字をまとめて計算書類および事業報告を作成し、4月下旬頃までに会計監査人および監査役等に提出する（この段階で取締役会の承認決議をすることもある）。その後、会計監査人において計算書類の監査を実施して監査役等に通知し、それをふまえて監査役等において監査を実施し、監査報告を取りまとめる。それをふまえて、5月中旬頃に会計監査人および監査役等の監査を受けた計算書類等を取締役会で承認し、株主総会の招集決定を行うという流れになる。

　おおよそのイメージとして、ゴールデンウィーク明けから5月中旬にかけての2週間程度の間で、会計監査人から会計監査報告を受けて監査役会・監査委員会・監査等委員会を開催し、監査報告の内容について審議して取りまとめなければならない。

> **Column**　社外監査役は5月中旬の長期出張は控える！

　監査報告とは、監査役の1年間の仕事の集大成であり、株主に報告するための極めて重要な書類である。したがって、この監査報告を審議するための監査役会というのが、年間を通じて一番重要な監査役会であるといっても過言ではない。

　しかも、本文で記載したとおり、監査報告を作成するための監査役会は、極めてタイトなスケジュールの中で設定される。万一、会計方針をめぐって会社と会計監査人の間に意見の相違があり、その協議のために会計監査人の監査報告が予定より遅れて提出されるようなことがあれば、それに合わせて監査役会のスケジュールも変更せざるを得ない。

　その場合、日程調整がつかないからといって欠席できるかというと、この監査役会に限ってはうかつに欠席することは許されない。というのも、監査報告を作成する際には、必ず1回以上、会議もしくは電話・テレビなど意見交換を行うことができる方法で監査報告の内容を審議しなければならないと義務づけられているからである。

　そのため、監査報告を作成するための監査役会が何らかの事情で当初のスケジュールから変更せざるを得なくなった場合、社外監査役が長期出張の予定などを入れていると、監査役会の日程調整がつかずに大変なことになる。場合によっては、監査役会事務局から頼み込まれて、移動途中の空港で携帯電話から監査役会に参加する羽目になってしまう。

　社外監査役に就任した場合には、できる限り、5月中旬に長期出張などの予定を入れないように心がけることが必要である。

(b)　議案に対する同意等

　会社法は、監査の独立性を担保するため、監査役会・監査委員会・監査等委員会において決定しなければならない事項・同意を要する事項を定めている。

　具体的には、会計監査人の選解任・不再任に関する議案の内容については監査役会・監査委員会・監査等委員会で決定しなければならず（会社法344条1項・3項、399条の2第3項2号、404条2項2号）、会計監査人の報酬等を決定する場合には監査役会・監査委員会・監査等委員会の同意を得

なければならない（同399条1項～4項）。

そのため、監査役会・監査委員会・監査等委員会では、取締役会で株主総会の招集を決定する前に、現在の会計監査人を再任してもいいかどうかを審議する必要がある。

また、監査役または監査等委員である取締役の選任議案を株主総会へ提出する場合には、監査役会または監査等委員会の同意を得なければならない（会社法343条1項・3項、344条の2第1項）。

そのため、監査役会・監査等委員会では、会社が監査役または監査等委員である取締役の選任議案を提出しようとする場合には、当該議案に同意するかどうかを審議する必要がある。

第2章　取締役会

◆1◆　取締役会の役割・機能

　第1章で見たとおり、株式会社では年間を通じて定期的に取締役会が開催されている。
　社外取締役は取締役会のメンバーとして選任されており、就任した場合に最も重要な仕事となるのが、取締役会に出席して適切な質問・意見を述べ、正しく議決権を行使することである。
　しかし、ここで難しいのは「適切」な質問・意見とはどういうものかということである。社外取締役の効用として、外部の目線で意見を言ってもらうことで議論を活性化させることに意味があるなどと言われることがあるが、会議というものはさまざまな意見が出されて議論を尽くした結果、より良い結論を導くことに意味があるのであって、素人目線の発言によって会議がいたずらに長時間化することに意味があるとは思われない。社外取締役に求められているのはあくまでも「グッド・クエスチョン」の投げかけである。かといって、「馬鹿な質問をしてはいけない」と委縮して何も発言せずに座っているだけでは、社外取締役としての責任を果たしたことにならない。
　社外取締役は、取締役会に出席して、どういう質問・意見を述べることが求められているのか。それを考えるためには、そもそも取締役会とは何をするための会議なのか、その中で社外取締役に対してどういう役回りが期待されているのかを理解しておくことが必要である。

第 2 章　取締役会

(1)　**取締役会の 2 つの機能**

　まず、取締役会とは何をするための会議なのか、どういった役割・機能を求められているのかを考えてみよう。

　会社法によれば、取締役会の職務は、①重要な業務執行について決定すること、②取締役の職務執行を監督すること、③代表取締役を選定・解職することとされている（会社法 362 条 2 項）。

　株式会社とは不特定多数の株主が少しずつ出資して経営のプロ（会社役員）に事業経営を委任するという仕組みである。株主はいつでも自由に株式を譲渡できるため、時々刻々と株主の構成は変わってしまうし、彼らは出資しているだけで会社の事業に精通しているわけでもない。高度なリスク判断を伴う会社経営に関わる事項について、株主総会の場で皆で議論して結論を出すことは困難であるし、そもそも適切とは思われない。

　そのため、会社法は、出資者たる株主が参加する株主総会を株式会社の最高意思決定機関と位置づける一方で、そこで議論するべき事項についてはかなり狭い範囲に限定している。具体的には、株主総会で決議できるのは、誰に事業経営を委任するべきか（会社役員選任議案）、その対価をいくらにすべきか（会社役員報酬議案）といった委任関係に基づく基本的な事項のほか、会社の根幹を変更するような重大事項（定款変更議案、組織再編議案など）に限定されている（会社法 295 条 2 項参照）。それ以外の個別具体的な経営判断に関わる事項については、経営のプロとして選任された取締役らの判断に委ねられているのである。

　しかし、いかに経営を委ねられたとはいえ、代表取締役ら経営陣が各自の判断で好き勝手に事業を進めてしまうと、独断専行により経営判断を誤り、巨額の損失が生じるといった事態にもなりかねない。損失が発生してしまったら、後から代表取締役らのクビをすげかえても、取り返しがつかない。そのため、株式会社の内部において、代表取締役をはじめとする経営陣が大きな判断ミスをしないように適切な牽制機能を発揮できる体制を構築することが必要となる。

　そのような体制の 1 つとして設置することを義務づけられているのが取締役会である（会社法 327 条 1 項）。

1 取締役会の役割・機能

　会社経営を行うに当たっては、さまざまな業務執行に関わる事項を決定し、事業を推進していかなければならない。これらの業務執行を実際に行うのは、代表取締役と業務執行取締役であり、彼らの部下である執行役員や従業員である。

　しかし、会社法は、株式会社の個別具体的な業務執行を彼ら業務執行者に任せきりにするのではなく、特に重要な業務執行については必ず取締役会で決定しなければならないとすることによって、重要な業務執行について事前にチェックし、取締役全員で意見を出し合ってより良い経営判断となるような仕組みを構築している（会社法362条2項1号）。

　また、業務を執行する取締役から定期的に各自の職務執行の状況を取締役会に報告させ（会社法363条2項）、取締役会全体で取締役の誰かの職務執行に判断ミス等がないかどうかを監督することを期待している（同362条2項2号）。

　さらに、取締役会の監督機能を支えているのが、代表取締役の選定・解職の権限である。会社法では、株主総会で直接代表取締役を選ぶのではなく、株主総会ではまず取締役を選任し、取締役会で代表取締役を選定するという2段階の仕組みとなっている（会社法329条1項、362条2項3号）。このように業務執行者のトップである代表取締役の選定・解職の権限を取締役会に帰属させることによって、取締役会は代表取締役の業務執行に何か問題があると考えたときにはクビにすることができる。このクビにする権限を有していることで、取締役会の監督機能の実効性が担保されることになる。

　このように、取締役会というのは当該会社にとって重要な業務執行の決定を行う意思決定機関であると同時に、業務執行者（代表取締役および業務執行取締役）の行う業務の執行状況について報告を受けて監督し、誰を代表取締役とすべきかを決定するための監督機関である。

　すなわち、取締役会には、意思決定機能と監督機能という2つの機能が求められているのである。

(2) マネジメント・モデルとモニタリング・モデル

　以上のとおり、取締役会には意思決定機能と監督機能という2つの機能が求められているが、会社の機関設計によって、そのバランスの取り方に違いがある。近年、コーポレート・ガバナンスの議論の中で「マネジメント・モデル」「モニタリング・モデル」という言葉がよく使われているが、これも意思決定機能と監督機能のバランスの取り方による違いである。

　そして、会社法やコーポレートガバナンス・コードは、取締役会の監督機能をより一層強化していくことを求めている。

① マネジメント・モデル

　前述したとおり、取締役会というのは、代表取締役らの判断ミス等により大きな損失が発生しないように会社内部で適切な牽制機能を発揮するための仕組みの1つである。

　株式会社においては、実際に事業を推進するのは代表取締役・業務執行取締役であり、その部下である執行役員や従業員である。彼らは経営のプロとして株主から委託を受けているわけであるが、プロだからといって常に正しい経営判断ができるかどうかはわからない。人間誰しもミスはあり得るし、独断専行によって巨額の損失を発生させるリスクもゼロではない。

　そのような事態を避けるためには、会社に大きな損害をもたらしかねない重要な業務執行については、業務執行者各自の判断に任せるのではなく、事前に皆で集まって協議することが望ましい。重要な業務執行については取締役・監査役全員が集まる取締役会で必ず事前に協議し、承認を受けてからでないと当該業務執行に着手できないという仕組みを構築することで、独断専行による損失を回避することができる上、「三人寄れば文殊の知恵」ということでより良い経営判断を行うことができる。

　このように重要な業務執行を始める「前」に皆で協議して、マネジメントしながら事業を推進していこうという発想に基づき、取締役会の意思決定機能を重視しているのが「マネジメント・モデル」である。

　そして、このマネジメント・モデルによるガバナンス体制に適合しているのが、「監査役会設置会社」という機関設計である。

日本では、そもそも平成14年商法改正以前には監査役会設置会社以外の機関設計は認められていなかったという事情もあり、現在も多くの会社が監査役会設置会社という機関設計を選択し、このようなマネジメント・モデルに基づく取締役会運営を行っている。日本企業では取締役のほぼ全員が業務執行を担当し、代表取締役社長の下で事業を推進している。そして、重要な業務執行については単独で判断することなく、取締役会において取締役全員が集まって協議して決定する。代表取締役社長といえども独裁者になることなく、和を強調して経営に当たるというのが伝統的な日本企業の経営スタイルである。

② マネジメント・モデルに対する批判

このような日本企業の経営スタイル（マネジメント・モデル）に対して、近年、批判が寄せられている。その批判のポイントは2点あり、1つは重要な業務執行につき取締役会の事前承認を義務づけることで迅速な経営判断ができなくなるのではないかという点、もう1つは取締役全員が代表取締役の下で業務執行を担当して事業を進めているため、当該事業が失敗しても反省が甘くなり、その結果として業績が低迷しているのではないかという点である。

まず、経営判断の迅速性が損なわれるという点は、重要な業務執行につき取締役会の事前承認を求める以上、そうならざるを得ない。マネジメント・モデルとは、経営判断の迅速性を犠牲にしてでも、取締役会による事前チェックをかけることで代表取締役社長の独断専行を防ぎ、より良い経営判断を目指す仕組みである。そうである以上、迅速性が損なわれるのはやむを得ないと考えられてきた。

しかし、世の中の変化のスピードが速くなっている昨今、企業が他社との競争に生き残っていくためには迅速な経営判断が欠かせない。さらに、経済のグルーバル化が進む中、外国企業と戦っていくためにもよりスピーディーな経営が求められるようになっている。このような環境変化により、マネジメント・モデルのメリット（事前チェックで独断専行を防ぐ）とデメリット（経営判断の迅速性が損なわれる）のうち、デメリットが非常に大きくなってきているのが現状である。

また、日本企業に対しては、かねがね資本効率が悪いという批判がされてきた。特に海外機関投資家からの批判が強く、日本企業の資本効率が悪いのは、経営トップに対する牽制機能がうまく働いていないからではないか、株式持ち合いにより株主から経営トップに対して業績向上に向けた圧力がかからないことに加え、会社内部でも取締役会による適切な監督機能が働いていないからではないかという指摘がされていた。

取締役会は業務執行者に対する監督機能を発揮するための仕組みであるにもかかわらず、従来の日本企業の取締役会は代表取締役・業務執行取締役のみで構成されており、重要な業務執行については取締役会メンバー全員が協議して決定している。すなわち、業務執行者を監督しなければならない取締役会のメンバー全員が、監督される立場の人間だということになる。人間誰しも自分に対して厳しい評価を下すことは難しく、業績が悪化したとしても経済環境等の外部事情のせいであるなどとして、自ら責任を取るといった話にはなりにくい。業績が悪化してもクビにならないとなれば、代表取締役・業務執行取締役としても業績向上への意欲を抱かなくなるといった悪循環に陥ってしまう。これが日本企業の資本効率がなかなか上がらないことの原因ではないかという指摘である。

③ モニタリング・モデル

このように多くの日本企業が伝統的に採用してきた経営スタイル（マネジメント・モデル）への批判が強くなってきたことを受けて、近年、「モニタリング・モデル」という新たなガバナンス・モデルが提唱されている。

モニタリング・モデルでは、迅速な経営判断を可能とするため、業務執行の決定については重要なものも含めて幅広く業務執行者に任せてしまうこととしている。彼らは経営のプロである以上、判断ミスの可能性はゼロではないとしても高くはない。そうだとすれば、取締役会による慎重な検討を断念して経営のスピードを求めたとしても、さほど大きな被害はないはずである。

しかし、経営のフリーハンドを得た業務執行者が好き勝手に事業を推進して会社の利益を損ねるような事態は防止しなければならない。業務執行者に対して大幅に経営判断を委任するのは、あくまでもスピーディーな経

営を行って業績を向上してもらうためであり、彼らをきちんと働かせるためには、業績を達成した業務執行者には高い報酬を支払い、達成できなかった業務執行者には低い報酬を支払い、場合によっては退任を求めるといった形で、事後的な業績評価を徹底する必要がある。

このように重要な業務執行についても業務執行者に委任してスピーディーな経営を目指すが、業務執行の「後」でその結果を厳しく評価し、事後的にモニタリングすることで業績向上を目指そうという発想に基づき、取締役会の監督機能を重視しているのが「モニタリング・モデル」である。

そして、このモニタリング・モデルによるガバナンス体制に適合するように新設されたのが、「指名委員会等設置会社」という機関設計である。

前述したとおり、モニタリング・モデルが提唱されるようになった背景には、業務執行取締役ばかりで構成される従来型の取締役会では厳しい業績評価ができないのではないかというマネジメント・モデルに対する批判がある。

そうだとすると、事後的なモニタリングを徹底するためには、業務執行から離れた独立した立場で取締役会に参加する者、すなわち社外取締役が必要である。そして、社外取締役が業務執行者の業務執行状況や業績を厳しく評価し、その評価結果を次期の指名や報酬額に反映させることで、業績向上に向けたインセンティブを持たせることが必要となる。

しかし、監査役会設置会社という機関設計の下では、各取締役の個人別の報酬金額を決定し、次期取締役候補者を選ぶのは取締役会である。取締役会の決議は多数決で決せられる。そうだとすると、取締役会の構成メンバーの大多数が業務執行取締役である限り、取締役会による厳格な業績評価は期待できない。取締役会において厳しく業績評価を行うためには、その過半数を代表取締役・業務執行取締役から独立した社外取締役とすることが必要であるが、日本では社外取締役という存在がまださほど普及しておらず、取締役会の過半数を社外取締役とすることに抵抗を示す企業経営者も多い。

そこで、社外取締役が多数を占めることができない取締役会の下であっても、社外取締役を中心として厳格な業績評価を行い、それを指名・報酬に反映させることができるようにするために考案されたのが、平成14年

商法改正で新たに導入された指名委員会等設置会社である。

　指名委員会等設置会社では、取締役会が果たすべき監督機能のうち、業績評価に関わる要諦部分である「指名」「報酬」を切り出し、それらの機能を社外取締役が過半数を占める指名委員会・報酬委員会に担当させている。このように「指名」「報酬」に関する権限を社外取締役が過半数を占める委員会の専権とすることによって、代表取締役・業務執行取締役らの多数派によって社外取締役の意見を封じ込めることができないようにし、社外取締役による厳格な業績評価を担保しようとしているものである。

④　ハイブリッド型のガバナンス・モデル

　以上のとおり、わが国では、伝統的な経営スタイル（マネジメント・モデル）に対する批判を受けて、モニタリング・モデルが提唱されるようになり、従来型の監査役会設置会社という機関設計に加えて、平成14年商法改正でモニタリング・モデルに適合する指名委員会等設置会社という機関設計が新たに導入された。

　ただし、会社法は、監査役会設置会社と指名委員会等設置会社という2つの選択肢を提示しただけで、いずれの機関設計を選択するかは各社の判断に任せていた。

　そもそも、マネジメント・モデルとモニタリング・モデルの違いは、重要な業務執行を実行する「前」に監督するのか、「後」で監督するのかというだけである。すなわち、重要な業務執行を始める「前」に皆で協議してマネジメントしながら事業を推進していこう、意思決定機能を通じて業務執行者を監督しようというマネジメント・モデルに対し、重要な業務執行が行われた「後」でその結果を厳しく評価し、事後的にモニタリングすることで業績向上を目指そう、監督機能を強化することで業務執行者を監督しようというのがモニタリング・モデルであり、両者の間に特段の優劣はない。したがって、各社の判断でそれぞれの会社の実態に合う機関設計を選択し、適切なガバナンス・モデルを構築してほしいというのが、会社法のスタンスであった。

　しかし、鳴り物入りで導入された指名委員会等設置会社という機関設計は広く普及することはなく、多くの日本企業は監査役会設置会社という機

関設計を選択した。その結果なのかどうかはわからないが、日本企業の資本効率の低さは一向に改善しなかった。

そのため、海外機関投資家等からの批判は継続し、近年では大手議決権行使助言会社から「資本生産性が低く（過去5期平均のROEが5％を下回り）かつ改善傾向にない場合」には経営トップである取締役の選任議案に反対するという議決権行使助言基準が公表されるまでに至っている（ISS「2017年版日本向け議決権行使助言基準」（2017年2月1日施行））。かかる批判を受けて、政府の成長戦略の中でもガバナンス改革の必要性が指摘されるようになった。

このような流れを受けて、平成26年会社法改正が行われ、平成27年にはコーポレートガバナンス・コードが公表された。ここで日本企業に対して強く求められているのは、取締役会の監督機能、その中でもとりわけモニタリング機能の強化である。

会社法は、モニタリング・モデルに適合する機関設計として指名委員会等設置会社を導入したが、多くの日本企業はこれを受け入れなかった。その理由はおそらく、指名委員会への抵抗感である。日本企業の間では次期取締役候補者を指名することは社長の専権であるという意識が強く、これを社外取締役が過半数を占める指名委員会に帰属させることをためらう経営トップが多かったものと推測される。

そこで、会社法は、「指名」「報酬」については原則どおり取締役会で決議することとしつつ、社外取締役が過半数を占める監査等委員会において「指名」「報酬」が相当かどうかの意見を表明することができるという新たな機関設計を導入した。これが「監査等委員会設置会社」である。これは、企業経営者の抱く指名委員会への抵抗感に配慮しつつ、社外取締役が過半数を占める監査等委員会に「指名」「報酬」の相当性をチェックさせることでモニタリング機能を一定レベルで担保しようとするハイブリッド型のガバナンス・モデルである。

さらに、コーポレートガバナンス・コードでは、複数の独立社外取締役を選任することを推奨するとともに、監査役会設置会社または監査等委員会設置会社であっても、取締役会の下に独立社外取締役を主要な構成員とする任意の諮問委員会を設置して、指名・報酬などの特に重要な事項に関

する検討に当たり、独立社外取締役の適切な関与・助言を得るべきであると提言している（補充原則4-10①）。これにより、コーポレートガバナンス・コードの適用を受ける上場会社は、いかなる機関設計を選択したとしても、社外取締役を選任してモニタリング機能を強化することが求められることとなったのである。

(3) 社外取締役に求められる役割

昨今、社外取締役に注目が集まっていることの背景には、伝統的な日本企業の経営スタイル（マネジメント・モデル）への批判を受けて、社会全体の流れとして、事後的なモニタリング機能を強化した経営スタイル（モニタリング・モデル）への転換を促す動きが強まっているという事情がある。

このような背景事情を考えると、社外取締役に求められる役割が何であるかについても、自ずと明らかになってくる。

① 指名・報酬の決定プロセスへの関与

社外取締役が必要とされるようになったのは、伝統的な日本企業の経営スタイルでは取締役全員が代表取締役の下で業務執行を担当して事業を進めているため、当該事業が失敗しても反省が甘くなり、その結果として業績が低迷しているのではないかという批判が強まったからである。

そのため、取締役会の監督機能、その中でも特に業務執行者に対するモニタリング機能を強化しなければならないという流れになり、モニタリングの要となる「指名」「報酬」を切り出して社外取締役が過半数となる指名・報酬委員会の専権とする機関設計（指名委員会等設置会社）が導入された。さらに、その他の機関設計（監査役会設置会社・監査等委員会設置会社）でも指名・報酬に関する任意の諮問委員会を設置することが要請されるようになった。

このような流れを見る限り、社外取締役に求められる一番大きな役割は、業務執行の結果を客観的かつ公正に評価し、それを次期取締役の指名や個別報酬額の決定に反映させるという決定プロセスを確立させることである。

経営トップから独立した立場の社外取締役が指名・報酬の決定プロセスに関与することにより、業務執行者に対するモニタリング機能を強化することが求められている。

② 取締役会の審議を通じた監督

社外取締役に期待される役割が指名・報酬の決定プロセスに関与してモニタリング機能を強化することであることは、昨今のコーポレート・ガバナンスの議論の流れに照らして明らかである。

しかし、社外取締役に期待されているのは、指名・報酬の決定プロセスを通じたモニタリングだけではない。

業績を評価して指名・報酬の決定に反映させるという作業は原則として年に1回しか行われない。しかし、業務執行者に対するモニタリングは事業年度の1年間を通じて行われるべきであり、取締役会への業務執行状況の報告を受けて監督を行うことも必要である。さらに、マネジメント・モデルが想定していた事前の監督機能、すなわち、取締役会において重要な業務執行を決定するための審議を通じて業務執行を監督する作業も必要となる。

重要な業務執行の決定というのはマネジメント・モデルで重視されており、業務執行者が知恵を出し合ってより良い経営判断を目指す点にメリットがある。しかし、それだけではなく、事前に協議することによって他の取締役の職務執行を監督し、独断で暴走することを止めたり、経営判断ミスをカバーするといった監督機能を発揮できる。

このような取締役会の審議を通じた監督機能は、取締役会のメンバー全員が行うべき責務を負っている。

しかし、業務執行者である取締役は、自らが監督される立場でもあるため、どうしても判断が甘くなって十分に監督機能を発揮できない可能性が高い。それを補うのが社外取締役の役割である。社外取締役が加わっても多数派でなければ意見を通すことはできないかもしれないが、独立した立場の社外取締役の意見というのは経営トップにとっても重く受け止められるものであるから、社外取締役が取締役会における審議の場で厳しく意見することによって監督機能を補完することはできるはずである。

そうだとすると、取締役会における審議を通じた監督機能として社外取締役に特に期待されるのは、社内取締役だけでは十分な監督ができない可能性の高い事項について厳しく意見を言うことである。すなわち、代表取締役・業務執行取締役といった事業を推進する立場の人間だけでは甘くなりがちな事項、客観的に正しい判断をできない可能性のある事項について厳しく質問し、意見を述べることにより、取締役会の監督機能を活性化させることが期待されている。

③ コーポレートガバナンス・コードに定める社外取締役の役割・責務

社外取締役に求められる役割・責務については、コーポレートガバナンス・コードでも、次のとおり整理されている。

【原則4-7.　独立社外取締役の役割・責務】
　上場会社は、独立社外取締役には、特に以下の役割・責務を果たすことが期待されることに留意しつつ、その有効な活用を図るべきである。
(ⅰ)　経営の方針や経営改善について、自らの知見に基づき、会社の持続的な成長を促し中長期的な企業価値の向上を図る、との観点からの助言を行うこと
(ⅱ)　経営陣幹部の選解任その他の取締役会の重要な意思決定を通じ、経営の監督を行うこと
(ⅲ)　会社と経営陣・支配株主等との間の利益相反を監督すること
(ⅳ)　経営陣・支配株主から独立した立場で、少数株主をはじめとするステークホルダーの意見を取締役会に適切に反映させること

【原則4-10.　任意の仕組みの活用】
補充原則4-10①
　上場会社が監査役会設置会社または監査等委員会設置会社であって、独立社外取締役が取締役会の過半数に達していない場合には、経営陣幹部・取締役の指名・報酬などに係る取締役会の機能の独立性・客観性と説明責任を強化するため、例えば、取締役会の下に独立社外取締役を主要な構成員とする任意の諮問委員会を設置することなどにより、指名・報酬などの特に重要な事項に関する検討に当たり独立社外取締役の適切な関与・助言

を得るべきである。

　コーポレートガバナンス・コードは、取締役会の重要な意思決定の例示として「経営陣幹部の選解任」を指摘しているほか、任意の諮問委員会を設置して「指名・報酬などの特に重要な事項」について社外取締役の適切な関与・助言を得るべきであるとしており、社外取締役の役割・責務として、指名・報酬の決定プロセスに関与してモニタリング機能を強化することを強く期待していることは明らかである。

　しかし、それだけではなく、取締役会の重要な意思決定を通じて経営の監督を行うことも社外取締役の役割・責務であると明記している。

　まず、経営の方針や経営改善について助言を行うという点は、従来から社外取締役に期待されている大所高所からの助言・アドバイスであるとともに、経営の目標・方向性の設定でもある。モニタリング・モデルというのは、経営陣に業務執行を任せる代わりに、独立した立場の社外取締役が厳格に業績評価することで経営陣に規律をもたらす仕組みであり、評価の指標となるのはきちんと経営方針に沿って事業を行ったかどうか、業績目標を達成できたかどうかである。経営の方針・方向性も決めずに経営陣に業務執行を委任してしまったら、それは白紙委任に等しく、後から業績評価しようにも適切な評価ができなくなってしまう。その意味で、経営の方針等を設定する作業は代表取締役・業務執行取締役だけに任せるべきではなく、社外取締役が関与すべき事項である。

　また、会社と経営陣・支配株主との間の利益相反を監督することも社外取締役の役割・責務とされている。会社と経営陣の利益が相反する事項について経営陣に判断を任せてしまっては、判断が甘くなることは必然である。また、経営陣を取締役として選任するのは支配株主であるから、会社と支配株主の利益が相反する事項についての経営陣の判断は支配株主に有利となりがちであり、少数株主を含めた会社全体の利益を損なう可能性がある。

　さらに、少数株主をはじめとするステークホルダーの意見を取締役会に反映させることも社外取締役に求められている。経営陣は会社に対して善管注意義務を負っており、すべての株主の利益を考えて経営を行うことが

必要である。しかし、経営陣は株主から選任される立場であるため、どうしても多数派株主の顔色を見ながら経営を行う可能性があり、少数株主やその他のステークホルダーの意見は取り入れられにくい。多数派株主の意向により会社全体の企業価値が向上する場合には問題ないが、多数派株主が少数株主やステークホルダーの利益を害して自らの利益を図るようなことがあれば、長期的には企業価値を損なうことになりかねない。

このように、コーポレートガバナンス・コードにおいても、代表取締役・業務執行取締役に任せてしまうと客観的に正しい判断ができなくなり、長期的な観点からの会社全体の利益・企業価値を損なう可能性がある事項について、社外取締役が積極的に関与して監督機能を発揮することが求められているものと言える。

④ 社内取締役との関係

以上のとおり、社外取締役に求められる役割・責務は、①指名・報酬の決定プロセスに関与してモニタリング機能を強化すること、②取締役会における審議を通じて監督機能を強化すること、と整理できる。

ここで社外取締役のモニタリング・監督の対象となっているのは、経営トップとして事業を推進する代表取締役とその部下として業務執行を担当する社内取締役である。社外取締役と代表取締役・業務執行取締役らの社内取締役は、いずれも同じ取締役という立場にあるものの、実は監督する者・される者という相対立する関係に立っている。

さらに、業務執行取締役といっても、その職務の内容によって社外取締役との関係性は異なる。

当該会社の事業部門を担当する取締役は、その事業活動を通じて利益を上げることを主たる職務としており、まさに監督される者である。代表取締役も、経営トップとして事業を推進して利益を上げ、株主に還元しなければならない最高責任者である以上、監督される者である。

これに対し、いわゆるコーポレート業務（経理・財務、総務、内部監査、コンプライアンスなど）を担当する取締役は、事業部門を担当する取締役の業務執行の状況を横断的に監視し、財務的あるいは法務的な観点からストップをかけたり、非効率な業務執行が行われていないか、利益追求のた

めに不正・違法な行為が行われていないかどうかを確認することを主たる業務としている。彼らは、その職務内容を見る限り、監督される者というより業務執行を監督する立場に立っていると言える。

　社外取締役に求められているのは、業務執行者に対する監督・モニタリングである。したがって、取締役会の場においても、事業活動に関する決議事項や事業の遂行状況に関する報告事項については、代表取締役や事業部門を担当する取締役の説明を聞いて、疑問点があれば質問し、その中に経営陣だけでは公正かつ客観的な判断ができない可能性の高い事項があると感じた場合には意見を述べて厳しく監督することが期待される。社外取締役にとって、代表取締役や事業部門を担当する営業サイドの取締役は、取締役会メンバーという仲間であると同時に監督すべき対象である。

　コーポレート担当の取締役は、社長の部下として業務執行を担当する取締役である以上、社外取締役にとっては監督の対象である。しかし、それと同時に、事業部門を担当する取締役らを適切に監督・モニタリングするために協働するべき仲間でもある。社外取締役というのは、業務執行者に対する監督・モニタリング機能を強化するために選任される者であり、高い独立性が求められる一方で、独立しているがために社内の情報を入手しにくい。しかし、適時適切に情報が入ってこなければ、適切な監督を行うことはできない。そのため、社外取締役として期待される役割を発揮するためには、コーポレート担当の取締役と協働し、彼らから情報提供を受けて監督・モニタリングを行っていく必要がある。

　このように、取締役会のメンバーというのは、全員が当該会社の取締役として株主から選ばれた者であり、ともに取締役会の構成メンバーとして企業価値の向上を目指すべき仲間であるにもかかわらず、それぞれの職責の違いから、一枚岩ではない。同じ「取締役」という肩書きであっても、与えられた役割・職務はそれぞれ異なっている。

　社外取締役は、社内取締役の業務執行を監督・モニタリングすることが仕事であり、両者の間には監督する者・される者という対立関係が存在する。社内取締役の間でも、事業部門を担当する取締役は営業活動を通じて利益を獲得することが最も重要な責務である一方で、コーポレート担当の取締役は横断的に会社の業務執行状況を監視し、場合によっては社外取締

役に情報提供して取締役会の監督機能を発揮しなければならない。各取締役がそれぞれの役割・職務を適切に遂行することによって初めて、企業価値の向上という共通の目標を達成することができるのである。

社外取締役としては、自らに期待される役割・職務だけでなく、列席している他の取締役の役割・職務についてもよく頭に入れて、それぞれの職責に応じて監督する者・される者といった緊張関係や協力関係が交錯することを意識しながら、取締役会の審議に参加しなければならない。

◆ 2 ◆ 取締役会の構成・権限等

(1) 取締役会の構成

取締役会は3名以上の取締役で構成される（会社法331条5項）。指名委員会等設置会社および監査等委員会設置会社については、指名・監査・報酬委員会または監査等委員会の過半数を社外取締役としなければならないため（会社法331条6項、400条3項）、最低でも2名の社外取締役が必要である。監査役会設置会社については、社外取締役の選任は会社法上義務づけられていないものの、コーポレートガバナンス・コードで2名以上の社外取締役を選任すべきとされている（原則4-8）。

また、監査役会設置会社および監査等委員会設置会社では、取締役会の決議により代表取締役および業務執行取締役が選ばれ、彼らが業務執行を行う（会社法362条3項、363条1項）。指名委員会等設置会社では、取締役会の決議により代表執行役および執行役が選ばれ、彼らが業務執行を行う（同402条1項・2項、420条1項、418条）。執行役は取締役会のメンバーではないが、取締役を兼ねることができるため（同402条6項）、経営トップたる代表執行役は取締役を兼務して取締役会に参加していることが多い。

したがって、取締役会のメンバーは、いずれの機関設計であっても、業務執行を担当する社内取締役（代表取締役・業務執行取締役または代表執行役・執行役を兼務する取締役）と業務執行を担当しない社外取締役から構成されるのが通例である。

社内と社外の比率については、取締役会の過半数を社外取締役としている会社は未だ少なく、社外取締役の選任を進めている会社であっても、監査役も含めた取締役会メンバーの3分の1以上を独立役員（社外取締役・社外監査役）とすることを目安としている例が多いのが現状である。

(2) 取締役会の権限

取締役会の権限は、①重要な業務執行について決定すること、②取締役・執行役の職務執行を監督すること、③業務執行者（代表取締役・業務執行取締役または代表執行役・執行役）を選定・解職（執行役については選任・解任）すること、である（会社法362条2項、399条の13第1項、402条2項、403条1項、416条1項、420条1項・2項）。

ただし、重要な業務執行として具体的にどのような事項を取締役会で決議する必要があるのかについては、機関設計によって異なる。

監査役会設置会社では、重要な業務執行の決定については取締役に委任できず、取締役会で決議しなければならない（会社法362条4項）。取締役の指名・報酬についても取締役会で決議する。そのため、取締役会に上程される決議事項の数は多い。

これに対し、指名委員会等設置会社では、重要な業務執行の決定についても大幅に執行役に委任することができる（会社法416条4項）。そのため、取締役会に上程される決議事項の数は少なくなり、その代わりに監督のための情報提供として報告事項の数が増えることになる。また、取締役選任議案の内容および取締役・執行役の個別報酬額の内容については指名・報酬委員会でそれぞれ決定することとされており（会社法404条1項・3項）、取締役会で決定できない。

監査等委員会設置会社では、原則として重要な業務執行については取締役会で決定するが、定款の定めを置けば大幅に取締役に委任することができる（会社法399条の13第4項・6項）。モニタリング・モデルを目指して重要な業務執行の決定について取締役に委任する場合には、取締役会に上程される決議事項の数は少なくなり、その代わりに報告事項が増えることになる。

(3) 取締役会の運営

① 招集手続

　取締役会は、各取締役が招集するのが原則であるが、実務的にはあらかじめ招集権者を定めておく方が便利であり、定款または取締役会で招集する取締役を定めることも認められている（会社法366条1項）。実務では定款で定めている例が多いが、定めていない場合には株主総会直後の取締役会で招集権者を決議することになる。なお、あらかじめ招集権者を定めている場合には、招集権者以外の取締役に取締役会の招集を請求する権利が認められている（同条2項・3項）。

　取締役会を招集するには、原則として、取締役会の日の1週間前までに各取締役・監査役に対して招集通知を発しなければならないが（会社法368条1項）、実務上は定款で3日前までとされていることが多い。また、取締役・監査役全員の同意があるときは招集手続をせずに取締役会を開催することができる（同条2項）。

② 議事・決議

　取締役会の決議は、原則として、議決に加わることができる取締役の過半数が出席し、その過半数の賛成をもって行う（会社法369条1項）。この要件は加重することはできるが、緩和することはできない。

　取締役会は、株主から経営のプロとして選任された取締役が協議して会社としての意思決定を行う場所であるため、委任状による代理出席は認められず、必ず取締役本人が出席して議決に参加する必要がある。ただし、テレビや電話による出席は認められている。

　また、定款で定めれば、いわゆる書面決議・報告も認められる（会社法370条、372条1項）。前述したとおり、取締役会は、株主から経営を任された取締役が協議して会社としての意思決定を行う場所であるため、現実に会議を開いて決議するのが原則である。しかし、機動的な意思決定を行うためには現実の会議の開催を待っていられない場合もあり得るため、取締役全員の同意があり、監査役から書面決議・報告とすることに異議が出ない場合には、書面をもって決議がされたものとみなし（会社法370条）、

あるいは報告を省略することができる（同372条1項）。ただし、3か月に1回以上の業務執行状況報告は省略することができない（同条2項）。

社外取締役が増えてくると、機動的な取締役会の開催が困難となるため、テレビ・電話による取締役会への参加や書面決議・報告を活用する場面が増えてくると予想される。

そのほか、特別利害関係のある取締役は、取締役会の議決に参加することはできず（会社法369条2項）、議長を務めることもできない。

どのような場合に特別利害関係があるとされるのかについては、過去の判例・裁判例等でさまざまな具体例が示されている。特別利害関係人の議決からの排除は、決議の公正を期するための措置であるため、当該決議事項について公正な議決権の行使が期待できない程度の個人的な利害関係を有する場合には特別利害関係人に該当すると考えられている。

(4) 取締役会の開催スケジュール

会社法は、代表取締役および業務執行取締役に対し、3か月に1回以上の割合で職務の執行の状況を取締役会に報告することを義務づけているが（会社法363条2項）、それ以外に取締役会を事業年度のどのタイミングで開催すべきかといったスケジュールに関する定めは置いていない。

しかし、実際に取締役会で決議しなければならない事項を考えていくと、3か月に1回の開催では到底足りず、ほとんどの上場会社はもっと頻繁に取締役会を開催している。実務的には月に1回の定例取締役会という形で開催している例が多い。

特に監査役会設置会社の場合には、会社法で、重要な業務執行の決定については取締役に委任することができず、必ず取締役会で決議しなければならないとされている（会社法362条4項）。具体的にどのような事項が「重要な業務執行」に該当するのかについては、後述するとおり、各社で重要性の判断基準を検討して取締役会付議基準を定めているが、重要であるにもかかわらず取締役会決議をとっていないと法令違反とされるリスクがあるため、保守的に取締役会付議基準を策定・運用していることが多い。

そのため、月に1回は定例取締役会を開催し、重要な業務執行について

第2章 取締役会

決議したり、事後報告を受けたり、そのほか全般的な業務執行の状況について報告を受けることとしているのである。

ただし、月に1回というのは慣例であって法律上の義務ではない。例えば、指名委員会等設置会社または監査等委員会設置会社の場合には、重要な業務執行の決定であっても大幅に業務執行者（代表執行役・執行役または代表取締役・業務執行取締役）へ委任することが認められているため（会社法399条の13第5項・6項、416条4項）、取締役会の開催頻度を少なくしても業務執行上の支障はさほど出てこないと推測される。そのため、委員会型へ移行した会社にあっては、取締役会の開催頻度を月1回よりも少なくしていることもある。

◆3◆ 取締役会決議事項と留意点

(1) はじめに

社外取締役は、取締役会に上程される決議事項について社外の視点から大所高所に立った助言・アドバイスを行うとともに、経営陣だけでは公正かつ客観的な判断ができない可能性の高い事項について決議しようとする場面では、独立した立場から厳しく質問・意見を述べなければならない。

それでは、実際に取締役会に上程される事項の中には、どのくらい代表取締役・業務執行取締役などの経営陣だけでは公正かつ客観的な判断ができない可能性の高い事項があるだろうか。

経営陣だけでは公正かつ客観的な判断ができない可能性の高い事項の代表例は、経営陣の業績評価を行うこと、そして、それを指名・報酬の決定へ反映させることである。これは経営陣の成績評価であり、自分で自分の成績をつけて指名・報酬の決定に反映させよと言われれば、人間誰しも甘くなる可能性が高い。だからこそ社外取締役が指名・報酬の決定プロセスに関与することが求められている。ただし、指名・報酬に関する事項については、コーポレートガバナンス・コードで任意の諮問委員会を設置するよう要請されていることもあり、取締役会の場で議論するよりメンバーを

限定した諮問委員会で議論されることが多い。そこで、本書でも、指名・報酬に関する留意点については、第3章にて検討することとする。

　指名・報酬に関する事項以外で、経営陣だけでは公正かつ客観的な判断ができない可能性の高いものとして会社法が特に規定しているのは、利益相反取引である。利益相反取引というのは、自社の取締役自身が取引相手となる場合や取引相手の会社代表者である場合などをいう。このような立場の取締役は、会社の利益よりも自らの利益を優先してしまう可能性が高いため、取締役会に上程して過半数の賛成が得られない限り、利益相反取引を行うことはできない。自らの利害が関係する場合には公正かつ客観的な判断ができない可能性が高いため、取締役会で監督しなければならないという趣旨の規制である。

　このような法規制の趣旨をふまえて考えていくと、社外取締役が特に厳しく質問・意見を述べなければならない議案というのは利益相反的な要素を含んだ議案であると整理することができる。

　会社法の定義する典型的な利益相反取引には該当せず、一見すると特段の問題はないように見えるけれども、実は利益相反的な要素を含んでいる議案というのは、意外と数多く存在する。このような議案については、経営陣だけでは公正かつ客観的な判断ができない可能性が高いため、取締役会の場で、経営陣から独立した立場の社外取締役が厳しく質問・意見を述べて監督することが求められる。

　そこで、以下では、まず取締役会へ付議される事項の全体像を見た上で、実際に取締役会に上程される決議事項のうち、①事業活動に関する議案、②経営方針・経営計画に関する議案、③内部統制システムに関する議案、④子会社管理に関する議案、⑤利益相反に関する議案、を例として、社外取締役が特に留意すべきポイントを見ていくこととする。

(2) 取締役会に上程される決議事項

　まず、取締役会にはどのような決議事項が議案として上程されるのか、全体像を見てみよう。

第 2 章　取締役会

① 「重要な業務執行」の判断基準

　会社法は、監査役会設置会社が行う業務執行のうち、次の事項については、必ず取締役会で決議しなければならず、取締役に委任することができないと定めている（会社法362条4項）。これは、重要な業務執行について代表取締役・業務執行取締役に判断を任せず、必ず取締役会で審議・決定するよう求めることで、代表取締役らの独断専行を防止し、多くの取締役が意見を出し合ってより良い経営判断を行うことを期待しているものである。

1　重要な財産の処分および譲受け
2　多額の借財
3　支配人その他の重要な使用人の選任および解任
4　支店その他の重要な組織の設置、変更および廃止
5　社債を引き受ける者の募集に関する重要な事項
6　内部統制システムの整備
7　定款の定めに基づく役員責任の減免
8　その他の重要な業務執行

　ここでは、一定の事項を列記した上で、「その他の重要な業務執行」についてはすべて取締役会決議をとらなければならないという建て付けになっている。

　しかし、「重要」な業務執行は取締役会で決議せよと言われても、具体的にどういう事業活動について取締役会に付議しなければならず、どういう事業活動については代表取締役・業務執行取締役の判断で進めてよいのか、判断に迷うケースも多い。そこで、各社とも、投融資、資産の取得・処分、資金調達といった類型ごとに一定の金額以上の案件は取締役会に付議するべきであるとして、重要性の金額基準を定めている。

　この重要性の金額基準をいくらに設定するべきかという点については、各社とも慎重かつ保守的に検討している。この基準を高く設定したために、取締役会に付議することなく実行した業務執行について後から株主代表訴訟で争われて「重要な業務執行」に該当すると判断されるようなことがあ

れば、会社法362条4項違反と認定されてしまうことになる。後述するとおり、法令違反があると経営判断の原則が適用されなくなってしまうため、株主代表訴訟で取締役の任務懈怠が認められやすくなってしまうのである。

　そのため、各社とも、過去の判例・裁判例などを参考にしつつ、取締役会に付議するべき基準を設定しているのが通例である。過去の判例等（最判平成6年1月20日民集48巻1号1頁、東京地判平成9年3月17日金法1479号57頁、さいたま地判平成23年9月2日判時1376号54頁、東京地判平成24年2月21日判時2161号120頁など）では、当該業務執行の目的となっている金額（財産の取得・処分等であれば当該財産の額、借財であれば借入金額など）、その会社の総資産・経常利益等に占める割合、当該業務執行の目的、会社における従来の取扱い等の事情を総合的に勘案して重要かどうかが判断されており、実務においては「総資産の1％」というのが重要かどうかのメルクマールとされている。これをベースとしつつ、より保守的に取締役会に付議するべき「重要な業務執行」の判断基準を作成している会社が多い。

　さらに、付議基準に該当するかどうか迷うケースでは、後から法令違反とされるリスクを避けるため、とりあえず取締役会に付議してしまうという形で安全ベースの運用を心がけている会社も多いと思われる。

　しかし、近年の取締役会のモニタリング機能を強化しようという流れを受けて、この基準のレベルを引き上げて取締役会に付議される議案数を削減する方向で見直す会社が増えつつある。

　取締役会のモニタリング機能を強化するためには、経営トップから独立した立場の社外取締役を取締役会の審議に参加させることが必要である。社外取締役が取締役会に参加するようになると、彼らは当該会社の事業に精通しているわけではないため、どうしても議案の事前説明や取締役会当日の審議に時間がかかることになる。取締役会の開催時間はどんなに増やそうとしても限度があり、複数の社外取締役・社外監査役の日程を調整しなければならないため、臨機応変に開催することも難しい。そこで、社外取締役が審議に参加する必要がある議案は何かを検討し、さほど重要性の高くない議案については取締役会付議基準から外すことが求められるようになってきたのである。

第 2 章　取締役会

　この点、指名委員会等設置会社または監査等委員会設置会社を選択した場合には、重要な業務執行であっても大幅に代表執行役・執行役や代表取締役・業務執行取締役へ委任することが会社法上認められており、取締役会に付議するべき重要性基準を大幅に引き上げることによって、取締役会に付議される議案数を削減することが可能となる。

　これに対し、監査役会設置会社では、前述したとおり、重要な業務執行の決定は取締役に委任することができないという会社法上の制約があるため、取締役会へ付議される議案数を削減しようとしても限界がある。

　しかし、コーポレートガバナンス・コードは、機関設計にかかわらず社外取締役を選任してモニタリング機能を強化していくことを期待しており、監査役会設置会社に対しても、許容される範囲で取締役会付議基準を見直していくことが求められることになる。経済産業省におけるコーポレート・ガバナンス・システムの在り方に関する研究会からは、社外取締役を選任し、任意の指名・報酬委員会を設置するなどして監督機能の強化を意図している場合には、監督機能を実効的に果たすためにも取締役会における具体的な業務執行の決定は行いすぎない方がよく、取締役会への上程が強制される範囲を限定的に考えるべきであるといった指摘もされている（コーポレート・ガバナンス・システムの在り方に関する研究会「法的論点に関する解釈指針」（平成 27 年 7 月 24 日））。

　そのため、監査役会設置会社であっても、モニタリングの強化を検討している場合には、会社法上許容される限度で取締役会で決議するべき重要な業務執行の範囲を縮小するべく、自社の取締役会付議基準を見直すことも検討すべきである。

②　コーポレートガバナンス・コード等で要請されている事項

　モニタリング強化のために取締役会へ付議する議案の削減が求められる一方で、コーポレートガバナンス・コードにおいて取締役会で決議することが求められている事項もある。これらの多くは、従前はさほど取締役会で議論されてこなかったが、コードの適用を受けて、取締役会で議論する必要性が指摘されている。

　例えば、経営の基本方針・経営計画に関する事項、経営目標とする指標

などについては、コーポレートガバナンス・コードで経営の基本方針・計画を公表することが求められているため（原則3-1）、取締役会できちんと議論した上、決定・公表する必要がある。特に中期経営計画については、株主に対するコミットメントであると同時に、代表取締役・業務執行取締役の業績を評価する上での判断指標ともなるため、その作成を業務執行サイドに任せてしまうと、容易に達成できる甘い目標が設定されてしまう危険性もある。したがって、どのような中期経営計画を策定・公表するのかについては、取締役会で社外取締役も入れて十分に時間をかけて議論する必要がある。

　また、資本政策の基本的な方針、政策保有に関する方針、政策保有株式の議決権行使基準についても、会社の考えを説明・開示することが求められており、取締役会で議論する必要がある（原則1-3、1-4）。

　さらに、経営理念、行動準則、コーポレート・ガバナンスに関する基本方針といった、会社のガバナンスに関する基本的な考え方についても、取締役会で議論するべきである（原則2-1、2-2、3-1）。

　内部統制システムの概要については、もともと会社法で取締役会決議事項とされていたが（会社法362条4項）、それと合わせて、内部通報の体制整備や運用状況の監督についても取締役会で行うべきである（原則2-5）。

　そのほか、主要な政策保有株式について、そのリターンとリスクなどをふまえた中長期的な経済合理性や将来の見通しを検証すること（原則1-4）、取締役会全体の実効性について、各取締役の自己評価などを参考にしつつ分析・評価を行うこと（補充原則4-11③）なども取締役会で行うこととされている。

　このような点がコーポレートガバナンス・コードで指摘されているため、自社の取締役会付議基準に定めがないようであれば、追加することを検討すべきである。

　そのほか、最近注目を集めているのは、親会社取締役会でどこまで子会社・関連会社に関する事項を審議すべきなのかという点である。特に近年では、買収した海外子会社の事業不振等により巨額の特別損失を計上して話題を集めている事案が散見されるが、そのような時事的な視点から注目されているだけでなく、会社法の議論の中でも親会社による子会社管理の

重要性が指摘されている。

したがって、適切な子会社管理の体制とはどうあるべきかについて検討し、子会社に関する重要な事項については親会社取締役会で審議・決定する体制を整備する必要がある。

③ 取締役会付議基準

以上のとおり、取締役会で何を決議するべきかという点については、昨今のコーポレート・ガバナンスの議論の中で、取締役会のモニタリング機能を強化するために取締役会決議事項をもう少し限定すべきであるという意見がある一方、コーポレートガバナンス・コードによって新たに取締役会で議論することを要請されている事項もある。

そのような昨今の議論をふまえて検討・公表されている取締役会付議基準のサンプルとしては、以下のようなものがある。

決議事項一覧表
（モニタリング・モデルを前提としたサンプル）

1. 取締役会決議事項
(1) 経営の基本方針に関する事項
　① 経営理念・ビジョンの決定、改廃
　② コーポレート・ガバナンスの基本方針の決定、改廃（企業モデルの選択、取締役会の位置づけ・構成・選定基準等にかかる基本方針を含む）
　③ コーポレートガバナンス・ガイドラインの制定、改廃
　④ 企業行動準則の制定、改廃
　⑤ 経営に関する基本方針の決定、改廃
　⑥ 長期・中期経営計画の決定、改廃
　⑦ 経営者のミッションの設定、改廃
　⑧ 経営指標の目標値の決定、改廃
　⑨ 取締役、執行役員の報酬決定の基本方針の決定、改廃
　⑩ 最高経営責任者等の後継者育成計画にかかる基本的な事項
　⑪ 資本政策に関する基本方針の決定、改廃

⑫ 配当その他株主還元にかかる基本方針の決定、改廃
⑬ 株主との対話を含むIRの基本方針の決定、改廃
⑭ 財務政策に関する基本方針の決定、改廃
⑮ 内部通報制度を含む内部統制システムに関する基本方針の決定、変更
⑯ リスク管理の基本方針の決定、改廃
⑰ コンプライアンスの基本方針の決定、改廃
⑱ 単年度における事業計画の決定、改廃

(2) 経営の評価に関する事項
① 経営者のミッションの進捗状況および達成度の評価
② 単年度における事業計画の進捗状況および達成度の評価
③ 長期・中期経営計画の進捗状況および達成度の評価
④ 経営指標の達成度の評価
⑤ その他、経営の結果の評価に関する事項

(3) 株主総会に関する事項
① 株主総会の招集
② 株主総会の目的事項
③ その他、株主総会の招集に必要となる事項

(4) 取締役および取締役会に関する事項
① 取締役候補者の決定
② 代表取締役の選定および解職
③ 役付取締役の選定および解職、職務担当の決定
④ 取締役の競業取引の承認
⑤ 取締役の利益相反取引の承認
⑥ 取締役の報酬制度の基本方針の決定、変更
⑦ その他、取締役および取締役会に関する事項

(5) 会社の組織に関する事項
① カンパニー、事業部、本部・支店その他重要な組織および権限の決定、改廃
② 事業部長、本部長、支店長その他重要な役職の設置および決裁権限

の決定、改廃
    ③ 執行役員の選任および解任
    ④ 個別の執行役員の職務担当および権限の決定
    ⑤ 顧問、相談役、委員会その他重要な組織の設置および改廃
    ⑥ その他、重要な組織に関する事項

(6) 決算に関する事項
    ① 計算書類とその附属明細書の承認
    ② 連結計算書類の承認
    ③ 事業報告とその附属明細書の承認
    ④ その他、会社の決算に関する事項

(7) 財務・経理に関する事項
    ① 資金調達、その他財務政策の基本方針の決定、改廃
    ② 単年度における資金調達計画
    ③ 年間予算の決定、改廃
    ④ 資金運用に関する方針の決定、改廃
    ⑤ 為替予約、リスクヘッジの方針の決定、改廃
    ⑥ 取引金融機関の選定に関する方針の決定、改廃
    ⑦ 子会社の配当政策その他グループの財務政策に関する方針の決定、改廃
    ⑧ 1件〇億円以上の借入れの決定
    ⑨ 社債の募集
    ⑩ 1件〇億円以上の債務保証の決定
    ⑪ 取締役会決議を必要とする資産の取得・処分、債務負担の範囲に関する決定
    ⑫ 政策保有株式にかかる基本方針
    ⑬ その他、財務、重要な財産の処分・譲受け、多額の借財に関する事項

(8) 投資・提携・再編に関する事項
    ① 投資額の累計が〇億円以上と見込まれる投融資の実行
    ② 投資額の累計が〇億円以上と見込まれる重要な事業の譲渡および譲受け

③　合併、会社分割、株式交換、株式移転の実行
　　④　重要な業務提携の実行
　　⑤　投資額の累計が○億円以上と見込まれるシステム投資の実行
　　⑥　その他、重要な投資・会社再編に関する事項

(9)　グループ管理に関する事項
　　①　グループ会社の管理に関する基本方針の決定、改廃
　　②　関連当事者との取引に関する基本方針の決定、改廃
　　③　重要な子会社の役員（取締役および監査役）および執行役員の人事の決定
　　④　子会社の配当方針に関する事項
　　⑤　子会社に対する議決権行使の方針に関する事項
　　⑥　子会社に対する貸付けの基本方針の決定、改廃

(10)　株式に関する事項
　　①　自己株式の取得、消却
　　②　募集株式の募集事項・割当ての決定
　　③　募集新株予約権の募集事項・割当ての決定
　　④　その他、重要な株式に関する事項

(11)　その他、重要な業務執行に関する事項
　　①　給与体系、就業規則等の人事規程その他重要な人事に関する事項
　　②　ブランドに関する重要な方針の決定
　　③　ディスクロージャーに関する重要な方針の決定
　　④　会計方針、重要な会計処理の決定
　　⑤　重要な訴訟の提起の決定
　　⑥　取締役会規程その他重要な規程の制定および改廃
　　⑦　その他、法令または定款により、取締役会の決議を要する事項

＊中村直人『取締役会報告事項の実務〔第2版〕』（商事法務、2016年）112頁以下。その他の例として、澤口実＝太子堂厚子「取締役会規則における付議基準の見直し」資料版商事法務362号（2014年）19頁以下など。

(3) 事業活動に関する議案の留意点

　株式会社は営利を目的としており、利益を上げるために各社の目的とする事業を遂行する必要がある。事業を遂行するためには、例えば土地を取得して製品を作るための工場を建てたり、生産ラインの拡充のために設備投資したり、販売促進のための営業活動を行ったり、支店・営業所を開設したり、広告・宣伝を行ったり、生産・営業の管理のためのシステム投資を行ったりといった事業活動が必要となる。場合によっては、他社と事業提携を行ったり、他社を買収することもある。また、これらの事業活動を行うためには、当然資金が必要であり、事業活動による利益だけで足りなければ、銀行融資を受け、社債等を発行するなどの資金調達も必要となる。

　このようなさまざまな活動のうち、当該会社にとって重要性の高い事業活動については取締役会で決定しなければならない。これらの決定はいわゆる経営判断であり、伝統的に取締役会の一番重要な仕事とされてきたものである。

　それでは、具体的に事業活動に関する議案が上程されてきたとき、社外取締役としては、どういう点に注意する必要があるのだろうか。

　以下では、特定の事業分野を強化していくために高額の資金を投じて工場設備を新設するという議案を例として、社外取締役としての注意点を考えてみよう。

【第○号議案：○○工場新設の件】

　当社は、現在順調に推移している○○事業を更に強化して当社の主力事業とするべく、製造ライン増設のために新工場の建設を計画しており、その用地として下記のとおり不動産を取得すること、同不動産上に工場を建設するため株式会社○○建設との間で○○工場建設契約を締結することにつき、承認を願いたい。

1　不動産の取得
　①　取得する不動産
　　　　○○県○○市○○町○番○　土地面積○○○㎡

② 取得価額
  8,000 百万円
③ 取得の相手方
  ○○県○○市○○町○番○号
  ○○株式会社　代表取締役　○○○○
④ 取得日（予定）
  平成○年○月○日　不動産売買契約締結（契約書は添付のとおり）
  　　　　　　　　　手付金（取得価額の 10％）
  平成○年○月○日　土地引渡・残金決済
⑤ 備考
  ✓取得価額については、当社が依頼した○○不動産鑑定による鑑定価格の範囲内（不動産鑑定評価書の概要は別紙のとおり）
  ✓本件土地は○○工場跡地であるが、土地引渡前に相手方にて土壌汚染対策工事を施行する予定であり、引渡後に汚染物質が発見された場合の費用負担についても合意済み
  ✓近隣住民との間で騒音・大型トラックの出入りに関する協定書が締結されており、引き継ぐ予定であるが、新工場の稼働に制約となるものではないことを確認済み

2 ○○工場建設契約の締結
  ① 建設予定地
    ○○県○○市○○町○番○　土地面積○○○㎡
  ② 建設価額
    5,000 百万円
  ③ 建設業者
    ○○県○○市○○町○番○号
    株式会社○○建設　代表取締役　○○○○
  ④ 今後のスケジュール（予定）
    平成○年○月○日　○○工場建設契約締結（契約書は添付のとおり）
    平成○年○月○日　着工
    平成○年○月○日　完工
    平成○年○月○日　新工場稼働開始
  ⑤ 備考
    ✓建設業者の株式会社○○建設は、同種工場の建設実績も多く、当

社においても現在稼働中の○○工場の建設を任せたことがあり、工事施行能力には問題なし。
✓ 信用力調査も実施済み、問題なし。

(参考)
○○事業の業績推移（見込み）

① **経営判断の原則**

　このような事業活動に関する決議事項が上程された場合、社外取締役としてどのように判断すればいいのであろうか。

　この議案を実行する場合には、工場用地として不動産を購入し、そこに工場設備を新設するために総額130億円もの金額を投じようというのであるから、それに見合うリターンが得られるかどうかが重要である。この工場設備を新設することによって、当該事業の業績推移はどのように変化するのか、当社の利益水準がどの程度上がるのか、何年かけて投下資本を回収できるのか、そもそも工場を新設して生産ラインを拡大しなければならないほど当該事業分野に成長性があるのかといった将来見通しを検討することが必要となる。

　また、工場用地を取得する以上、当該土地を購入して本当に目指すべき工場を建てることができるのか、建築規制・環境規制がないかどうか、近隣住民との関係はどうかといった点も検討しなければならない。土地を購入したけれども後からいろいろ問題が出てきて工場建設を断念するといった事態にならないように、当該土地について入念に調査することが必要である。

　工場建設を依頼する業者についても、果たして当該施工業者に十分な施工能力があるのかどうか、工期に遅れることなく工場設備を稼働可能な状態にすることができるのかどうか、財務的な問題がないかどうかといった点を含めて調査が必要である。

　さらに、価格の相当性についても検討する必要がある。当該土地の購入代金は周辺相場と比較して相当かどうか、代替候補地と比較して相当かどうか、工場設備の建築費用についても同様に相当かどうかを検討する必要

がある。

　このように本議案を実行するかどうかという経営判断を行うためにはさまざまな事情を考慮しなければならないが、ここで列記した判断のポイントとなる事情は、いずれも当社が本議案で達成しようとしている目標を阻害しかねないリスク要因である。

　当社は、この工場設備の新設により特定の事業分野を伸ばし、将来的に利益を上げることを目標としているのであり、そのために130億円という高額の資金を投じようとしている。このプロジェクトを進めるのであれば、進めたことによって得られる利益が、それによってかかるコストよりも大きくなければならず、その点を判断するためには、目標を達成できないリスク要因としてどのような事情があるのか、仮にリスクがあるとしてその可能性はどの程度高いのかといった点を十分に検討する必要がある。

　本議案を審議する取締役会においては、これらのリスク要因について総合的に考慮した上で、この工場設備を新設することが当社にとって利益となるのかどうかを判断することが求められる。

　ただし、この判断は多分に将来予測を含むものであり、どんなに慎重に検討したとしても、確実な判断はできない。特定事業分野の将来成長が予想ほど伸びなかったり、技術革新の急速な進歩によって新設した工場設備が陳腐化したり、設備の稼働率を目標水準まで上げることができずに工期が大幅に延期になるといった事態は往々にして起こり得る。

　このように本議案で予定した目標を達成できずに投じた費用を回収できない事態になった場合、その結果だけを見て本議案を承認可決した取締役の判断ミスであると非難され、責任を追及されることになれば、取締役としてはリスクを伴う判断は一切できなくなってしまう。企業経営にリスクはつきものであり、リスクを取らなければ利益も得られないのであるから、取締役の判断が結果として利益につながらなかったとしても、その判断を原則として尊重することとしないと、取締役が萎縮してリスクを取らなくなる可能性がある。これは会社にとって大きなマイナスである。

　そのため、取締役の行った経営判断については広範な裁量が認められるべきであるというのが大原則とされており、このような考え方は「経営判断の原則」として過去の多くの判例・裁判例において確立されている（最

判平成 22 年 7 月 15 日判時 2091 号 90 頁、東京地判平成 17 年 3 月 3 日判時 1934 号 121 頁、東京地判平成 16 年 9 月 28 日判時 1886 号 111 頁ほか)。具体的には、(a)法令・定款または株主総会決議の違反がなく、(b)会社に対する忠実義務に背いておらず、(c)判断の前提となった事実の認識に重要かつ不注意な誤りがなく、(d)意思決定の過程・内容が企業経営者として特に不合理・不適切なものとはいえない限り、その判断は原則として尊重されるべきであるとされており、これらの要件に該当した場合にはその経営判断は尊重されず、取締役の注意義務違反と判断されることとなる。

したがって、取締役としては、事業活動に関する議案を承認するかどうかを検討するに当たり、上記(a)から(d)の要件に照らして問題がないかどうかを確認しなければならない。

(a) 法令・定款・総会決議違反

当該議案で目指している事業が会社に利益をもたらすものであったとしても、それが何らかの法令に違反して達成されるものであれば、そのような議案に賛成してはならない。株式会社は私企業であっても社会的存在であり、法令に違反してまで利益を追求することは許されない。また、定款や株主総会決議というのは当該会社の株主の意思であり、株主から経営を委託された取締役が株主の意思に反する事業を行ってはならないことも当然である。

このように、法令・定款・総会決議に違反する議案に賛成してはならないことは常識であり、そもそも取締役会に上程される議案が違法な内容を含んでいることなどめったにないように思える。したがって、社外取締役としても「そんなことは言われなくてもわかっている」と思われることであろう。

しかし、現実を見ると、会社が行っている事業において違法行為が気づかれないまま継続していたという事案は多い。例えば、工場での環境規制違反、従業員の長時間労働や残業代の未払い、談合・カルテル、配送従業員による道交法違反の横行、農地法違反による土地取得など、事業の現場では予想外に違法行為が行われている可能性がある。事業の現場としては、トップから利益を上げることが強く求められるため、やむを得ずに違法行

為に目をつぶりかねないところがある。後になって法令違反であることが発覚した際、それを会社が容認して組織的に行っていたなどと評価されることになれば、マスコミ・消費者等からバッシングを受け、レピュテーションの毀損、売上げの大幅な減少につながる。そのようなタイプの不祥事は実際に数多く報道されている。

　また、金融商品取引法違反の自己株式の取得、金融機関の大口融資規制違反、海外での規制対応の誤りなど、取締役会で十二分に議論したはずであるのに法令・規制違反を見過ごした事案などもある。

　そのほかに気をつけなければならないのは、本来取締役会で議論するべき重要な業務執行であるにもかかわらず、取締役会を経ることなく担当取締役が決裁して実行してしまった場合である。その結果として会社に損害が発生した場合には、取締役会へ付議しなかったことが法令違反とされる可能性がある。

　このように、法令違反が問われるケースというのは実はそれなりに多くあるため、取締役としては決議事項に法令違反が含まれていないかどうか、慎重に検討する必要がある。

　現場で行われている法令違反を気づかなかったという場合には、取締役には監視義務違反が問われることになるが、議案自体から法令違反が含まれていることが明らかであるにもかかわらず当該議案に賛成した場合には、取締役自身の法令違反に該当する。そうなると経営判断の原則は適用されないため、後々の株主代表訴訟等で厳しく役員責任を追及されることになりかねない。

　ただし、実際には調査・検討したとしても法令違反に該当するかどうかの判断が難しいケースも存在する。法令の解釈が不明確なケースもあれば、法令の存在自体に気づかないケースもある。また、ここでいう「法令」には海外の法律も含まれるとされているため（大阪地判平成12年9月20日判時1721号3頁（大和銀行事件））、海外で事業を行っている場合には当該国の法令・規制の内容を調査しなければならない。日本の感覚で海外事業を遂行すると思わぬ法令違反に該当することもあり得る。

　このように法令違反に気づかなかったケースや甘い解釈をしてしまったケースでは、結果として裁判所で救済される例もなくはないが、原則とし

て「法律を知らなかった」という言い訳は通用しないと考えておいた方がよい。

　そのため、当該議案を承認するかどうかを審議するに当たり、できる限り法令・規制等の調査を実施しておくべきであり、疑わしいケース・解釈が分かれるケースについてはリーガル・オピニオンを取得しておくことが望ましい。そこまで調査を尽くしていれば、結果として当該事業が法令違反とされたとしても取締役の過失ではないとして救済される可能性が高いからである。

　以上のとおり、取締役としては、事業に関する議案を承認するかどうかを判断するに当たり、当該議案に法令・定款・総会決議違反がないかどうかを検討する必要がある。本議案についていえば、当該工場用地を取得するに当たり法令違反等がないかどうか、工場を建築・稼働させていくに当たり、建築規制・環境規制はないかどうかといった点を確認することが必要となる。

(b) 忠実義務違反

　当該議案が取締役の忠実義務に違反している場合には、当該議案に賛成するべきではない。

　忠実義務とは、判例上は取締役の善管注意義務を一層明確にしたものにすぎず、善管注意義務の一部であると解されているが、一般的には会社・取締役間の利害対立状況において私利を図らない義務と理解されている。つまり、当該議案が会社の利益を犠牲にして取締役個人の利益を図るような内容である場合には、それに賛成してはならないということである。

　例えば、本議案において、工場用地を取得する相手方あるいは工場設備の建築を発注する業者が当該会社の親会社・支配株主であったり、経営トップの親族が経営する会社であるような場合には、その契約条件の交渉に当たり、当該会社にとって最善の条件になるよう努力することなく、相手方にとって利益になるような条件で合意してしまうリスクがある。これは当該会社の株主にとっては、取締役の忠実義務違反である。

　しかも、経営トップあるいは親会社・支配株主の利益が絡んでいる場合には、経営トップの部下である社内取締役からは反対意見を言うことがで

きない可能性が高い。

　そのため、仮に当該議案について忠実義務が疑われる事情があるときは、社外取締役が厳しく質問・意見を述べ、反対する必要がある場合にはきちんと反対意見を述べることが必要である。

(c)　判断の前提となった事実の認識の重要かつ不注意な誤り

　当該議案を承認すべきかどうかを判断するためには、必要かつ十分な情報を集め、それらを分析・検討しなければならない。その際、判断の前提となった事実の認識に誤りがあれば、当然ながら判断も誤ってしまう。そのため、判断の前提となるべき事実については、できる限り正確な情報を集めることが必要となる。

　ここで問題となるのは、判断の前提となる事実の認識に「重要」な誤りがあるかどうか、それが「不注意」な誤りかどうか、という点である。

　判断の前提となる事実として重要なのは、やはりリスク要因である。本議案についていえば、当該議案を承認するかどうかを判断するためには、総額130億円ものコストをかけて工場を新設することが当該企業の利益になるのかどうかを検討する必要があり、工場を稼働させるためのリスク要因があるかどうか、そのリスクの確率は高いのかどうかに関する情報を集めなければならない。前述の法令・規制の有無もリスク要因の1つであり、できる限り正確な情報を集める必要がある。さらに、法令・規制という明確な基準となっていない慣習のようなものであっても、当該事業を進める上での大きな制約になることもあるため、正しい情報を集める必要がある。例えば、法律・条例で定められている環境規制だけでは周辺住民が納得せず、工場建設に強硬な反対運動を展開しているような場合には、それを無視して工場を建設させようとしてもトラブルが続いて正常に稼働できないかもしれない。前所有者が周辺の農業者・漁業者と事実上の取り決めをしていて、工場の稼働を差し止められる可能性もあるかもしれない。将来的に環境規制が強化されて、対応するために高額のコストがかかるかもしれない。そのような事実があれば、当該議案が目標とする事業を実行できない事態になりかねず、大きなリスク要因となるため、担当部署においてきちんと情報収集しておく必要がある。

また、工場用地に土壌汚染があり、その対策のために高額のコストがかかるような場合には、土地の値段の減額要因となるはずであるが、それを認識せずに価格交渉をすれば本来の価格よりも不当な高値で購入してしまう可能性がある。例えば、当該土地の周辺相場が80億円であるが、土壌汚染対策に30億円が必要であり、その点を勘案すれば50億円が相場であるにもかかわらず、土壌汚染について十分な調査をせずに80億円で購入することを承認してしまった場合には、本来の価格よりも30億円も損してしまうことになる。

　このように当該議案が目標とする事業を実行できなくなったり、土地購入金額として本来の値段より30億円も余分に負担せざるを得なくなった場合には、これは判断の前提となる事実の認識に「重要」な誤りがあったといわざるを得ない。

　もっとも、これらのリスク情報の中には、どんなに調査しても事前に知り得なかった情報もあるだろう。例えば、当該議案を承認した後で大きな災害の発生を受けて建築規制が強化され、工場の建築コストが大幅に増加したというようなケースでは、議案を審議する時点では将来の災害を受けて建築規制が強化されることなど予想できないわけであるから、それによって採算性が悪化したとしても取締役を非難することはできない。そのほか、他社を買収する案件等においては、どんなに慎重に買収前の調査（デューディリジェンス）を行ったとしても、発見できない瑕疵というものはあり得る。事業活動に関する決定については一定の時間的な制約の下で判断を求められる上、調査には高額の費用がかかるため（例えば、M&Aにおけるデューディリジェンスには相当な員数の公認会計士・弁護士を雇う必要がある）、それらの制約条件の下で必要かつ十分な調査レベルはどこかという点を考えながら進める必要があるからである。

　このように、当該議案を承認するかどうかを決める際、判断の前提となる事実について十分な調査が尽くされているのかどうかというと、実は判断が難しいことが多い。そのような場合、可能な限りの注意を尽くしたけれども事実認識の誤りに気づくことができなかったのであれば、それは「不注意」な誤りではないということになろう。本来やるべき調査を尽くさず十分な注意を払って情報収集しなかった結果として判断の前提となる

べき事実の認識に重要な誤りがあった場合には、それは「不注意」な誤りであるということになる。

したがって、取締役としては、当該議案を承認するかどうかを判断するに当たり、その前提となる事実について必要かつ十分な調査が尽くされているかどうか、前提となる事実の認識に重要かつ不注意な誤りがないかどうかという観点から質問・意見を述べることが求められる。

(d) 意思決定の過程・内容の合理性・適切性

4つめの要件として、意思決定の過程・内容が企業経営者として特に不合理・不適切ではないことが必要である。

ここでは、意思決定の「過程」と「内容」が問題とされており、それぞれについて不合理・不適切な点がないかどうかを検証する必要がある。

意思決定の過程については、取締役会に上程されるまでの決裁ルールが適切に行われているかどうか、通常の決裁ルールと異なる不自然な点がないかどうかといった社内決裁規程の遵守状況を確認しておく必要がある。

株式会社がその目的となる事業を遂行するために必要となる活動には、日常的な細かい事業活動から会社の業績に大きな影響を与えかねない巨額の投資までさまざまなレベルのものがあり、その重要度に応じて、担当取締役・担当部長の決裁が必要な事項、代表取締役の決裁が必要な事項、経営会議で審議すべき事項、取締役会で決議すべき事項という形で、各社の組織体制に応じた決裁プロセスを定めている。取締役会へ上程されるまでのプロセスとしては、担当部署での検討から始まり、担当部長・担当取締役の決裁、経営会議等における業務執行取締役らの審議を経て、取締役会に上程されるのが一般的である。

これらの社内決裁手続は、法令・規制の有無を含め、判断の前提となる事実について必要かつ十分な調査・分析が行われているかどうか、担当部署において事業を進めたいがためにリスク評価が甘くなっている部分がないかどうかについて、社内で何段階かに分けて検証するために構築されている。にもかかわらず、決裁プロセスを省略してしまうと、必要なリスク検証ができていないことになってしまう。したがって、仮に通常の社内決裁手続が遵守されていない場合には、特に緊急を要するなど特段の事情が

あるはずであり、その理由に合理性が認められるかどうかを検討する必要がある。

　最後に、意思決定の内容の合理性・適切性が認められるかどうかであるが、この点については、企業経営者として特に不合理・不適切な判断でなければ原則として尊重されるはずである。

　当該議案に賛成した取締役の経営判断の是非が問われている場面では、結果として損失が出ているわけであるから、当該議案に賛成した判断は不合理だったように見えるかもしれない。しかし、それは結果が出た後だからそのように言えるだけであり、当該議案を決議した時点では将来予測などわからないわけであるから、当該議案に賛成した経営判断が特に不合理と判断されるのはよほどひどい判断だけである。

　そもそも経営判断にはリスクがつきものであり、大きな利益を上げるためには多少のリスクを取らざるを得ない以上、合理的な範囲でリスクを賭けた結果として損失が発生したからといって、裁判所としても当該経営判断が違法であるとは認定しない。本議案についていえば、特定の事業分野に高い成長性があり、工場を新設することによって生産ラインを拡充することで高い利益が見込めると考えればこそ、総額130億円という高額の投資をしようとしている。本当にその事業分野が予想どおりに成長していくのかどうか、高い利益を見込めるのかどうかについては、決議の時点では確実にはわからない。しかし、リスクを取って他社に先駆けて投資することによって高いリターンを見込めるのであり、当該事業分野の成長性が確実になってから投資したのでは遅すぎるというのが経営判断というものである。

　そうだとすれば、取締役が企業の利益最大化を目指し、慎重な情報収集・分析をふまえ、一定のリスクを取って当該決議に賛成したのであれば、たとえ結果として予想どおりの利益を生まなかったとしても、その判断が企業経営者として特に不合理とされることはない。結果が出なかった経営判断をすべて不合理と判断してしまうと、経営者はリスクのある経営判断を行わなくなってしまい、企業にとってかえってマイナスとなってしまうからである。

　したがって、ここまでに検討してきた経営判断の原則の例外要件、(a)法

令・定款・総会決議違反、(b)忠実義務違反、(c)判断の前提となる事実の認識の重要かつ不注意な誤り、(d)意思決定の過程が特に不合理・不適切という点のいずれにも該当しなかったとすれば、意思決定の内容が企業経営者として特に不合理・不適切であるとして経営判断が誤りであったとされる可能性は比較的低いと言ってよいであろう。

② **信頼の原則**

以上のとおり、事業活動に関する経営判断については、原則として取締役の判断が尊重される（経営判断の原則）。

しかし、(a)法令・定款・総会決議違反、(b)忠実義務違反、(c)判断の前提となる事実の認識の重要かつ不注意な誤り、(d)意思決定の過程および内容が特に不合理・不適切であるという要件のいずれかに該当する場合には、経営判断の原則は適用されない。

それでは、取締役としては、このような例外要件に該当するかどうかをどのように確認すればいいのだろうか。

当該議案で進めようとしている事業の中に法令違反が含まれているのではないか、当該事業を進めるかどうかを検討する際の前提事実に不足や誤りがあるのではないかといった点を、取締役が自ら調査することは困難である。担当取締役であればともかく、担当外の取締役には取締役会に上程される個々の議案について判断の前提となる事実認識が正しいかどうか、判断材料となる情報は過不足なくそろっているかどうか、細かく調査する時間はない。まして社外取締役は、当該会社の事業にさほど精通しているわけではなく、判断の前提となる事実について自ら調査することは不可能である。

そのため、取締役としては、取締役会に提出された資料と報告された内容を吟味し、そこに記載された前提事実や法令・規制に関する調査の結果などが正しいものと信頼し、それを判断材料として当該議案を承認するかどうかを決めるほかない。

このように、取締役がいちいち取締役会資料の内容が真実かどうかを調査する必要はなく、担当部署が誠実に自らの職務を行った結果として当該資料が作成されたものと信頼して経営判断を行うことができるという点は、

「信頼の原則」として過去の裁判例でも認められている。例えば、銀行の融資判断が合理的だったかどうかが争われた事案では、「取締役の行なった情報収集・分析、検討などに不足や不備がなかったかどうかについては、分業と権限の委任により広汎かつ専門的な業務の効率的な遂行を可能とする大規模組織における意思決定の特質が考慮に入れられるべきであり、下部組織が求める決裁について、意思決定権者が、自ら新たに情報を収集・分析し、その内容をはじめから検討し直すことは現実的でなく、下部組織の行った情報収集・分析、検討を基礎として自らの判断を行なうことが許されるべきである」と判示されている（東京地判平成14年4月25日判時1793号140頁）。

実際、取締役会資料は、担当部署が当該案件について調査したさまざまな事実・情報のうち、経営判断を行うために必要と思われるものを記載して作成されている。にもかかわらず、取締役が経営判断を行うに当たり、取締役会資料に記載された事実・情報が真実かどうかを確認するために自ら調査しなければならないとすれば、担当部署が何のために時間とコストをかけて調査しているのか、全く意味がなくなってしまう。

したがって、取締役は、取締役会に提出された資料が担当部署により誠実に情報収集・分析・検討を行った結果として作成されたものであると信頼し、そこに記載された情報を前提として経営判断を行うことができる。

ただし、ここで信頼することが許されるのは、取締役会資料等に記載された事実・情報が真実であるかどうかという点であり、そのような事実・情報を前提とした判断については、各取締役が自ら行う必要がある。

仮に担当部署の判断まで信頼してしまうと、会社の事業に詳しくない社外取締役は、当該事業に精通している担当部署や担当取締役の判断を追認するだけとなり、取締役会の審議を通じた監督の強化など全くできなくなってしまう。

信頼の原則が当てはまるのは、あくまでも判断の前提となる事実・情報について取締役会資料の記載内容を信頼してよいかどうかという局面だけであり、それらの事実・情報をふまえて当該案件を承認すべきかどうかという点については各取締役が自ら判断する必要がある。

③ 社外取締役が注意しなければならないポイント

以上のとおり、取締役会で事業活動に関する議案が上程されてきた場面では、(a)法令・定款・総会決議違反がある場合、(b)忠実義務違反がある場合、(c)判断の前提となる事実の認識の重要かつ不注意な誤りがある場合、(d)意思決定の過程および内容が特に不合理・不適切である場合のいずれかに該当してしまうと、取締役の経営判断ミスとして任務懈怠が認められることになる。

そのため、社外取締役としては、担当取締役・担当部署の説明を聞いて、これらの例外要件に該当しないかどうかを確認し、疑問点があれば質問を投げかけ、その回答をふまえて、当該議案に賛成することが本当に企業の利益につながるのかどうか、コストに見合ったリターンが得られるのかどうかを検討する必要がある。特に、当該議案の目標とする成果を達成するためのリスクとしてどういう要因があるのか、リスクを軽減するための措置はとられているのか、リスクを取ってでも実行するべきかどうかをよく考えて、当該議案に賛成するかどうかを判断しなければならない。

ただし、最終的に当該議案に賛成するかどうかの判断（いわゆる意思決定の内容）については、よほどのことがない限り、特に不合理・不適切と認められる可能性は低い。したがって、特に注意するべきポイントとしては、法令・定款・総会決議違反があるかどうか、意思決定の過程としての社内決裁手続に違反があるかどうかといった目に見えるルール違反の有無である。さらに、会社・取締役間の利害対立状況の下で不合理な判断がなされていないかどうかという忠実義務違反の有無についても注意する必要がある。

まず、ルール違反の有無については、株主代表訴訟等で争われた場合に裁判所から厳しく指摘される可能性が高いため、社外取締役の立場からも確認し、業務執行取締役や担当部署に注意喚起しておくことが必要である。

裁判所はルールに従って判断することを仕事としているため、意思決定の内容については経営者の判断を尊重して口出しを控える傾向にあるが、意思決定の過程というルール違反の有無については厳格に判断される可能性が高い。そのため、厳格な社内決裁手続をルール化したけれども、厳しすぎて運用が形骸化しているといった事情があると、株主代表訴訟になっ

たときに不利な心証を抱かれかねない。仮にそのような事情があるようであれば、実態に即した社内ルールに改めておくべきである。

　次に、社外取締役としては、業務執行者と会社の利害が対立しているために社内取締役だけでは冷静かつ客観的な判断ができない状況がある場合には、独立した立場から判断内容が合理的かどうかを慎重に検証することが求められる。取引の相手方が当該会社の親会社・支配株主あるいは経営トップの親族が経営する会社である場合といった典型的な利害対立状況ではなくとも、それと同様に経営トップや社内取締役らが冷静に当該会社の利益を考慮して判断できなくなっているケースもあり得るため、社外取締役としては注意しなければならない。

　そのような冷静かつ客観的に判断できない可能性がある例として考えられるのは、既存の事業にてこ入れするために追加支援する場面や既存事業の撤退・縮小を決断する場面である。

　新しく事業を開始する場面というのは、経営トップ・社内取締役であっても社外取締役であっても、不確定な将来予測の中でリスクを取って事業を進めるべきかどうかを判断するわけであるから、立場は同じである。もちろん、経営トップ・社内取締役は業績を上げることができなければ株主からの信認を得られないため、社外取締役より強く業績向上に向けたインセンティブを感じており、大きなリスクを取って事業を進めようとする可能性があるかもしれないが、それは企業経営者として健全な姿であるとも言える。社外取締役に対しても、経営トップらが健全なリスクテイクを行って業績を向上させるような環境を整えることが求められている。

　しかし、既に開始した事業がうまく進んでおらず、追加支援を行うべきかどうか、事業の撤退・縮小を行うべきかどうかを決断しなければならない場面では、経営トップ・社内取締役だけでは冷静かつ客観的な判断ができない可能性が高い。

　損切りの判断というのは誰にとっても難しいものである。成功すると信じて努力してきた経営トップ・社内取締役であれば、どうしても「あと少し努力すれば成功するのではないか」と考えて追加支援を継続するという判断になりがちである。事業の撤退・縮小を決断することは、経営トップらが進めてきた事業の失敗を公に認めることに等しく、どうしても先送り

したくなる。少なくとも自分の在任期間中に損失を出したくないという自己保身的な思惑が入る可能性もある。当該事業を開始したのが前社長・元社長であり、未だに会長あるいは相談役として会社に残っている場合には、後任の社長としてはかつての上司に配慮して撤退・縮小を判断しにくい場合もあろう。

しかし、将来の見通しもないのに撤退・縮小を先送りにし、追加の支援を継続するという判断を行うことは、企業の利益を損なうものであり、企業経営者として著しく不合理な経営判断であったと指摘される可能性が高い。実際に過去の株主代表訴訟を見ても、金融機関の行った継続的な融資のうち、融資先の経営状況が悪化した後の追加融資について取締役の責任が認められた例（最判平成21年11月27日判時2063号138頁）など、損切りを先送りする経営判断については厳しい判断が示されている。

このような事業の撤退・縮小の決断というものは、その性質上、経営トップ・社内取締役だけでは冷静かつ客観的に判断できない可能性が高いと言わざるを得ず、社外取締役が厳しく意見を言わなければならない。

したがって、社外取締役としては、明確な忠実義務違反が疑われる場面だけでなく、うまくいっていない事業への追加支援の是非や事業の撤退・縮小を決断しなければならない場面において、経営トップらが損失を先送りして自己保身に走っていないかどうかという観点からチェックし、社内取締役からは言いにくい厳しい意見・質問をするよう努めることが必要である。

(4) 経営方針・経営計画に関する議案の留意点

近年、多くの会社が中長期的な経営方針や中期経営計画を策定・公表するようになっており、株主・市場からの関心も高まっている。

経営方針・経営計画はこれからの会社の戦略・方向性を示すものとして、いわば経営の最重要事項という位置づけであり、取締役会で十分に審議した上で決定することが求められている。

それでは、社外取締役としては、経営方針・経営計画に関する議案の審議に際し、どういう点に注意する必要があるのだろうか。

第2章　取締役会

①　経営方針・経営計画を策定・公表する必要性

　前提として、近年特に経営方針・経営計画について関心が高まってきた背景を見てみよう。

　実は、多くの会社が中長期的な経営方針・経営計画を策定・公表するようになったのは、比較的最近のことである。従来は、経営の基本方針やコーポレート・ガバナンスの基本方針などを策定して公表するといった実務は定着していなかった。また、中期経営計画についても、策定・公表する企業は増えつつあったが、あくまでも任意に公表しているものであって、取締役会で時間をかけて議論することは少なかった。そのほか、株主からの関心が高い株主還元に関する方針についても、株主総会の剰余金処分議案の理由として「安定的・継続的な配当」といった定型文句が使われているだけで、具体的な配当その他の株主還元の方針について議論することは少なかったと思われる。

　しかし、昨今のコーポレート・ガバナンスに関する議論の中で、取締役会のモニタリング機能を強化することが求められるようになり、それと合わせて、日本型の経営システム（マネジメント・モデル）においても中長期的な経営方針・経営計画を策定・公表することが要請されるようになってきたのである。

　それでは、なぜ取締役会のモニタリング機能を強化すると、経営方針・経営計画が必要となるのか。それは、モニタリング・モデルとは、業務執行の決定権限を取締役会から業務執行者（取締役・執行役）へ委任することを前提としており、受任者に対して方針と目標を示すことが必要となるからである。

　モニタリング・モデルとは、業務執行の決定権限を大幅に業務執行者へ委任して経営のスピードアップを目指す代わりに、社外取締役を入れた取締役会や指名・報酬委員会できちんと業績を評価し、それを業務執行者の指名・報酬の決定へ反映させることで監督しようという仕組みである。しかし、業務執行を任せるのであれば、「どういう方向を目指して業務執行してください」という方向性については、委任する側の取締役会であらかじめ決めて、受任者に対して示しておく必要がある。全くの白紙委任で「なんでもいいから利益を上げてください」というのはさすがに無責任で

あるし、委任された業務執行者の側としても困ってしまう。

　また、モニタリング・モデルでは、後から業務執行者の業績を評価することが監督機能の要諦であり、業績を評価する際には予定された計画・目標を達成できたかどうかが重要となる。すなわち、経営方針・経営計画をあらかじめ決めておくことは、業務執行者に対して目標・方向性を設定するだけでなく、監督機関である取締役会においてあらかじめ評価基準を定めておくという意味もあるのである。

　よりわかりやすく言えば、モニタリング・モデルというのは、取締役会から業務執行者に対し、「こういう方針・計画で業務執行をしてください。この目標を達成できたら、ボーナス報酬もはずみますし、次期以降もあなたに経営を任せます。しかし、達成できなかった場合にはボーナスは払わないし、今期でクビになります」と言って業績向上を目指して働かせる仕組みである。業績を上げることができなかった業務執行者が互いになれ合って評価を甘くすることがないよう、独立した立場の社外取締役が「この人は計画目標を達成できたのだろうか」という観点から業績評価を行って業務執行者の指名・報酬の決定に反映させることが重要である。そうだとすれば、目標を課せられる人（業務執行者）に目標となる方針・計画を作成させていたのでは、およそモニタリングにならない。監督する側の社外取締役が経営方針・経営計画の策定に積極的に関与し、あらかじめ経営目標を明確に定めておくことは、モニタリング・モデルを機能させるために極めて重要なのである。

　このように経営方針・経営計画がモニタリング機能を発揮するために重要な要素であるということは、会社法の規定やコーポレートガバナンス・コードを見ても明らかである。

　会社法は、モニタリング・モデルの機関設計である指名委員会等設置会社を導入した際、取締役会で「経営の基本方針」を決議しなければならないと定めた（会社法416条1項1号イ）。さらに、監査等委員会設置会社においても、取締役会で「経営の基本方針」を決議しなければならないと定めている（同399条の13第1項1号イ）。

　一方で、マネジメント・モデルの機関設計である監査役会設置会社については、取締役会で「経営の基本方針」を決議しなければならないという

91

会社法上の定めはなかった。しかし、コーポレートガバナンス・コードでは、いずれの機関設計を採用する場合であっても、取締役会は、会社の目指すところ（経営理念等）を確立し、戦略的な方向付けを行うことを主要な役割・責務の1つととらえ、具体的な経営戦略や経営計画等について建設的な議論を行うべきとされている（原則4－1）。

このように、近年になって中長期的な経営方針・経営計画を策定・公表することが求められるようになった背景には、日本型の経営システム（監査役会設置会社）においてもモニタリング機能を強化するべきという昨今のコーポレート・ガバナンスの流れがあるのである。

そうだとすれば、これらの経営方針・経営計画については、社外取締役が参加する取締役会で議論し、その意見を反映させた上で決定・開示することが必要である。経営方針・経営計画は、業務執行者（取締役・執行役）が細かい数字を積み上げて作った任意の業績目標ではなく、業務執行者に対して取締役会が突きつける達成目標であり、事後的なモニタリングの判断基準となるものである。したがって、モニタリング機能を担うために選任された社外取締役は、どのような経営方針・経営計画を策定するかの議論に積極的に参加しなければならない。

さらに、コーポレートガバナンス・コードは、経営の基本方針、コーポレート・ガバナンスの基本方針といった会社の考え方を広く開示・公表することを求めている。特に、中期経営計画については、株主に対するコミットメントの1つであると認識し、目標未達に終わった場合には、その原因や自社が行った対応の内容を十分に分析し、株主に対して説明すべきと指摘しており、機関投資家からの関心も非常に高まっている。

このように昨今では、会社が公表する経営の基本方針や中期経営計画の内容が市場に与えるインパクトも大きくなっており、どのような経営方針・経営計画を公表するかという点は経営上の極めて重要な事項という位置づけになってきている。

そのような点からも、経営方針・経営計画に関しては、取締役会で十分に議論して決定・公表することが求められる。

② 経営方針・経営計画に関する議論のあり方

　今後の取締役会実務としては、経営の基本方針やコーポレート・ガバナンスの基本方針、中期経営計画や単年度の事業計画といった事項について、明確に取締役会決議事項と位置づけ、取締役会で十分に議論することが求められる。

　その際、社外取締役も積極的に議論に参加して経営方針・経営計画を策定したと言えるためには、経営トップ・社内取締役が作り上げた方針・計画の最終案を取締役会に上程して社外取締役の承認を得るというプロセスを経るだけでは足りないはずである。経営方針・経営計画を策定していく途中の段階から取締役会で議論し、社外取締役の意見を方針・計画に反映させるといった運用の工夫が必要である。

　しかし、具体的にどのような形で社外取締役を参加させて経営方針・経営計画に関する議論を進めたらよいのかというと、これがなかなか難しい。例えば、取締役会で中期経営計画の素案を示して社外取締役に意見を求めても、そこには当該企業の事業の方針・戦略が幅広く網羅されているため、社外取締役は各自の関心のある部分についてバラバラに質問・意見を述べ、それに対して経営トップ・社内取締役が説明するだけで、きちんとかみ合った議論にならないことが多い。社外取締役の側でも、当該会社の事業の状況や課題等についての理解が深まっていないと、適切な質問・意見を出すことは難しい。

　そのため、社外取締役も参加して経営方針・経営計画の議論を行うためには、事前に社外取締役に対してブリーフィングを行い、現在の会社の事業の状況、将来に向けた課題、競業他社や業界の動向などを説明するほか、社内取締役や担当部署の間で素案を作成する際に交わされた議論の内容、決算説明会等の場で機関投資家から出される意見など、さまざまな情報を共有しておくことが重要である。各人に対する事前ブリーフィングだけでなく、社外取締役向けの説明会を実施する例もある。

　経営方針・経営計画は、会社の今後の戦略・方向性を定める極めて重要なテーマであるため、通常の議案以上に社外取締役への事前説明を行った上で、時間をかけて取締役会で議論することが望ましい。

③ 社外取締役が注意しなければならないポイント

以上のとおり、昨今のコーポレート・ガバナンスの強化の流れを受けて取締役会で経営の基本方針や中期経営計画、配当方針などを議論することが求められる中、社外取締役としては、社外の視点を生かして意見を言うことが必要である。具体的には、社内の論理で経営方針・計画を策定するのではなく、できる限り株主その他のステークホルダーの意見を反映させ、株主に対するコミットメントとして機能するような経営方針・計画を策定するように努めるべきである。

その際に注意するべきポイントとして、(a)経営方針・計画において重視する指標をどのように設定するのか、(b)中期経営計画で目標とする業績レベルの設定は合理的かどうか、(c)経営計画未達の原因分析や対応がきちんと次期の経営計画に反映されているかどうか、といった視点があげられる。

まず、経営方針・計画において重視する指標をどのように設定するのかについては、自社の課題をふまえて検討する必要がある。

経営指標に関しては、海外機関投資家を中心に、日本企業は資本効率についての意識が弱いという批判がされており、ROEを重視した経営をすべきだという声が強い。確かに、かかる指摘は当たっている部分もあるが、すべての企業が一律にROEを重視しなければならないということではない。会社が直面している経営課題に応じて目標とすべき経営指標も異なっているはずである。業界全体が成長しているのであれば、トップラインの拡大を目指すべきであるし、成長が鈍化しているのであれば経費の削減努力を重ねなければならない。

社外取締役としては、経営方針・経営計画の策定に当たり、そのような会社の課題がきちんと意識されているかどうか、3年後あるいは5年後の目指すべき姿が明確に定められているかどうか、そこを意識した経営指標の設定がされているかどうか、株主にもわかりやすい経営指標の設定になっているかといった観点から意見を述べ、経営トップにきちんと意識させることが重要である。

次に、社外取締役としての独立した立場から、中期経営計画で目標とする業績レベルの設定が合理的かどうかをきちんと検証する必要がある。

もちろん、中期経営計画における具体的な目標数値等については、会社

の各事業の状況・見通しをふまえて検討する必要があり、各担当部署が出してくる数字を積み上げて全社計画を策定するのが通例である。著しく不自然・不合理な計画設定でなければ、原則として担当部署等の出してくる数字を尊重してよいとは思うが、この計画の数値が業績評価の基準となってくるため、この基準に従って評価される側（担当部署等）としては、無理なく達成できる固い数字を上げてくる可能性がある。反対に、経営トップからのプレッシャーによって無理な数字を並べてくる可能性もある。したがって、社外取締役としては、過去の実績等に照らして無理のある計画数値になっていないかどうか、反対に保守的すぎる計画数値になっていないかどうかを検証する必要がある。

　さらに、コーポレートガバナンス・コードでは、中期経営計画を株主に対するコミットメントの1つと位置づけ、計画が目標未達に終わった場合にはその原因や対応の内容を十分に分析し、株主に説明を行うとともに、次期以降の計画に反映させるべきであると提言されている（補充原則4-1②）。

　しかし、経営トップ・社内取締役などの業務担当者だけで計画が目標未達に終わった原因を分析すると、自己評価となってしまうため、どうしても甘い分析になりがちである。計画の目標が達成できなかった原因として経済情勢の悪化といった外的事情を指摘するだけでは、経済環境がよほど好転しない限り、次の計画でも同じことを繰り返してしまう可能性が高い。

　そのような事態を避けるためにも、経営トップから独立した社外取締役が、計画の目標未達の原因は本当に経済情勢の悪化といった外的事情だけなのか、外的事情に加えて自助努力が足りない部分があったのではないか、経済情勢が好転しない場合であっても業績を維持・向上させる手立てはあったのではないかという観点から質問を投げかけることが重要である。社外取締役からそのような質問を発することで、経営トップの反省と徹底した原因分析を促し、その結果を次の経営計画に反映させるように働きかけていくことが重要である。

(5) 内部統制システムに関する議案の留意点

　経営方針・経営計画は近年になって取締役会の重要テーマと認識されてきた事項であるが、内部統制システムは10年以上も前から重要視されてきたテーマである。

　最初に注目を集めたのは、平成12年の大和銀行株主代表訴訟判決であり、その後、平成14年商法改正で指名委員会等設置会社に対して内部統制システムを構築することが義務づけられ、平成18年の会社法施行に伴い、大会社に対して義務づけられることになった。さらに、平成26年会社法改正やコーポレート・ガバナンス強化の流れを受けて、内部統制システムはより一層重要性を増している。

　実際、ここ10年の間に起きた株主代表訴訟を見ると、その多くで内部統制システムの構築・運用義務違反が争点となっており、取締役が敗訴して巨額の賠償金の支払いを命じられた事例もある。

　その意味では、取締役会で内部統制システムの基本方針を決定し、代表取締役や業務執行取締役をして適切な内部統制システムを構築・運用させることは、ここ10年ほどの間、経営上の極めて重要な課題であると認識されてきたテーマである。

　とはいえ、実際に取締役会で上程される内部統制システムの基本方針等に関する議案を見ると、無味乾燥の可もなく不可もない定型的な内容となっていることがほとんどであり、社外取締役としては、特段の質問・意見も出てこないようにも思える。

　社外取締役としては、内部統制システムの構築・運用について取締役会で審議するに当たり、何に注意するべきなのであろうか。

① 内部統制システムの構築・運用義務

　まず、そもそも内部統制システムとは何なのか、それを構築・運用する義務があるとして、具体的に何をすればいいのかを考えてみよう。

　会社法では、大会社の取締役会は「取締役の職務の執行が法令及び定款に適合することを確保するための体制その他株式会社の業務並びに当該株式会社及びその子会社から成る企業集団の業務の適正を確保するために必

要なものとして法務省令で定める体制の整備」について決議しなければならないとされている（会社法362条4項6号）。

さらに、ここでいう法務省令を見てみると、監査役会設置会社における内部統制システムとは次に掲げる体制であると定められている（会社法施行規則100条）。

① 当該株式会社の取締役の職務の執行に係る情報の保存および管理に関する体制
② 当該株式会社の損失の危険の管理に関する規程その他の体制
③ 当該株式会社の取締役の職務の執行が効率的に行われることを確保するための体制
④ 当該株式会社の使用人の職務の執行が法令および定款に適合することを確保するための体制
⑤ 次に掲げる体制その他の当該株式会社ならびにその親会社および子会社から成る企業集団における業務の適正を確保するための体制
・当該株式会社の子会社の取締役等の職務の執行に係る事項の当該株式会社への報告に関する体制
・当該株式会社の子会社の損失の危険の管理に関する規程その他の体制
・当該株式会社の子会社の取締役等の職務の執行が効率的に行われることを確保するための体制
・当該株式会社の子会社の取締役等および使用人の職務の執行が法令および定款に適合することを確保するための体制
⑥ 当該株式会社の監査役がその職務を補助するべき使用人を置くことを求めた場合における当該使用人に関する事項
⑦ ⑥の使用人の当該株式会社の取締役からの独立性に関する事項
⑧ 当該株式会社の監査役の⑥の使用人に対する指示の実効性の確保に関する事項
⑨ 次に掲げる体制その他の当該株式会社の監査役への報告に関する体制
・当該株式会社の取締役、会計参与および使用人が当該株式会社の監査役に報告するための体制
・当該株式会社の子会社の取締役等および使用人またはこれらの者から報告を受けた者が当該株式会社の監査役に報告するための体制

第2章　取締役会

⑩ ⑨の報告をした者が当該報告をしたことを理由として不利な取扱いを受けないことを確保するための体制
⑪ 当該株式会社の監査役の職務の執行について生ずる費用の前払または償還の手続その他の当該職務の執行について生ずる費用または債務の処理に係る方針に関する事項
⑫ その他当該株式会社の監査役の監査が実効的に行われることを確保するための体制

　これが会社法および会社法施行規則による内部統制システムの定義である。しかし、これらを読んでも、何を意味しているのかさっぱりわからないという人がほとんどであろう。
　そこで、もう少し具体的に内部統制システムの内容をイメージするために、初めて内部統制システムについて言及した裁判例を見てみる。株式会社において内部統制システムを構築する義務があることを判決の中で明確に述べたのは、平成12年9月20日の大和銀行事件判決である。この事件は、大和銀行のニューヨーク支店で勤務していた従業員が長期にわたり無断取引等の不正な証券取引を行ったことにより銀行に巨額の損害が生じた事案であり、取締役らに総額800億円を超える巨額の損害賠償責任が認められて社会的に注目を集めた。その判決の中で、裁判所は次のとおり述べている。

・健全な会社経営を行うためには、目的とする事業の種類、性質等に応じて生じる各種のリスク、例えば、信用リスク、市場リスク、流動性リスク、事務リスク、システムリスク等の状況を正確に把握し、適切に制御すること、すなわちリスク管理が欠かせず、会社が営む事業の規模、特性等に応じたリスク管理体制（いわゆる内部統制システム）を整備することを要する。
・重要な業務執行については、取締役会が決定することを要するから（商法260条2項）、会社経営の根幹に係わるリスク管理体制の大綱については、取締役会で決定することを要し、業務執行を担当する代表取締役及び業務担当取締役は、大綱を踏まえ、担当する部門におけるリスク管理

> 体制を具体的に決定するべき職務を負う。
> ・整備すべきリスク管理体制の内容は、リスクが現実化して惹起する様々な事件事故の経験の蓄積とリスク管理に関する研究の進展により、充実していくものである。したがって、様々な金融不祥事をふまえ、金融機関が、その業務の健全かつ適切な運営を確保するとの観点から、現時点で求められているリスク管理体制の水準をもって、本件の判断基準とすることは相当でないと言うべきである。
> ・どのような内容のリスク管理体制を整備すべきかは経営判断の問題であり、会社経営の専門家である取締役に、広い裁量が与えられている。

　これを読むと、内部統制システムとは何であるのか、ようやくイメージがつかめるのではないだろうか。
　企業経営にはリスクがつきものである。それも1つのリスクではなく、目的とする事業の種類・性質等に応じてさまざまなタイプのリスクがつきまとう。事業規模が大きくなればなるほど、どこかでミスが起きる可能性は否定できないし、意図的に不正を働く役職員を完全にゼロとすることはできない。事業上のミスや不正行為によって会社に巨額の損失が発生することもあるため、企業経営者としてはできる限りリスクが発生する確率が低くなるような努力をすべきであり、そのためにはリスクを管理するための社内体制を構築することが必要である。
　とはいえ、ミスや不正行為を完全に防ぐことはできないし、些細なミスを防ぐために莫大なコストをかけるようなことをすれば、利益を最大化して株主に還元するという本来の使命を果たせなくなる。営利企業たる株式会社としては、利益を上げて株主に還元するという本来の目的とバランスをとりつつ、適切なリスク管理体制を構築する必要があり、そのためにはリスクの状況を正確に把握することが不可避である。
　会社にとって最大のリスクは何なのか。それは事業の種類・性質等によって異なる。例えば、自動車メーカーであれば車の安全性能、食品・飲料メーカーであれば食の安全や健康被害、銀行であれば与信管理やシステムトラブルといった具合に、万一の事故によって会社に致命的なダメージを与えかねないリスクというのは、業種や当該会社の置かれた状況によっ

て異なるのであるから、まずは自社にとって最大のリスクは何なのかを正確に把握することが重要である。

　その上で、当該リスクを適切に制御するために何ができるのか、何をすべきかを検討する。そもそもリスクを完璧に制御することはできないし、あらゆるリスクに対して対応策をとることも難しい。費用を含めたさまざまな制約がある中で最適なリスク体制を構築するためには、優先順位をつけて対応する必要がある。端的に言えば、万一発生してしまった場合に自社にとって致命的なダメージになるリスクについては最大限の注意を払って対応し、それほど致命的ではないリスクについてはそれなりの対応をするということである。また、リスクの大きさとリスクが発生する可能性・確率の双方を考慮する必要がある。例えば、東日本大震災時の高さ15メートルの大津波は数百年に1度の大災害と言われている。通常の工場を建てるのであれば、数百年に1度という極めて低い発生確率の災害に備えて巨額の費用をかけて津波対策をする必要はないだろう。しかし、原子力発電所という万一の事故があれば取り返しのつかない被害が発生する施設を建てるのであれば、相当高額の費用をかけてでも万全を期して対策すべきだったのではないかという意見も出てくるかもしれない。

　以上のとおり、適切なリスク管理体制を整備するためには、リスクの発生確率と万一発生した場合のダメージの大きさを考慮しながら、何が最適なリスク管理体制なのかを検討する必要があるのであり、だからこそ、どのような内容のリスク管理体制を整備すべきかについては経営判断の問題として取締役の広範な裁量が認められているのである。

　また、リスク管理体制として求められる水準は、時代によって変化する。新たな不祥事・事故が発生するたび、その反省をふまえて高度化していくものであり、1度決議したからといって何年も見直しせずに放置しておいてよいというものではない。判決では、リスク管理体制の水準は高度化していくものであるから、判決時点の水準をもって（それより何年も前の）不祥事・事故の時点のリスク管理体制を不備だと判断すべきでないと述べているが、不祥事・事故の時点の水準を充たしていなければ不備だと認定されても仕方がない。さまざまな事件事故の蓄積とリスク管理に関する研究の進展により充実していくものだとすれば、世の中で発生する不祥事や

自社でのリスク管理体制の運用状況の検証をふまえて、自社のリスク管理体制のあり方を常に見直すことが求められるのであり、その見直し作業を行うことによって初めて、現時点で求められるリスク管理体制の水準を充たしているということができる。

会社法が言うところの内部統制システムの構築・運用義務とは、このような一連の作業を行うことである。

そして、このようなリスク管理体制・内部統制システムの大綱を決めることは会社経営の根幹に係わる重要事項であるから、取締役会で決議することが必要である。この大綱に従って具体的な体制を構築することは代表取締役・業務執行取締役に委ねられるが、取締役会メンバーとしては、その運用状況の報告を通じて、大綱に従った内部統制システムが具体的に構築されているかどうか、きちんと現場で機能しているかどうか、他社で起きた不祥事を事前に防止できるものになっているかどうかといった点を確認することが求められる。

② 企業集団としての内部統制システムの必要性

内部統制システムに関しては、もう1点、重要なポイントがある。それは、当社単体の内部統制システムだけではなく、企業集団としての内部統制システムを考える必要があるということである。

近年の企業経営はグループ中心で運営されており、上場会社は傘下に多くの子会社・関連会社を抱えている。決算についても連結での数字が重視される。そうなると、親会社の株主の立場からすれば、子会社の不祥事・業績不振等は連結決算における業績悪化や株価の下落に直結する事態であり、子会社の事業の状況は重大な関心事となる。

しかし、親会社と子会社は親子関係とはいえ別法人であるため、親会社の株主は子会社の取締役に対して直接規律を及ぼすことはできない。親会社の株主は、親会社の取締役に問題があると感じた場合には、その選任議案に反対票を投じたり、株主提案として現経営陣とは別の取締役候補者を提案したり、場合によっては現経営陣に対して株主代表訴訟を提起するという形で、株主としての意向を表明することができる。しかし、子会社の取締役に問題があると感じたとしても、子会社の取締役に対して直接規律

を及ぼすことができないのである。

　このように、会社法は主に単体の株式会社を規律することを想定しているため、グループ経営が主流となった現在の企業実務とは整合しない部分が増えてきてしまっている。

　そのため、そのような法律と実務の乖離を解消するべく、平成26年の会社法改正では親子会社関係の規律が大きなテーマとされた。そこで議論されたのは、大きく分けて、(a)親会社の株主の保護、(b)子会社の少数株主の保護、という2つの視点からの改正である。そして、(a)親会社の株主の保護という視点から、近年では子会社管理の必要性が強く意識されるようになった。

　前述したとおり、親会社の株主は、子会社の業績不振・不祥事等によって大きな影響を受ける立場であるにもかかわらず、子会社に対して直接株主として規律を効かせることができない。それに代わって子会社の株主である親会社がきちんと規律しているかというと、親子間で役員を兼務していることが多いため、子会社取締役を厳しく監督しているとは言い難い。

　このような状況は、親会社株主にとっては、株主としての権利が制約されているに等しい。グループ経営が主流となった昨今では、何らかの形で子会社取締役に対する監督を強化する必要がある。

　そのため、平成26年会社法改正では、親会社の株主が子会社取締役に対して直接責任追及できる多重代表訴訟制度を導入するとともに、親会社の取締役会には企業集団としての内部統制システムを構築・運用する義務があることを会社法上明文化したのである。

　したがって、親会社の取締役会では、当社単体の内部統制システムについて決議するだけでなく、企業グループ全体における内部統制システムについても決議しなければならない。この企業集団としての内部統制システムの構築・運用義務は、親会社取締役の子会社管理責任の論拠とされる可能性もあり、子会社で不祥事が起きた場合に親会社取締役の責任を追及されるリスクもあることに留意すべきである。

　それでは、企業集団としての内部統制システムを構築・運用するために、具体的に何をすればいいのであろうか。

　企業集団としての内部統制システムを検討するプロセスは、単体の会社

におけるリスク管理体制を検討するプロセスとほぼ同じである。

　企業経営にはさまざまなリスクがつきものであり、グループ経営をしている以上、グループ内のどこかの企業で事故・不祥事が起きることにより、巨額の損失が生じて連結決算に悪影響が生じたり、企業グループ全体のレピュテーションの毀損によりグループ各社の業績に悪影響が生じる場合もある。親会社として企業グループを従えている会社にあっては、企業グループ内のリスクをできる限り抑えなければならず、企業グループ全体のリスク管理体制を構築する必要がある。

　適切なリスク管理体制を構築するためには、リスクの状況を正確に把握することが必要であり、当該企業グループにとって最大のリスクは何なのか、それを制御するためにどのようなリスク管理体制を講じるべきなのかを検討しなければならないことは、単体の会社での内部統制システムを検討する場合と同じである。とはいえ、グループ全体のリスクということになるので、子会社・関連会社すべてに一律のリスク管理体制を求めるのではなく、会社の大きさ・事業規模、生じ得るリスクの性質、グループに与える影響の大きさなどを考慮しながら、適切なリスク管理体制の内容・レベルを会社ごとに検討する必要がある。

　ただし、親会社に企業集団としての内部統制システムの構築・運用義務があるといっても、親会社と子会社は別法人であり、親会社の取締役は直接子会社の役職員に対して指揮命令できる関係にはない。いくら親会社の取締役会が旗を振っても、子会社取締役が親会社からの要請を真摯に受け止め、具体的なリスク管理体制・内部統制システムを構築してくれないと効果は上がらない。また、親会社といっても子会社の業務や体制について精通しているわけではないから、具体的にリスク管理体制・内部統制システムをどのように設計するべきかといった点についても、子会社取締役に任せる必要がある。

　そのため、親会社取締役会では企業集団としての内部統制システムの大綱を決議し、この大綱に従って具体的な体制を構築・運用することについては子会社の代表取締役・業務執行取締役に委ねることになる。

③ 社外取締役が注意しなければならないポイント

　内部統制システムの適切な構築・運用は、平成18年の会社法施行により大会社に義務づけられてから約10年が経過したこともあり、経営トップら業務執行者の間でも経営上の重要テーマとして十分に認識されている。実際、内部統制システムというのは経営上の重要なリスクを未然に防止するための体制であり、不祥事・事故によって会社に甚大な損害が発生するという業績悪化要因を取り除くためのものであるから、会社にとって必要不可欠な体制である。

　しかし、リスクを取りつつ利益を目指すのが経営判断であるとすれば、リスクを管理するよう求める内部統制システムの役割は、事業を推進して利益を上げようとする営業サイドへの牽制として機能することになる。

　そうなると、業績向上を使命とする経営トップや業務執行取締役の立場からすれば、内部統制システムというのは煙たい存在ということになる。彼らが事業を推進して利益を上げようと日々努力する傍らで、その事業にはリスクがあるのではないか、万一のリスクに備えた対応は検討しているのか、リスクが大きすぎるから事業を縮小した方がいいのではないかといった観点から牽制されるわけであるから、営業熱心な業務執行取締役からすれば「うるさい」と感じることもあり得る。

　しかし、車の運転にはエンジンとブレーキが必要であるのと同じで、会社経営にとっても、エンジン（営業）とブレーキ（内部統制システム）が必要である。これらの相反する役割が適切に機能することによって、会社経営はリスクを避けつつ利益を達成することができるのである。

　したがって、取締役会においては、このエンジンとブレーキのバランスを重視し、内部統制システムが適切に構築・運用されるようにバックアップしていかなければならない。

　経営トップは、いかに頭の中では内部統制システムの重要性を認識していたとしても、会社の業績に責任を負う立場である以上、どうしても営業推進・利益獲得の方に意識が傾きがちである。業務執行取締役も営業を推進すべき立場である以上、同様である。

　これに対し、内部統制システムを担当する取締役・部署というのは、利益を稼ぐ部署でないため、会社の中での発言力があまり強くないことが多

い。そのため、仮に経営トップの関心が営業推進に傾きすぎていると感じる場面があれば、そこでリスク管理の重要性を指摘し、内部統制システムをバックアップするのは経営トップから独立した社外取締役の役割である。

内部統制システムの基本方針については、運用状況の報告などをふまえて年に1回見直しが行われ、必要があれば修正して決議されるのが通例であるが、社外取締役としては、自社の内部統制システムがこの基本方針が世の中の水準に照らして相当なレベルが確保されているのかどうか、さらに充実させる必要がないかどうかという観点から質問・意見を述べるべきである。

その際に留意すべきなのは、自社で起きたコンプライアンス違反や同業他社で起きた不祥事である。仮に自社で何か問題が起きていたのだとすれば、当時の内部統制システムではなぜその事態を防止できなかったのか、再発防止がとられて現在の内部統制システムでは防止できるようになっているのか。同業他社で大きな不祥事が起きていたとすれば、自社で同様のことが起きた場合に未然に防止できるのか、自社の内部統制システムはそのような不祥事に対応できるようになっているのか。そういった点を確認し、自社の内部統制システムが時代の水準に適合しているのかどうかを検証する必要がある。

大和銀行事件判決が指摘するとおり、「整備すべきリスク管理体制の内容は、リスクが現実化して惹起する様々な事件事故の経験の蓄積とリスク管理に関する研究の進展により、充実していくもの」である。そうだとすれば、内部統制システムというのは定期的に見直すことが最も重要であると言える。

社外取締役としては、内部統制システムというのはややもすると経営トップが積極的に強化しない可能性があるということを念頭に置いて、内部統制システムの基本方針について審議するに当たり、自社の内部統制システムがきちんと機能しているかどうか、さらに充実させる点はないかどうか、時代の水準に合致しているかどうかを確認し、必要があれば、経営トップに対してリスク管理の重要性を指摘して、内部統制システムの充実を図るよう求めることが期待される。

(6) 子会社管理に関する議案の留意点

　グループ経営が主流となった昨今では、子会社管理のあり方が親会社にとって極めて重要な経営課題となる。平成26年会社法改正でも主要なテーマとされており、多重代表訴訟制度や企業集団としての内部統制システムの構築・運用義務などが明文化された。その後も子会社の業績不振によって連結決算に重大な影響が生じた事案などが多く報道される中、子会社管理の重要性はますます高まっている。これからの取締役会実務においても、子会社管理のあり方や子会社における重要な業務執行について議論する機会は増えていくものと考えられる。

　親会社の取締役会が子会社管理のためにやるべきこととして、企業集団としての内部統制システムを構築する必要性については既に述べた。

　しかし、親会社の取締役会では、企業集団としての内部統制システムを決議するだけでなく、より直接的に子会社管理に関する事項が上程されることもある。

　まず、親会社による子会社管理の手法として、親子会社間で経営管理契約等を締結し、子会社における重要な業務執行について親会社取締役会の事前承認・報告を求めるといった体制をとることがある。そのような場合には、子会社で重要な業務執行を行おうとする場合、事前に親会社の取締役会に対して子会社の事業に関する議案が上程されることになる。

　次に、親会社は子会社の株主として、株主総会での議決権行使を通じて子会社の役員人事や報酬額を決定する立場にある。そのため、子会社の業績を公正に評価し、それを子会社役員の指名・報酬に反映させる必要がある。その際、子会社の業績不振や不祥事・事故がある場合には、子会社役員の責任の有無、報酬返上の必要性などについても検討し、必要があれば責任追及を行う必要がある。

　以上のとおり、子会社管理の方向性としては、①子会社の重要な業務執行に関する事前承認・報告を通じたマネジメント、②子会社の業績をふまえた役員人事等のモニタリング、という2つの視点があり得る。

　それでは、これらの子会社管理に関わる場面で、親会社の社外取締役が気をつけるべき点は何だろうか。

3 取締役会決議事項と留意点

① 子会社の業務執行のマネジメント

　子会社管理が重要な経営課題であることは前述したとおりであり、各社とも、企業集団としての内部統制システムとしてさまざまな工夫を行っている。その中で、子会社管理の方法として、子会社における重要な業務執行について一定の基準を設け、親会社における事前の承認・報告を義務づけることがある。

　グループ経営においては、子会社における業務執行の失敗が連結決算に重大な悪影響を及ぼすこともあり得る。そのため、単体の会社の中で業務執行の重要度に応じて取締役会付議基準を定めるのと同様、子会社の業務執行についても、その重要度に応じて、子会社の取締役会で決議するだけでなく、親会社取締役会に付議して承認を得ることを求める仕組みが多くの企業で採用されている。そのために親子会社間で経営管理契約等を締結し、その中で親会社の事前承認を得るべき事項、事前報告・事後報告をするべき事項についての基準を設けていることが多い。

　しかし、子会社というのは親会社とは別の法人格である以上、その業務執行については子会社取締役会で決定するのが原則である。多数の子会社・関連会社を抱える親会社において、いちいち子会社の業務執行について事前承認・報告を求めていては、親会社の取締役会がパンクしてしまう上、何のために子会社取締役会があるのかわからなくなってしまう。

　そのため、親会社による事前の承認・報告の仕組みを採用する場合には、どのような業務執行について事前承認を求め、どのような業務執行は事前報告・事後報告で足りるとするのかといった点を慎重に検討し、適正な基準を設定する必要がある。一般的には、連結決算に大きな影響を及ぼすかどうか（定量基準）、企業グループ全体のレピュテーション等に大きな影響を及ぼすかどうか（定性基準）といった観点から検討することになろう。

　その上で、親子間の事前承認・報告の基準に従い、親会社の取締役会において、子会社の重要な業務執行に関する議案を事前承認するかどうかの判断を通じて子会社管理を行うこととなる。

② 子会社役員に対するモニタリング

　親会社には子会社管理責任があるといっても、別法人である以上、業務

上の指揮命令関係があるわけではない。会社法上、親会社に認められているのは、子会社の株主としての議決権だけであり、子会社を監督するための最も基本的な権限は子会社の取締役・監査役の選解任権であり、報酬の決定権である。

したがって、親会社による子会社管理として最も基本的かつ重要なのは、子会社の株主総会においてどのように議決権行使するのかであり、特に子会社の役員選任議案や報酬決定議案を通じて子会社の役員を適切にモニタリングすることが重要である。

とはいえ、子会社の役員人事については、従業員の人事ローテーションの一環として決められていることも多く、取締役会では人事案を承認するだけで議論になることはあまりない。親会社の役員人事に匹敵するほど重要な子会社の役員人事であれば、親会社の指名委員会における評価対象とされ、取締役会でも議論されるかもしれないが、一般論としては、親会社の取締役会で子会社役員の人事案の内容について議論する機会は少ないように思われる。

しかし、親会社の取締役会で、子会社の役員人事や処遇についてきちんと議論しなければならないこともある。それは、子会社の不祥事に関連して子会社取締役に対する処分や責任追及の是非について議論しなければならない場面である。

子会社の不祥事によって親会社の連結業績が悪化して株価が下落するような事態となれば、親会社の株主から子会社取締役の責任を追及すべきという声が上がる可能性が高い。親会社と子会社は別法人であり、多重代表訴訟の対象となる場合を除き、親会社株主は子会社取締役に対して直接責任追及することができないため、親会社取締役に対して子会社管理責任を追及してくる可能性がある。

その際、親会社として適切に子会社管理を行っていることを示すためには、不祥事を未然に防止するための内部統制システムを構築するよう子会社を指導するだけでなく、不祥事が起きた後の事後対応についても適切に行わなければならない。具体的には、子会社に対し、不祥事の原因究明や再発防止策の検討・実施を促し、子会社取締役らの責任の有無を検証して必要な処分を行うよう指導する必要がある。

親会社は、子会社の株主として、子会社取締役の選解任や報酬を決定する権限を有しているほか、子会社取締役に対して株主代表訴訟を提起することもできる。そのような強い立場にある以上、株主として子会社に働き掛け、当該取締役に対する損害賠償請求をさせることも可能である。このような権限・地位を与えられている以上、子会社の不祥事によって損失が発生したという場面では、子会社に対して適切に働き掛け、場合によっては与えられた権限等を行使することも求められる。

　したがって、子会社に何らかの不祥事が起きた場合には、親会社の取締役会において、原因分析や再発防止策の検討・実施について報告を受けるだけでなく、子会社取締役の責任について審議し、道義的な責任として一定期間報酬を減額するのか、代表取締役・役付取締役の地位を降格・退任するのか、法的な責任として損害賠償を請求するのかなどを検討の上、適切な処分を決定する必要がある。

③　社外取締役が注意しなければならないポイント

　以上のとおり、親会社の取締役会においては、子会社管理に関連して、(a)子会社の重要な業務執行に関する事前承認・報告を通じたマネジメント、(b)子会社の業績をふまえた役員人事等のモニタリング、という2つの視点からの議案が上程されることがある。

(a)　子会社の重要な業務執行についての事前承認

　子会社の重要な業務執行について事前承認を求められる議案に関して、社外取締役として注意しなければならないポイントは、基本的に当該会社における事業に関する議案を審議する場合と同様である。

　事業に関する経営判断に関しては、原則として取締役に広い裁量が認められる（経営判断の原則）。その理由として、経営判断にはリスクがつきものであり、リスクを取らなければ利益も得られない以上、取締役の経営判断を原則として尊重するようにしないと経営者がリスクのある判断をしなくなってしまい、かえって企業価値を損なうからと説明されている。

　この経営判断の原則は、子会社の重要な業務執行に関する親会社の判断にも適用されるはずである。企業グループを構成する各社において適切な

リスクを取って利益の獲得を目指さなければ、企業グループ全体の企業価値は向上しない。そうだとすれば、グループ各社における経営判断だけでなく、親会社の取締役会において子会社の重要な業務執行を事前承認すべきかどうかの判断についても、原則として広い裁量が認められるべきである。

しかし、当該判断に、(a)法令・定款・総会決議違反がある場合、(b)忠実義務違反が認められる場合、(c)判断の前提となる事実の認識に重要かつ不注意な誤りがある場合、(d)意思決定の過程および内容に特に不合理・不適切な点がある場合には、経営判断の原則は認められない。

したがって、子会社の重要な業務執行についても、これらの例外要件に該当しないかどうかを確認しつつ、当該議案に賛成することが本当に子会社ひいては企業グループの利益につながるのかどうか、コストに見合ったリターンが得られるのかどうかを検討する必要がある。

また、ここで気をつけなければならないのは、親会社の取締役会としては、当該子会社を基準とするのではなく、企業グループ全体を基準としてリスク判断していかなければならないということである。具体的に言うと、親会社における子会社管理としてのリスク判断は、当該子会社におけるリスク判断だけでなく、グループ内の他社の事業リスクも考慮し、グループ全体のリスク・ポートフォリオを意識して判断しなければならない。当該子会社だけを見れば、当該事業によるリターンとコストが均衡していて許容できるリスクだったとしても、グループ内の別の会社が同種事業を展開しており、そちらでも一定のリスクを取っていたとなると、企業グループ全体で見ると過大なリスクを取ることになってしまう。何らかの経済情勢の変動（例えば、円高が進行する、金利が上昇する、資源価格が下落するなど）が起きたときに、複数の子会社の事業で一斉にリスクが顕在化すると、それぞれの子会社単体で見れば許容できる程度のリスクだったとしても、企業グループ全体として見ると許容限度を超えてしまう可能性がある。反対に、当該子会社だけで考えると、リスクの大きな事業であっても、グループ内の別の会社の事業と組み合わせてリスクヘッジができるのであれば、企業グループ全体としては許容できるリスクとなる場合もあり得る。

このように、親会社における子会社管理としてのリスク判断は、子会社

単体では把握できない企業グループ全体でのリスクを考慮して行うべきであり、判断基準としては親会社自身の重要な業務執行に関する議案と同じように経営判断の原則に則って考えるとしても、考慮すべきリスクの範囲が異なることに留意すべきである。

また、経営判断の前提となる事実に関する情報収集・分析については、親会社は子会社の事業を日常的に行っているわけではなく、当該事業のリスクや将来見通しなどを十分に理解できていないといった事態もあり得るため、注意する必要がある。

(b) 子会社の業績をふまえた役員人事等

子会社の不祥事に関連して子会社取締役の処分を決めなければならない議案に関しては、不祥事の原因分析や再発防止策の検討・実施状況についての説明を聞いた上で子会社取締役の責任の有無を検討し、適切な処分を決定する必要がある。

ここで社外取締役として特に注意しなければならないのは、不祥事の原因分析が正しく行われているかどうか、子会社取締役の責任についての検討が甘くなっていないかどうかを厳しくチェックしなければならないということである。

親会社と子会社は別法人であり、親会社は株主としての立場で子会社・子会社役員を監督しなければならない。一方で、子会社の役員は親会社の役員・従業員を兼務していることが多いため、親会社の取締役会で子会社取締役の責任問題を議論しようにも、その対象者が取締役会メンバーや執行役員の中にいるというケースがよくある。完全持株会社であれば、親会社のトップと重要な子会社のトップが兼務していることもある。

そうなると、親会社の取締役会で不祥事に関する子会社役員の責任を議論しようとしても、社内取締役から厳しい意見が出されることは期待できない。これがまさに、親会社による子会社管理責任の重要性が指摘されるようになった背景であり、子会社の不祥事に関して株主たる親会社が適切な監督を行っていないのではないかと疑われる要因である。

そうだとすれば、親会社による子会社管理責任を適切に尽くすためには、経営トップ・社内取締役から独立した立場の社外取締役から、子会社不祥

事に関する原因分析が正しく行われているのかどうか、かかる原因分析をふまえて子会社取締役の責任の有無をどう考えるべきかについて、厳しく質問・意見を述べることが重要である。

グループ経営が主流となっている昨今では、子会社という別法人の不祥事であっても、役員・従業員が兼務している以上、広い意味での業務執行者側のミスである。その原因分析や責任問題というのは、代表取締役・社内取締役といった業務執行者だけではどうしても判断が甘くなりがちであり、社外取締役が積極的に関与して独立した立場から厳しく監督することが求められる。

(7) 利益相反に関する議案の留意点

会社と取締役の間の利益相反関係を監督することは取締役会の重要な責務の1つである。そのため、会社法は、取締役の競業取引・利益相反取引については、その概要を取締役会で説明した上で承認を受けることを義務づけている（会社法356条1項、365条1項）。この点は商法の時代から変わらない。

しかし、日本型の経営システム、すなわち、代表取締役とその部下となる業務執行取締役だけで構成された取締役会では、部下の立場から上司を監督することは難しく、たとえ取締役会の承認を義務づけたとしても利益相反取引を適切に監督できない可能性がある。

このように、利益相反取引というのは取締役会の監督が求められる典型的な場面であり、経営トップら業務執行取締役だけでは適切な監督機能を発揮できない可能性が高いため、社外取締役が積極的に関与することが求められる。

さらに、近年特に留意しなければならないのは、取締役自身が会社と競合する事業を開始した場合や会社と取締役自身の間の取引といった典型的な競業取引・利益相反取引だけでなく、会社法上の競業取引・利益相反取引の定義には該当しないけれども、実態としては会社と取締役の利害が相反しているといったケースが増えているということである。日本ではサラリーマンから社長や取締役に昇格するケースが多く、彼らが会社の利益を

犠牲にして自らの利益を図る取引を行うことはあまり考えられないが、企業グループ内の子会社（100％ではない子会社）の役員を兼務していることがあり、そのような子会社を過度に支援するようなことがあると、利益相反を疑われることになる。また、親会社・創業家といった支配株主がいる場合には、彼らの思惑を考慮して会社の利益を犠牲にする取引を行う可能性があるため、広い意味での利益相反取引と言える。

したがって、社外取締役としては、いわゆる競業取引・利益相反取引の承認として取締役会に上程されてくる議案について注意していればよいというだけではなく、会社と取締役との間に利益相反関係が生じ得る取引全般を監督しなければならない。

①　利益相反関係に対する監督

それでは、会社と経営陣・支配株主等との間に利益相反関係が認められるのは、具体的にどういう場面なのであろうか。その点を考える前提として、会社法が特別の規制をかけている競業取引・利益相反取引について見てみよう。

取締役は、会社の経営に携わる者として、自社の企業秘密・営業秘密といったさまざまな情報を入手し、それらの情報を使って当該企業の利益を上げるために業務執行を行う。そのため、取締役という立場で入手した情報を悪用すれば、会社と同じビジネスを始めて会社の顧客を奪ったり、自らに有利な条件で会社と取引をしたり、自分の親族・友人に利益を図るといったこともできてしまう。

取締役は会社に対する善管注意義務・忠実義務を負っているため、それらの情報を流用して自らの利益を上げることは当然許されないのであるが、容易にそのようなことができる立場にいる以上、何かのきっかけで私利私欲にかられてしまう可能性も否定できない。

そこで、会社法は、取締役がその地位を利用して自らの利益を図る可能性のある典型的なケースとして、①取締役が自己または第三者のために会社の事業の部類に属する取引をしようとするとき（競業取引）、②取締役が自己または第三者のために会社と取引しようとするとき（直接の利益相反取引）、③会社が取締役の債務を保証する等、取締役以外の者との間で

会社・取締役間の利害が相反する取引をしようとするとき（間接の利益相反取引）には、その取引につき重要な事実を開示して取締役会の承認を受けなければならないと定めている（会社法356条1項、365条1項）。

また、これらの競業取引・利益相反取引の承認に当たっては、その当事者である取締役は特別利害関係人として取締役会の決議に参加できない。

このように、取締役が会社の利益よりも自分の利益を優先して判断してしまう可能性のある競業取引・利益相反取引については、重要な取引条件等を取締役会に開示した上で、当該取締役を除外して利害関係のない取締役だけで審議を行い、当該取引によって会社の利益が侵害されていないかどうかを確認するというプロセスを義務づけることで、不当な競業取引・利益相反取引が行われることを防止しようというのが会社法の規制の趣旨である。

したがって、競業取引・利益相反取引に該当するかどうかの判断においても、このような法の趣旨をふまえて検討する必要がある。

例えば、競業取引・利益相反取引とも「自己または第三者のために」という要件が出てくる。会社法の解釈としては、取締役自身が当事者として競業取引を行ったり、会社と取引を行う場合には「自己のために」に該当し、取締役が代表取締役を務める会社が当事者となっている場合には「第三者のために」に該当するという判断基準が示されている。

しかし、実際にはそのような単純なケースばかりではない。代表者は別人だが、取締役が100％出資している会社が当事者となっている場合には、競業取引・利益相反取引によって得られた利益は最終的には株主である取締役に帰属する以上、「自己または第三者のために」行われる取引として規制対象とすべきである。さらに、100％ではなく過半数の場合はどうすべきか、取締役の配偶者・子供が代表者を務める会社や出資している会社はどうすべきか、現在は取締役を退任して相談役となっている元社長が代表者を務める会社はどうかなどと考えていくと、どこまでを規制対象とすべきか、判断に迷うケースも多い。

これらのケースについて判断に迷うのは、これらが会社法上の形式的な判断基準では競業取引・利益相反取引の定義にそのまま該当しないものの、実質的に考えて、取締役としての地位または影響力を利用して会社の利益

を害して自己または第三者の利益を図る可能性を否定できないからである。これはすなわち、会社と取締役の間で利害が対立している、利益相反関係を内在した取引だということである。

　このような利益相反関係がある取引については、当事者である取締役としてはどうしても心の奥底で自分または第三者の利害がちらついてしまい、冷静に会社の利益だけを判断基準として行動できない可能性がある。そして、これを取締役会全体で監督しようとしても、代表取締役・業務執行取締役といった上下関係がある場合には、部下の立場から上司に対して厳しく意見を言うことが難しい。そのため、独立した立場の社外取締役が、利益相反関係があることによって会社の利益が損なわれる経営判断になっていないかどうかを厳しくチェックすることが望ましい。

　社外取締役に対しては、いわゆる競業取引・利益相反取引の定義に該当して取締役会の承認が必要となる典型的なケースだけでなく、会社法上の定義には該当しないために取締役会の承認決議はとらないけれども、実質的に見ると会社と取締役の間で利益相反関係が存在すると認められる取引についても、独立した立場から厳しく監督することが期待されている。

②　親会社・支配株主との取引に対する監督

　同様の趣旨から、近年では親会社・支配株主との取引についても、取締役会・社外取締役による利益相反関係の監督が求められている。

　グループ経営が主体となると、親会社と傘下の子会社・関連会社はグループとしての統一感を持って経営していく必要性が強くなる。1つの企業ブランドの下、連結決算という運命共同体に乗っているわけであるから、お互いに協力し合って経営しなければならない。だからこそ、前述したとおり、近年では親会社による子会社管理が経営の重要課題として認識されている。

　しかし、このような企業グループ全体の利益を考えるという姿勢が行き過ぎると、子会社の少数株主にとっては、親会社の圧力によって子会社にとって不利益な取引が行われるリスクが高まることになる。企業グループは一心同体であるという意識が強くなると、業績好調な子会社に対し、業績不振に陥った親会社またはグループ内の他の子会社を支援すべきという

要請が強くなる。それは企業グループ全体にとっては良い判断かもしれないが、子会社の少数株主にとっては、自らに配分されるべき利益を多数決によって親会社・企業グループへ吸い上げられていくのと同じである。

もちろん、企業グループの基盤を確立することが長い目で見て当該子会社の利益につながる側面もあるが、経済合理性に合わない支援まで強要されることになると、当該子会社の利益を損ない、親会社・企業グループの利益を補完するだけで終わってしまうこともある。多数株主である親会社・支配株主にとっては、子会社株主としての利益が損なわれても、親会社の利益が補完されればそれで損得なしとなるが、子会社の少数株主にとっては親会社の利益が補完されても全くメリットがないため、単に損するだけとなってしまう。このような局面では、親会社・支配株主と子会社の間で利益相反関係が生じているのである。

そこで、平成26年会社法改正では、子会社の少数株主保護という観点から、親子会社間の取引については子会社の利益を損なうことがないかどうかを子会社の取締役会で議論し、その意見を事業報告に記載して子会社株主に報告するよう求めている（会社法施行規則118条5号ロ）。子会社株主は、当該取引によって子会社の利益が不当に侵害されていると考えれば、子会社取締役に対して善管注意義務・忠実義務違反であると訴えることができ、そのような批判の目にさらすことで子会社取締役が親会社・支配株主の利益ばかりを考慮して少数株主の利益を不当に損なうことがないようにするための規律である。

しかし、子会社の代表取締役・業務執行取締役は、親会社から派遣されていることも多く、派遣されていないまでも大株主である親会社の意向を汲んで行動しがちであるため、取締役会で議論するだけでは少数株主の利益をきちんと保護できない可能性もある。そのため、社外取締役が取締役会の意見とは異なる意見を有している場合には、その社外取締役の意見も事業報告に記載して子会社株主に報告することまで求めている（会社法施行規則118条5号ハ）。

さらに、コーポレートガバナンス・コードでは、支配株主との利益相反を監督し、少数株主をはじめとするステークホルダーの意見を取締役会に反映することが独立社外取締役の役割・責務であると明記された（原則

4-7(iv))。

このように、社外取締役には、会社と親会社・支配株主との間の利益相反関係についても監督責任を尽くすことが期待されている。

③ 社外取締役が注意しなければならないポイント

以上のとおり、社外取締役に対しては、典型的な競業取引・利益相反取引だけでなく、実質的に見て会社と取締役の間に利益相反関係が認められる取引や、会社と親会社・支配株主の間の取引についても監督責任を尽くすことが期待されている。

これらに共通しているのは、会社の業務執行を担う経営トップ・業務執行取締役が、自分または他の誰か（第三者、親会社・支配株主など）の利益を考慮して会社の業務を執行してしまう可能性があるということである。

取締役は、会社に対して善管注意義務・忠実義務を負っており、常に会社の利益になるかどうかを判断基準として行動しなければならない。しかし、自分または自分と近しい第三者の利益と会社の利益が相反する場合には、人間誰しも自分または第三者の利益を優先したいという誘惑にかられる。しかも、経営トップ・業務執行取締役は、会社の業務を執行する権限を有しているため、その誘惑に負けて自分または第三者の利益を優先させて業務を執行することができる立場にある。これを許容してしまうと会社の利益が損なわれてしまうため、このような類型の取引（競業取引・利益相反取引）については取締役会の承認が必要とされているが、それだけでは足りないため、独立した立場の社外取締役に対し、利益相反関係を監督することが期待されているのである。

したがって、社外取締役としては、判断対象となる取引が会社法上の競業取引・利益相反取引の定義に該当するかどうか、親会社・支配株主との取引の定義に該当するかどうかといった形式的なところにこだわらず、取引の背景事情等に照らして「経営トップ・業務執行取締役が自己または第三者の利益を会社の利益に優先させて行動する可能性」があるかどうかを判断し、そのような可能性が認められる場合には、取引条件等を精査して会社の利益が不当に害されていないかどうかを確認するために積極的に質問・意見を述べ、厳しく監督していく必要がある。

第2章　取締役会

　さらに、利益相反関係について注意しなければならないケースとして、企業グループ内の取引があげられる。子会社の立場から見た親会社との取引について、企業グループ全体の利益を考え過ぎると当社の利益が後回しになって少数株主の権利を侵害するおそれがあることは前述したとおりであるが、親会社の立場から見た子会社との取引においても注意が必要である。というのも、子会社の経営トップは親会社の取締役・従業員が務めていることが多いため、親会社の立場から見ると、業績の良くない子会社に対して支援する形で取引を行うことが会社法上の利益相反取引に該当し、あるいはそれに近い取引であると認められる可能性が高いからである。

　企業グループ内の子会社が業績不振に陥った場合、親会社が経営支援を行うことは極めて多い。子会社の業績不振は連結決算に影響するため、親会社として建て直しを図ろうとするのは当然である。また、企業グループとして同じ看板の下で経営している場合には業績不振の子会社があることによってグループ全体のレピュテーションが損なわれることもある。そのような場合には、親会社自身あるいは企業グループ全体の利益を維持するためにも、業績不振の子会社を支援して再建を目指すことは当然の経営判断であるとも考えられる。

　しかし、そこに親会社の取締役が当該子会社の社長を務めているとか、現社長がかつて当該子会社の社長を務めていたため思い入れがあるといった事情が加わると、再建の見込みが極めて低いにもかかわらず、そのような事情があることを考慮して漫然と経営支援を続けたのではないかという疑いを向けられることになる。その結果、最終的に子会社が倒産して損失を被るようなことがあれば、親会社の子会社に対する経営支援の判断は利益相反関係による影響を受けていたのではないかと株主から責任追及されることになる。

　このように、役員を兼務している企業グループ内の取引については、企業グループ全体の利益を考えた判断であっても利益相反関係を疑われる可能性があり、その判断は非常に難しい。

　もっとも、事業の廃止・撤退・縮小といった損切りを伴う経営判断を行うことは、子会社に限らず難しいものである。当該事業を推進してきた立場の経営トップ・業務執行取締役としては、あと少し頑張れば軌道に乗る

のではないかと考えて経営努力を続けようとするのが通常である。相当額の費用をかけてきた以上、撤退するよりも事業を軌道に乗せることが企業価値につながるわけであるから、経営者としては何とか事業を黒字化しようとできる限りの努力をすることは正しいスタンスでもある。

　しかし、心のどこかで「自分の在任中には大きな損失を出したくない」とか「かつての上司である会長・相談役が元気な間は事業撤退の判断などできない」といった思惑がよぎることがあれば、それは企業価値を第一に考えた経営判断ではなく、自己保身による経営判断になってしまう。

　事業の廃止・撤退といった厳しい判断に迫られた場面で、このような思惑を完全に断ち切って企業価値だけを判断基準として行動することは、実は意外に難しい。これもまた、利益相反関係に等しい状況と言える。だからこそ、事業の撤退・縮小を判断する場面では、社外取締役が積極的に関与することが求められるのである。

　そのほか、会社と会社役員の間に利益相反関係があるケースとしてよく指摘されるのは、MBOを行う場面である。

　MBO（Management Buy-Out）とは、現経営陣による自社の買収である。公開買付とキャッシュアウトというテクニカルな方法がとられるが、端的に言えば、現経営陣たる取締役が一般株主から株式を取得することになるため、高く売りたい株主と安く買いたい取締役の間で、当然ながら利益相反関係が生じる。取締役としては、株主の利益を最大化するという責務と安く買いたいという自己の思惑が相反しているため、適切な経営判断がなされにくい状況になる。

　そのため、MBOなどの場面においても、経営トップから独立した立場の社外取締役が積極的に関与し、会社ひいては株主の利益が不当に害されていないかどうかを監督することが必要となる。

◆4◆　取締役会報告事項と留意点

(1)　はじめに

　近年のコーポレート・ガバナンスの議論では、取締役会の監督機能を強化することが求められている。

　取締役会には意思決定機能と監督機能という2つの機能が求められているが、伝統的な日本企業の経営スタイルは、重要な業務執行を皆で協議して決めるという意思決定機能を重視してきた。しかし、それでは迅速な経営判断ができない上、業績悪化に対する責任の所在も不明確となる。そのため、業務執行についてはできる限り業務執行者（代表取締役・業務執行取締役）に任せ、社外取締役を入れた取締役会できちんと業務執行の状況を監督することが求められるようになってきたのである。

　業務執行に対して適切な監督を行うためには、業務執行の状況がどうなっているのかについての報告が必要不可欠である。適切な情報がなければ適切な監督はできないのであるから、取締役会の監督機能を重視するのであれば、取締役会への報告を充実させることが必須となる。

　しかし、これまでの取締役会実務では、決議事項が中心となり、報告事項については重きを置かれてこなかった。

　前述したとおり、監査役会設置会社では重要な業務執行については取締役に委任できず、必ず取締役会で決議しなければならないとされており（会社法362条4項）、決議すべき重要事項を取締役会に付議しないと法令違反に該当しかねないこともあって、どのような議案を決議事項として取締役会に上程すべきかについては慎重な運用がされてきた。取締役会規則を見ても、取締役会付議基準については詳細な定めが置かれている。

　その一方で、報告基準についてはごく簡単な定めしか置かれていないことが多い。このように取締役会への報告がやや軽視されてきたのは、伝統的な日本型の経営システムでは意思決定機能が重視されており、どうしても決議事項が多くなりがちだったため、定期的な業務執行状況の報告に多くの時間を割けなかったという事情がある。それに加えて、取締役会が業

務執行を担当する取締役ばかりで構成されており、日々の業務執行の中で情報共有・意見交換をしていたり、経営会議や部長会議といった業務執行者だけの会議で議論しているため、改めて取締役会で業務執行状況を報告する必要性を感じていなかったということも要因であろう。

しかし、これからの取締役会は、社外取締役が参加して業務執行に対する監督機能を発揮することが求められる。社外取締役は、普段会社に来ておらず、従業員との接点もさほどない。そうなると、取締役会で業務執行取締役から報告を受けない限り、日々の業務執行の状況やそこで発生した問題点等の情報を知ることができない。

社外取締役に監督機能を発揮してもらうためには、社外取締役に適切な情報が適切なタイミングで報告される仕組みを構築することが必要であり、取締役会への報告事項についても、決議事項と同様、誰が何をいつ報告すべきかを整理・検討し、報告基準を明確化することが必要となる。

(2) 取締役会の報告事項

① 取締役会への報告が必要とされる事項

取締役会への報告基準を整備しなければならないとして、具体的にどのような事項を報告する必要があるのだろうか。

取締役会で決議すべき事項については会社法で定めが置かれており（会社法362条4項ほか）、「重要な業務執行」の判断基準についても過去の判例・裁判例等である程度の目安は示されている。

これに対し、取締役会へ報告すべき事項については、代表取締役・業務執行取締役は3か月に1回以上、自己の職務の執行の状況を取締役会に報告しなければならないとされているだけである（会社法363条2項）。代表取締役・業務執行取締役の職務の範囲は膨大であり、その中から一体何を報告したらよいのかという点については、会社法の定めはない。

この点については、そもそも何のために取締役会への報告が必要なのかというガバナンスの趣旨・目的から考えていく必要がある。

これまでの取締役会運営で報告事項が軽視されてきたのは、取締役会が業務執行を担当する取締役ばかりで構成されており、日々の業務執行や経

第2章　取締役会

営会議等を通じてお互いの職務執行の状況を把握していたから、改めて報告する必要性を感じていなかったからである。

しかし、社外取締役が参加するようになるとそういうわけにはいかない。社外取締役は、取締役会で報告を受けない限り、会社の業務執行に関する情報を知り得ないのであるから、社外取締役に対し、その役割を果たすために必要な情報を報告する必要が出てくる。そうだとすれば、社外取締役に期待される役割とは何かを考え、その役割を果たすために必要な情報を中心に報告事項を整理していくのが適切である。

社外取締役に期待されているのは、取締役会による監督機能、とりわけモニタリング機能の強化である。昨今のコーポレート・ガバナンスの議論の下で、なぜ社外取締役の選任が強く求められるようになったのか。それは、社内出身の取締役で構成された取締役会では経営トップに対する監督が効かないからであり、そのために独立した立場の社外取締役が経営トップをはじめとする業務執行者のパフォーマンスを厳格に評価し、それを次期の指名や報酬の決定に反映させてモニタリング機能を強化することが期待されている。

そうだとすれば、代表取締役・業務執行取締役から取締役会に報告する内容としては、中期経営計画や事業年度計画を達成するために必要な業務上の施策をきちんと行っているかどうか、その成果としての業績はどうなっているのか、計画と比較した進捗状況はどうなっているのか、計画未達の原因となるような問題が起きていないかどうか、といった業績の進捗状況に関わる情報をきちんと伝えることが必要となる。取締役会に業績に関する情報が上がってこなければ、適切なモニタリングなどできるわけがないのであるから、定期的に業績の進捗状況を報告することは必要不可欠である。

ただし、業務執行者に対する監督という観点からは、事業を執行する取締役が報告するだけでは不十分である。事業を執行する取締役は自らのパフォーマンスを監督される立場であるから、悪い情報は報告したくない、報告するにしてもある程度解決の目処がついてから報告したいという気持ちになってしまうことは否めない。そうなると、悪い情報に限って適切なタイミングで報告されてこないという事態に陥るリスクがある。

そのため、取締役会の監督機能を適切に発揮するためには、事業を執行する取締役からの定期的な報告だけでは不十分であり、業務執行の適法性・効率性を監督する専門部署、すなわち内部統制システムを統括する部署からの定期的な報告も必要となる。

　さらに、各委員会からの活動状況報告も必要であろう。指名・報酬委員会というのはモニタリングの要諦である指名・報酬の決定プロセスに独立した立場の社外取締役を積極的に関与させるための仕組みであり、本来は取締役会で行うべき監督機能の最も重要な部分を委員会に分担させているに等しい関係である。

　そうだとすれば、取締役会としては、指名・報酬委員会からその職務の執行状況の報告を受け、委員会を通じたモニタリングが適切に行われているかどうかを確認する必要があるはずである。指名・報酬委員会以外にも、取締役会の機能を補完するための委員会、例えばコンプライアンス委員会やリスク管理委員会などが設置されている場合には、各委員会の審議内容は取締役会が監督機能を発揮するために必要な情報であるとともに、内部統制システムの一環でもあるため、取締役会へ報告することが望ましいと考えられる。

　ただし、監査等委員会および監査役会については、取締役を監査するために株主総会で別途選任されているものであり、その役割・職務は取締役会の機能を分担するものではないため、取締役会への報告は義務づけられていない。もちろん、情報共有のために監査等委員会または監査役会が任意に報告することはかまわないが、報告を義務づけることはできない。

　そのほか、会社法やコーポレートガバナンス・コードで取締役会への報告が求められている事項がある。

　例えば、取締役会が承認した競業取引・利益相反取引については、取引の後遅滞なく、当該取引について重要な事実を取締役会に報告しなければならない（会社法365条2項）。競業取引・利益相反取引の事前承認については、取締役会の決議事項であるため、議案や資料の説明等もきちんとされていると思われるが、事後報告となると説明が手薄になりがちである。しかし、利益相反取引というのは社外取締役による監督が強く求められているものであるため、既に取締役会で承認した競業取引・利益相反取引で

あっても、その重要な事実についてはきちんと取締役会へ事後報告する必要がある。

また、コーポレートガバナンス・コードでは、取締役会は、適時かつ正確な情報開示が行われるよう監督を行うべきであるとされており（原則4-3）、金融商品取引法や金融商品取引所のルールに基づく開示の内容等についても取締役会で報告を受ける必要があろう。主要な政策保有株式の中長期的な経済合理性等についての検証（原則1-4）や取締役会の実効性の分析・評価（補充原則4-11③）など、コーポレートガバナンス・コードで特に取締役会の関与が求められている事柄についても報告を受けておくべきである。

それ以外にも、当該会社にとって重大な影響があると考えられる事象・トピックがあれば、随時報告すべきである。

② 定期的・継続的な報告の必要性

実務では、報告事項についても、決議事項と同じように重要な事実かどうかで報告すべきかどうかを判断し、大きなトピックや問題が発生したときだけ報告し、特に報告すべき重要な事実がないときには報告しないという運用をしている例も多いように思われる。

しかし、業務執行状況の報告には取締役会が適切に監督機能を発揮するための情報提供という重要な役割がある以上、大きなトピックがあるときだけ報告するといった波のある報告の仕方は、あまり望ましくないと考えられる。

監督する上で重要なことは異常なシグナルを見過ごさないことである。会社で何か大きな問題が発生する前には予兆があることが多く、そのような予兆を見過ごさずに事前に手を打つことが必要となる。また、計画どおりの業績を達成するためには、毎日・毎月・毎四半期の積み重ねが重要であり、期中の業績推移に照らして計画達成が難しそうだということになれば、なるべく早期に挽回策を講じるなり、何らかのてこ入れをしなければならない。

適切なタイミングで適切な監督を行うために求められるのは、問題発生の予兆となる異常なシグナルを見過ごさないことであり、感度の高さが求

められる。そのためには、職務執行の状況について継続的に報告を受け、何か変化が起きていないかどうかを見守っていなければならない。継続的に見ているからこそ、異常なシグナルを見過ごさずに気づくことができるのであり、トピックがあるときに報告を受けるだけではシグナルに気づくことは困難である。

したがって、取締役会への業務執行状況の報告については、決議事項の付議基準とは異なり、重要性の高いトピックについて報告するという運用ではなく、トピックの有無や重要性にかかわらず定期的かつ継続的に報告するという運用の方が望ましいと思われる。何もトピックや問題がなかったときには「問題なし」と報告すればよい。そのような報告をしておくことによって、その後何か問題の予兆が発生したときには、それを把握しやすくなるはずである。

このように定期的かつ継続的な報告を行うことは、社外取締役への情報提供という観点からも重要である。社外取締役は、原則として月に1回の取締役会に出席するだけで、日常の業務執行には全く関与していない。そのため、大きなトピックについて報告を受けるだけでは、それが全体の業務の中でどういう意味を持っているのか、ピンとこないことも多い。例えば報告を受けた内容がかなり異常なシグナルだったとしても、平常時の状況を知らないため、それがどの程度異常なことなのか、インパクトの大きさを認識しづらいのである。社外取締役は自社の事業に精通しているわけではないから、散発的にトピックの報告を受けているだけでは、その中から問題点の芽を発見して監督することは至難である。しかし、継続的に報告を受けていれば、前年と比較したり前月と比較したりすることで、些細なシグナルにも気づくことができる。

社外取締役の理解を深め、報告した情報を有効活用して監督の実効性を上げてもらうためには、いくつか重要なテーマを決め、大きなトピックや問題発生の有無にかかわらず、定期的かつ継続的に報告することが有益である。

③ **取締役会報告基準**

現在の実務では、どちらの会社でも取締役会報告基準については明確に

第2章 取締役会

整理されていないことが多く、一般的なサンプルもあまり見当たらない。

しかし、昨今のコーポレート・ガバナンスの議論の下、取締役会の監督機能を強化していくことが求められている以上、今後は取締役会報告事項の重要性が増していくものと考えられる。

そのため、各社とも、自社において取締役会への報告が必要とされる事項は何か、どのようなタイミングで報告すべきかといった点を検討し、取締役会報告基準を見直すことも検討すべきである。

コーポレートガバナンス・コードの適用をふまえて検討・公表された取締役会報告基準のサンプルとしては、以下のようなものがある。

取締役会規程

第○条　代表取締役及び業務担当取締役は、別紙に定める報告事項につき、別紙に定める各時期または適切な時期に、取締役会に報告をしなければならない。

2　前項の取締役は、他の取締役によりその報告をすることができる。

3　重大かつ緊急の事象が生じた場合は、代表取締役または担当の取締役は、直ちにその旨を電子メール等の方法により全取締役及び全監査役に報告するものとする。

（別紙報告事項）

Ⅰ　月次で報告すべき事項（取締役会が開催されない月は除く）
　1　月次の営業及び決算の概況（事業部門別、地域別、予算の進捗状況を含む）
　2　月次貸借対照表、損益計算書（単体、連結、重要な子会社を含む）
　3　単年度事業計画の進捗状況

Ⅱ　四半期ごとに報告すべき事項
　1　中期経営計画の進捗状況
　2　重要な設備投資の状況
　3　重要な研究開発の状況
　4　重要な子会社の概況
　5　資金収支の概況
　6　のれんその他の資産の減損の見込み（重要なものに限る）
　7　四半期報告書、四半期決算短信

Ⅲ 年度ごとに報告すべき事項
 1 有価証券報告書、内部統制報告書、期末決算短信
 2 企業行動準則の実践状況
 3 内部監査の結果とその改善状況（重要な子会社の事項を含む）
 4 コンプライアンス部の活動状況（重要な子会社の事項を含む）
 5 内部通報の概況（重要な子会社の事項を含む）
 6 労働関係法令の遵守状況（重要な子会社の事項を含む）
 7 関連当事者との取引に関する事項
 8 その他内部統制の運用状況に関連する重要な事項（重要な子会社の事項を含む）
 9 リスク管理の状況
 10 サクセッション・プランの策定、実施状況にかかる事項
 11 取締役会の実効性評価にかかる事項
 12 政策保有株式に係る経済合理性等の検証等にかかる事項
 13 投資家との対話の状況を含むIR活動の状況
Ⅳ 事象発生直後の取締役会に報告すべき事項（重要な子会社の事項を含む）
 1 重要な訴訟等の提起または被提起
 2 多額な損失の発生またはそのおそれ（金額〇〇億円以上の見込み）
 3 重要な個人情報の漏洩事象、製品の大規模なリコールの実施、重大な自然災害の発生、重大な労働争議の発生、その他経営に重大な影響を与える事象の発生
 4 監督官庁からの改善命令、課徴金納付命令、営業停止命令、免許等の取消その他の行政処分を受けたこと
 5 当局による捜索・逮捕等の刑事手続を受けたこと
 6 大株主の異動
Ⅴ 利益相反取引・競業取引
 1 取締役会が個別に承認をした利益相反取引・競業取引については、取引の後、遅滞なく、重要な事実
 2 取締役会が包括承認をした利益相反取引・競業取引については、当該年度終了後、遅滞なく、重要な事実
Ⅵ その他
 1 買収した企業について買収後の状況の報告（買収直後及び1年経過時。ただし買収金額が〇〇億円以上のものに限る）
 2 取締役会から報告を指示された事項（報告を指示された期限以内の

第 2 章　取締役会

> 　　取締役会）
> 　3　取締役会決議に基づき実施した事項のうち、重要な案件の進捗状況又は結果
> 　4　取締役会決議により代表取締役その他の取締役に決定を一任した事項について、その結果（重要なものに限る）
> 　5　取締役会が設置した委員会、諮問機関等につき、その活動の状況（重要なものに限る）
> 　6　その他代表取締役において報告が必要と認めた事項

＊中村直人『取締役会報告事項の実務〔第 2 版〕』（商事法務、2016 年）100 頁以下。その他の例として、澤口実＝太子堂厚子「取締役会規則における付議基準の見直し」資料版商事法務 362 号（2014 年）21 頁など。

　このサンプルは、昨今のコーポレート・ガバナンスの議論をふまえて提案されているものであり、実際に自分が就任した会社の取締役会報告基準を見ると、このように詳細に定められていないことも多いと思われる。
　しかし、今後は多くの会社で、取締役会に報告すべき事項を改めて検討し、報告基準・報告体制を整備していくことになろう。
　社外取締役としても、報告事項の重要性をよく認識し、必要な情報が報告されているかどうかを検討し、仮に不十分と思われる点があれば会社側に報告するよう要請するなどして、より良い報告基準・報告体制の整備に向けて協力していくことが求められる。

> **Column**　報告事項に耳を傾けることが社外取締役の仕事である
>
> 　これまでの取締役会の実務では、決議事項が議論の中心となり、報告事項はややもすると軽視されてきた。これは運営側の問題だけでなく、社外取締役の意識としても、報告事項は軽視されがちであるように思われる。
> 　実際に取締役会に出席してみるとよくわかることだが、報告事項というのは、どちらかと言えば退屈な議案が多い。
> 　決議事項と報告事項を比べると、決議事項というのはこれから始めるビジネスに関わる内容であったり、業務提携の話であったり、前向きな話が

多い。さまざまなリスクを検証して、これをすることが本当に会社の利益になるのかどうかを検討して、実行するかどうかを決めるという作業であるから、大変であると同時にワクワクドキドキする部分も多いのである。そのほか、経営方針・経営計画についても、大きな夢を語る部分もあり、前向きな議論である。

　これに対して報告事項というのは、既に実行した業務執行の結果報告であったり、業務執行を内部監査がチェックした結果の報告であったり、いずれにしても事後的な報告である。その中でも内部統制システムの運用状況報告は、ほとんどの場合「大きな問題は発見されなかった」という報告となるため、かなり退屈な議案という印象になる。

　そのため、社外取締役としても、報告事項よりも決議事項や経営計画の議論に関心が集中しがちである。それを受けて、取締役会事務局としても、取締役会の議論を活性化するため、報告事項の時間を短縮化し、それ以外の議論の時間を確保しようといった流れになる可能性がある。

　しかし、社外取締役に期待されているのはモニタリング機能の強化である。そして、モニタリング・モデルというのは、企業経営のうち、ワクワクドキドキする前向きな部分（重要な業務執行の決定）を経営トップら業務執行者に任せ、その状況を事後的に監督するという退屈な部分を社外取締役が引き受けるという構図なのである。

　社外取締役としては、そのような自身の役割を自覚し、どんなに退屈な報告議案であっても注意深く耳を傾け、報告されたデータをチェックし、どこかに変わった事象はないかどうか、将来の不祥事・事故や業績不振につながりかねないシグナルが隠れていないかどうかを確認するという心構えをもって臨むことが必要である。

(3) 業績の進捗状況報告

① 業績の進捗状況報告の必要性

　取締役会への報告は、取締役会による監督機能を適切に機能させるための前提条件である。正確な情報がなければ、適切な監督などできるわけがない。したがって、取締役会による監督の実効性を高めたいのであれば、監督のために必要な情報を適切なタイミングで取締役会に報告しなければ

第2章 取締役会

ならない。

　昨今のコーポレート・ガバナンスの議論の中で取締役会の監督機能として特に求められているのは、業務執行者に対するモニタリングである。より具体的には、代表取締役・業務執行取締役のパフォーマンスの成果である業績を厳格に評価し、それを次期の指名や報酬の決定に反映させることであり、そのために経営トップから独立した社外取締役を選任することが求められている。

　そうだとすれば、代表取締役・業務執行取締役から取締役会へ報告するべき業務執行状況報告としては、中期経営計画や事業年度計画を達成するために必要な業務上の施策をきちんと行っているかどうか、その成果としての業績はどうなっているのか、計画と比較した進捗状況はどうなっているのか、といった業績の進捗状況に関わる情報をきちんと伝えることが必要となる。

　取締役会に業績に関する情報が上がってこなければ、適切なモニタリングなどできるわけがないのであるから、定期的に業績の進捗状況を報告することは必要不可欠である。

　定期的に業績に関する情報を報告することが必要であるとして、どの程度の割合で取締役会に報告すべきであろうか。毎月の定例取締役会に合わせて報告するべきか、半期または四半期に1回とするのがよいのか、どのようなタイミングで報告するのが適切なのであろうか。

　この点については、特に決まりはないものの、会社法が3か月に1回以上の職務執行状況の報告を求めていること、金融商品取引法や証券取引所のルールで上場企業に対し四半期ごとに報告書や決算短信の開示が義務づけられていることに照らすと、四半期に1回の報告という運用が望ましいのではないかと思われる。

　それ以上に月次で予算の進捗状況、資金収支、決算の概要などを報告するべきか、営業活動のトピック等を報告すべきかについては、各社の事情に応じて検討し、報告が必要だと思われる事項があれば報告基準として定めるべきである。

② 社外取締役が注意しなければならないポイント

社外取締役は、取締役会で業務執行状況の報告を受けて、事業が計画どおりに進捗しているかどうか、業務執行者のパフォーマンスは良好かどうかをモニタリングするのが仕事である。

しかし、これまでの取締役会の実務ではそのようなモニタリングのための報告という意識は少なく、報告事項の内容やタイミングについて体系的な検討・整理は行われてこなかった。

したがって、社外取締役としては、事業の進捗状況をモニタリングするのに十分な報告がされているのかどうかを確認し、不十分な点を指摘して、モニタリングのための報告体制を構築するよう促すことが必要となる。

モニタリングのためには、継続的かつ定期的に報告することが重要であり、自社の報告事項および報告のタイミングは適切かどうかをまず確認する必要がある。例えば、前述の報告基準サンプルでは、月次で報告すべき事項として、営業および決算の概況、貸借対照表、損益計算書、単年度事業計画の進捗状況、四半期ごとに報告すべき事項として、中期経営計画の進捗状況、重要な設備投資の状況、重要な研究開発の状況、重要な子会社の概況、資金収支の概況、のれんその他の資産の減損の見込み、四半期報告書・四半期決算短信などが掲げられている。これらのすべてを報告している企業は現状では少ないのではないかと思われるが、このような事項のうち、当社にとってモニタリングのために報告した方がよいと思われる事項を選び、定期的に報告する体制を整える必要がある。それ以外にも、業績の低迷している子会社があれば、当該子会社の状況を月次あるいは四半期ごとに報告するとか、キャッシュフローに注視した方がよい状況であれば、資金収支を月次で報告するとか、各社の事情に応じて適切な報告事項とタイミングを工夫するべきである。

また、これらの報告事項については、今年度の状況だけ報告されても適切なモニタリングができないことが多い。例えば、営業および決算の概況について月次の数字だけを報告されても、社外取締役の立場では、その数字が良いのか悪いのか、とっさに判断がつかない。社外取締役が報告された数字を見て業績の進捗状況を適切に評価するためには、その数字が予算計画と比較してどうなのか、前月あるいは前年同月の実績と比較してどう

なのかという形で検証する作業が必要であり、そのためにはきちんと比較できる形で報告されることが必要である。

このとき、予算計画と比較するだけでは計画が甘く作られていた場合に業績の低下傾向を察知できず、実績と比較するだけでは目標達成度を測ることができないため、予算と実績のどちらとも比較検証できるように報告されることが望ましい。また、前年度の実績が特殊要因で大きく上振れ・下振れしているような場合には、前年実績と比較しても適切なモニタリングができないため、過去3年の実績と比較するといった工夫も必要である。

そのほか、同業他社の業績との比較についても定期的な報告があると有益である。同業他社の状況というのは、社内取締役であれば当然認識しているようなことでも、社外取締役にとっては全く知らないことが多い。そのため、業界全体の動向という意味でも報告することに意味があるが、モニタリングのための判断材料としても重要である。例えば、月次の営業・決算の概況が低迷している理由として、業務執行者から経済情勢の悪化・変動による売上げの低迷、原価の高騰といった説明がされたとしても、同業他社の売上げ・利益が落ち込んでいないとすれば、自社の業績悪化の要因は経済情勢などの外部環境だけではなく、何らかの内部的な要因があるのではないか、その原因を分析して対応策を打つべきではないかといった議論につなげることができる。

以上のとおり、業務執行の状況を適切にモニタリングするために必要だと思われる情報・データはさまざまであり、社外取締役としては、不足していると思われる点があれば要求するなどして、モニタリングのための適切な報告体制を協力して構築していく必要がある。

(4) 内部統制システムの運用結果報告

① 内部統制システムの運用結果報告の必要性

会社法では、取締役会への業務執行状況の報告は、業務を執行する取締役が行うこととされている（会社法363条2項）。

しかし、取締役会への報告が適切な監督のために行われる情報提供として重要な意味を持つ以上、業務を執行する取締役が報告するだけでは不十

分である。

　自らのパフォーマンスを監督される立場である業務執行取締役、いわゆる事業部門を担当する取締役とすれば、不祥事・事故といった悪い情報を報告すれば自分の業績評価が悪くなり、次期の指名や報酬の決定においても悪い評価を受けてしまうのであるから、どうしても良い報告をしたいという意識が強くなる。誰しも、自分の業績として悪い情報は報告したくないし、報告するにしてもある程度解決の目処がついてから報告したいという気持ちになってしまうことは否めない。そうなると、悪い情報に限って適切なタイミングで報告されてこないという事態に陥るリスクがある。

　そのため、取締役会の監督機能を適切に発揮するためには、事業部門を担当する取締役からの定期的な報告だけでは不十分であり、業務執行の状況を監督する部署を設けて業務の適法性・効率性を監督する体制（内部統制システム）を構築し、監督した結果（内部統制システムの運用結果）について定期的に報告を受けることが必要となる。

　内部統制システムというのは、まさに事業部門・営業部門における業務執行を監視監督するためのツールである。だからこそ、会社法は、内部統制システムの整備に関する決定については取締役に委任することができず、取締役会で必ず決議しなければならないとしている（会社法362条4項6号）。業務執行者を監督するための体制をどのように構築するかについて、監督される側の業務執行者に任せてしまっては、骨抜きになってしまうリスクがあるからである。

　しかし、内部統制システムは、業務執行者を監督することを役割・職務として設置されたものだとしても、会社の組織体制としては代表取締役社長をトップとする組織の中に組み込まれている。内部統制を担当する取締役も業務執行取締役として整理されており、経営トップの部下という位置づけである。そのため、内部統制システムの運用過程で何らかの問題点を発見されたとしても、内部統制部門あるいはその担当取締役だけでは経営トップに厳しく意見を言うことができない可能性がある。

　したがって、内部統制システムを通じて業務執行を適切に監督するためには、内部統制システムの運用過程で収集した情報を取締役会に報告し、経営トップから独立した社外取締役の耳に入れることが重要となる。

第2章 取締役会

　よく「内部統制システムを作っただけでは意味がない。適切に運用することが重要である」と言われるが、実際には、作って運用するだけでは不十分なのである。いくらがんばって内部統制システムを運用しても、内部統制部門や業務執行者の間で情報がとどまっている限り、適切な監督にはつながらない可能性がある。内部統制システムを業務執行に対する監督のツールとして真に機能させるためには、そこで収集した情報を適時適切に取締役会に報告し、経営トップから独立した社外取締役を中心として業務執行者を監督することが必要である。

　このように、内部統制システムの運用状況と結果の報告は、業務執行者による業務執行状況の報告と並んで、取締役会のモニタリング機能を支える重要な意味を持っている。

　そうだとすれば、内部統制システムの運用状況についても、業務執行取締役からの業績進捗状況と同様、定期的に報告を受ける必要がある。

　現在の取締役会運営の実務としては、決議事項を中心に運用されていることもあり、内部統制システムの運用状況報告もそれほど頻繁に行われていない会社が多いように思われる。定時株主総会に当たり株主に送付する事業報告に内部統制システムの運用状況を記載しなければならないため（会社法施行規則118条2号）、それに合わせて報告を受けているだけという会社もあるかもしれない。

　しかし、さすがに年に1回の形式的な報告だけでは取締役会によるモニタリングの強化という観点からは不十分であると思われる。

　モニタリング・モデルを目指して取締役会から業務執行者へ業務執行の決定権限を委譲する範囲が広くなればなるほど、きちんと業務執行が行われているかどうか、目標とする業績を達成できるかどうかを厳格にチェックすることが必要となる。そのためには、取締役会に対して監督のために必要な情報が定期的に報告されることが必要であり、監督のために必要な情報としては、業務執行者からの業績進捗状況の報告だけでなく、業務執行者を監督する内部統制部門からの内部統制システムの運用状況・結果の報告が重要な意味を持つ。

　そうだとすれば、内部統制システムの運用状況・結果の報告についても、せめて半期に1回程度は報告することが望ましい。

特に、監査等委員会設置会社・指名委員会等設置会社へ移行したり、監査役会設置会社であってもモニタリング・モデルに近い取締役会運営を目指す場合には、内部統制システムの運用状況の報告の回数や内容を見直し、回数を増やす、報告内容を充実させるなどの工夫が必要と思われる。

②　社外取締役が注意しなければならないポイント

　内部統制システムの運用状況・結果報告についても、業績の進捗状況報告と同様、これまでの取締役会の実務では、モニタリングのために定期的な報告が必要という意識は少なく、どちらかと言えば軽視されてきた。

　したがって、社外取締役としては、業務執行の状況をモニタリングするために必要な報告がされているのかどうかを確認し、不十分な点があれば指摘して、モニタリングのための報告体制を構築するよう促すことが必要となる。

　一口に内部統制システムの運用状況・結果報告といっても、さまざまな報告が求められる。内部統制システムとは、「取締役の職務の執行が法令・定款に適合することを確保するための体制その他当社および当社・子会社から成る企業集団の業務の適正を確保するために必要な体制」という非常に広い概念であり（会社法362条4項6号）、具体的には、取締役の職務執行の情報保存・管理体制、損失の危険の管理体制、取締役の職務執行の効率性を確保するための体制、使用人の職務執行の適法性を確保するための体制、企業集団の業務の適正を確保するための体制などを意味する（会社法施行規則100条1項）。

　したがって、内部統制システムの運用状況・結果報告についても、関連するいくつかの部署からさまざまな報告を受けることになり、社外取締役としては、モニタリングに必要な報告が網羅されているかどうかを確認する必要がある。内部監査部門から内部監査の結果報告を受けるだけではなく、例えば、コンプライアンス部やコンプライアンス委員会を設置しているときはその活動状況の報告を受けたり、リスク管理委員会や自社特有のリスクに特化した委員会（例えば、食品メーカーにおける品質管理委員会、鉄道会社における安全管理委員会など）を設置しているときにはその活動状況の報告を受ける必要がある。

また、内部通報の概況報告も極めて重要である。自社における内部通報だけでなく、子会社・グループ企業からの内部通報の状況について報告を受けることにより、子会社における業務の適正についてもモニタリングすることができる。親会社には、企業集団としての内部統制システムの構築・運用が求められるが、子会社といえども別法人である以上、親会社から子会社の業務執行状況をくまなく監査することは難しい。子会社において適切な内部統制システムを構築・運用するよう指導するだけで、よほどの非常時でもない限り、直接子会社に乗り込んで情報収集することなどはできない。しかし、企業グループ全体を対象とした内部通報制度を構築しておけば、親会社として子会社の業務執行上の問題点を把握することができ、必要があれば改善・対応を促すなどして、企業集団として適切な内部統制システムを構築・運用するための契機とすることができる。

　以上のとおり、社外取締役としては、まず内部統制システムの運用状況・結果報告として必要十分な事項が報告されているかどうかを検証し、仮に不足があれば要求するなどして、適切なモニタリングのための報告体制を構築するよう促すことが必要となる。

　次に、内部統制システムの運用状況・結果の報告を聞いて、改善・対応すべき点があれば、その旨を指摘して改善させる必要がある。

　その際に留意すべきなのは、自社で起きたコンプライアンス違反や同業他社で起きた不祥事、その他大きく報道された不祥事などである。

　まず、自社で何らかのコンプライアンス違反が起きていた場合には、それが大きな問題に発展しなかったとしても、将来的に大きな不祥事に発展する可能性も否定できないため、そのような違反が発生した原因を分析し、再発しないように体制を見直す必要がある。

　コンプライアンス違反や不祥事というのは、どんなに内部管理体制をしっかり構築していたとしても、ゼロとすることは難しい。数千人の従業員を抱える大企業であれば、どんなに社員研修を行ったとしても、人為的なミスをなくすことは不可能である。

　しかし、同じ種類のミスや違反が繰り返されるようであれば、それは再発防止策が何も講じられていなかったということであり、社内の管理体制に問題があったとみなされる可能性が高い。

そのため、内部統制システムの運用状況・結果報告の中で何らかのコンプライアンス違反が報告された場合には、会社の他の部署でも同種の違反が起きていないかどうか、過去に同種の違反が起きていないかどうかを確認することが必要である。仮に同じような違反が起きている場合、幸い起きていないけれども起きてもおかしくない状況である場合には、違反を招いた要因を分析し、再発防止策を検討・実施することが必要である。

また、自社のコンプライアンス違反だけでなく、同業他社の不祥事や大きく報道された不祥事についても、同様の検証を行っておくことが望ましい。特に同業他社の不祥事については、業界特有の問題がひそんでいる可能性もあるため、自社で同じような不祥事が起きる可能性はないのか、自社の管理体制でそのような不祥事を未然に防止することができるのかを検討し、必要があれば、内部統制システムを見直すことが求められる。

(5) 委員会の活動状況報告

① 委員会の活動状況報告の必要性

昨今のコーポレート・ガバナンスの議論では、取締役会の監督機能を強化することが求められており、会社法およびコーポレートガバナンス・コードは、機関設計にかかわらず、独立した立場の社外取締役を選任して業務執行に対するモニタリングを強化するよう求めている。

ただし、取締役会の過半数を社外取締役とすることを義務づけることは困難であるため、社外取締役を過半数とする委員会を設置し、業績評価とそれを反映した指名・報酬の決定というプロセスに当該委員会を関与させることが提案されている。指名委員会等設置会社は、社外取締役を過半数とする3つの委員会を設置し、次期取締役の指名や取締役・執行役の個別の報酬金額の決定を指名委員会および報酬委員会の専権としているし（会社法400条1項・3項、404条1項・3項）、監査等委員会設置会社および監査役会設置会社においても、取締役会の下に社外取締役を主要な構成員とする任意の諮問委員会などを設置し、指名・報酬などの検討に当たり社外取締役の適切な関与・助言を得るべきであるとされている（補充原則4-10①）。

このように、指名・報酬委員会というのはモニタリングの要諦である指名・報酬の決定プロセスに独立した立場の社外取締役を積極的に関与させるための仕組みであり、本来は取締役会で行うべき監督機能の最も重要な部分を委員会に分担させているに等しい関係である。

そうだとすれば、取締役会としては、指名・報酬委員会からその職務の執行状況の報告を受け、委員会を通じたモニタリングが適切に行われているかどうかを確認する必要があるはずである。

実際、指名委員会等設置会社においては、指名・監査・報酬委員会は、遅滞なくその職務の執行状況を取締役会に報告しなければならないとされている（会社法417条3項）。

監査等委員会設置会社および監査役会設置会社における任意の指名・報酬委員会も、少ない社外取締役でモニタリング機能を十分に発揮できるようにするために設置されたものであり、本来は取締役会で行うべき監督機能の一部（指名・報酬）を分担しているわけであるから、その活動状況や答申内容については取締役会へ報告することとし、モニタリングが適切に行われているかどうかについての情報を取締役会のメンバー全員で共有しておくべきである。特に、指名・報酬委員会のメンバーではない社外取締役がいる場合には、取締役会への報告を通じて情報共有することが有益である。

なお、指名・報酬委員会においてはプライバシーにわたる情報も議論のために提供されており、委員会での審議内容を詳しく取締役会へ報告することには抵抗を感じることもあるかもしれない。しかし、取締役会へ報告するべきなのは、各委員会によるモニタリングが適切に機能しているかどうかであり、個々人に対する評価といった情報まで報告する必要はない。

そのほかにも任意に設置された委員会がある場合には、それらの役割・職務が取締役会の機能を補完するものかどうかを検討しながら、報告事項とすべきかどうかを検討していくことになろう。例えば、コンプライアンス委員会やリスク管理委員会については、そこでの各委員会の審議内容は取締役会が監督機能を発揮するために必要な情報であり、内部統制システムの一環でもあるため、取締役会へ報告することが望ましいと考えられる。

これに対し、監査等委員会および監査役会については、会社法上、取締

役会への報告は義務づけられていない。監査等委員である取締役および監査役は、取締役の職務執行を監査するために株主総会で別途選任された者であり、その役割・職務は取締役会の機能を分担するものではないからである（これに対し、指名委員会等設置会社の監査委員会は、その委員は取締役会で選任されており、取締役会への報告義務がある）。

したがって、監査等委員会および監査役会が自ら必要と認める事項を任意に取締役会へ報告することは許容されるものの、取締役会の側から監査等委員会および監査役会に対して定期的な報告を義務づけることはできない。

② 社外取締役が注意しなければならないポイント

委員会の活動状況報告は、取締役間の情報共有という側面が強く、社外取締役としては、報告された内容をふまえて、自らの所属する委員会あるいは取締役会での審議に役立てることが求められる。

特にモニタリング・モデルでは、取締役会による監督機能の最も重要な部分（指名・報酬）を指名・報酬委員会に委任または諮問している。それ以外にもコンプライアンスやリスク管理など重要なテーマであればあるほど、委員会を設置して議論を深めようとするため、分業体制が進みやすい。

そうなると、社外取締役としては、自分が所属する委員会の議論に参加するだけでは、他の委員会の議論の状況が全くわからず、会社全体の状況が把握しにくくなってしまう。しかし、これらの委員会がそれぞれの職責をきちんと果たしていないと、会社全体のコーポレート・ガバナンスとして機能しないわけであるから、他の委員会での審議状況についても把握するよう努めるべきである。

その際に特に有益と思われるのは、監査役会・監査委員会・監査等委員会からの報告である。

監査役会・監査委員会・監査等委員会では、監査の実効性を高めるために、内部監査部門や会計監査人と緊密に連携することが求められており、常勤監査役・監査委員・監査等委員から報告・説明を受けるだけでなく、内部監査部門や会計監査人からも定期的に報告を受けている。そのため、同じ社外役員であっても、社外監査役・監査委員・監査等委員とそれ以外

の社外取締役の間の情報格差はかなり大きい。社外取締役は、取締役会を通じて報告を受けるだけであり、報告体制が未だ充実していない現状の下では、社外監査役・監査委員・監査等委員と比較して情報量が相当少ないのである。

この情報格差を埋めるためには、社外取締役と監査役会・監査委員会・監査等委員会との情報共有・意見交換を積極的に進めることが望ましい。

前述したとおり、指名委員会等設置会社では、監査委員会から取締役会への報告義務が課されているが、監査役会設置会社および監査等委員会設置会社では、監査役・監査等委員である取締役は、取締役の職務執行を監査するために取締役とは区別して選任されているため、取締役会に対して報告すべき関係には立っていない。

しかし、監査役会・監査委員会・監査等委員会からの報告は取締役会の監督機能強化のために極めて有益である以上、監査役会設置会社および監査等委員会設置会社においても、監査役会または監査等委員会の判断で取締役会へ報告できる体制を整えるか、あるいは、社外取締役と監査役会・監査等委員会の意見交換の機会を別途設けるなど、情報共有のための何らかの仕組みを工夫することが望ましい。

どのような方法をとるにせよ、社外取締役として取締役会による監督機能の強化に貢献するためには、各委員会の活動状況や審議内容について報告を受け、できる限り情報共有に努めるべきである。

◆ 5 ◆　事前説明・情報収集等の必要性

(1) はじめに

社外取締役が取締役会の審議に参加して適切な質問・意見を述べるためには、前節でみてきたとおり、議案ごとにさまざまな点に留意する必要がある。

しかし、取締役会では多くの決議事項・報告事項が上程されるため、いかに留意点を頭に入れていたとしても、各議案について適切な質問・意見

を述べることは難しい。特に社外取締役は当該会社の事業に精通しているわけではないから、取締役会における各議案の審議を通じて実効的な監督を行うためには、あらかじめ当該会社の事業・財務・組織等に関する知識を得ておくだけでなく、取締役会に上程される各議案の資料に目を通し、その概要を理解しておくことが必要となる。

　コーポレートガバナンス・コードでは、会社に対し、取締役会における審議を活性化するための工夫や新任の社外役員に対して必要な知識・情報を取得するためのトレーニングの機会を提供することを要請している（原則4-14）。

　社外取締役の側としても、それらの機会を有効活用して、社外取締役として期待される役割・責務を適切に果たすための研鑽に努めることが必要である。

(2) 取締役会の事前説明

　コーポレートガバナンス・コードでは、取締役会は、社外取締役による問題提起を含め自由闊達で建設的な議論・意見交換を行うことができるよう、①取締役会資料を会日に十分先だって配布すること、②取締役会資料以外にも、必要に応じて情報提供すること、③年間の取締役会開催スケジュールや予想される審議事項をあらかじめ決定しておくこと、④審議項目数や開催頻度を適切に設定すること、⑤審議時間を十分に確保すること、に配慮するよう求めている（補充原則4-12①）。

　その結果、現在では多くの企業で、取締役会資料の事前配布が行われており、担当者による資料の事前説明が行われる例もある。

　社外取締役としても、取締役会で適切な質問・意見を述べて審議活性化に貢献するべく、できる限り事前に資料を読み、担当者による事前説明を聞くなどして、各議案の問題点・リスクの所在等を理解した上で取締役会に臨むべきである。

　ただし、会社によっては、取締役会資料の量が非常に多く、内容も詳細に過ぎているのではないかと思われることもあり、それではかえって問題点・リスクの所在等が不明確になってしまう。例えば社内会議用の資料を

そのまま社外取締役に送付しても、専門用語や社内用語が多すぎて、読んだだけではよく理解できないということもある。社外取締役も取締役に就任した以上、当該会社の事業等について必要な知識の習得に努めるべきではあるものの、独立社外者である以上、限界がある。

したがって、取締役会資料を作成するに当たっては、できる限り要点を把握しやすいように整理・分析した上で適切な量にとどまるようにすべきであり、専門用語・社内用語が出てくるときには意味を説明するなど、社外者にもわかりやすい内容を心がけるべきである。社外取締役としても、一読しただけでは理解し切れない資料については、遠慮せずに改善を求めるべきである。問題点・リスク等についての記述がわかりにくい・足りない場合にはその旨を指摘することで、より良い取締役会資料となるように協力していくことが望ましい。

また、担当者による事前説明についても、複雑な議案については資料を読むだけでは理解できない可能性が高く、事前に担当者に説明してもらうことで理解が深まるというメリットがある反面、複数の社外取締役に対して相当の時間をかけて担当者が事前説明するというのは会社側の負担も大きい。

そのため、議案の内容にかかわらず一律に事前説明を行うということではなく、議案の内容に照らして事前説明が必要なものかどうかを検討した上で、重要な議案について事前説明を行うといったメリハリのある運用を工夫すべきである。事前説明の要否についても、社外取締役の側から改善を求めることで、より良い運用を目指すことができる。

(3) 就任時の説明

社外取締役が適切な監督機能を発揮するためには、各議案に関する説明を聞くだけではなく、当該会社の事業・財務の状況、組織体制、事業を取り巻く環境はどうなっているのかといった知識も当然に必要となる。

これらの知識の中には、社外取締役が自ら勉強することが可能なものもあるが、外部に公表されていない情報もあり、会社から説明しておくことが望ましい。

そのため、新たに社外取締役が就任する際には、会社担当者から会社の事業・財務・組織等に関する必要な知識・情報を説明する機会を設けるべきである。そのほか、社外取締役に適用される内規等についても事前に説明しておく必要がある。

会社の事業・財務の状況については、有価証券報告書や決算短信等で公表されており、基本的には決算説明会等で説明する内容を説明することになろう。社外取締役としても、就任後には定期的に取締役会で報告を受けることになるため、それらの審議を通じて理解を深めていくことが必要である。

また、会社の組織体制については、当該会社の機関設計、委員会の設置の有無、組織体制の全体像などについて説明しておくべきである。社外取締役には取締役会の監督機能を支える役割が期待されているが、社内の組織体制がどうなっているのかを理解していないと、実効的な監督ができているかどうかの判断もつかないし、監督のために何をすべきかという判断もできないことになる。社外取締役としては、内部監査、コンプライアンス、リスク管理といった業務執行の監督のために協働することとなる部署については、組織体制の中のどこに位置づけられるのか、レポートラインはどうなっているのか、取締役会への報告体制はどうなっているのかといった点を理解しておく必要がある。

さらに、社外取締役としての役割・責務を尽くすための知識・情報ではないが、会社が定める役員に関する内規についても、就任に際してよく理解しておかなければならない。

社外役員は、たとえ非常勤の社外取締役・社外監査役であっても、会社役員として当該株式会社に対する善管注意義務・忠実義務を負う。取締役会等を通じて当該株式会社の営業秘密や重要な経営情報に触れることになるので、それらの情報を使って自らのビジネスを行うことが許されないことは当然として、第三者へ情報を漏らすことがないよう、情報管理も徹底しなければならない。自分自身は当然として親族による株取引についても、インサイダー取引規制に該当しないよう、細心の注意を払う必要がある。

会社としては、会社役員がこのような義務違反に抵触することがないよう、例えば自社株式の売買について事前届出等の手続を設けるなど、一定

のルールを定めていることが多い。そのような会社役員としての義務を定めているのが役員内規であり、社外役員に就任した場合には当該内規の適用を受けることになるため、就任する際によく読んで理解しておくことが必要である。

(4) 情報入手と支援体制

　社外取締役は、その役割・責務を果たすために必要な知識・情報について、就任時の説明を除くと、原則として取締役会における審議とその事前説明を通じて取得している。

　しかし、会社側が準備した説明だけで必要な知識・情報をすべて取得できるとは限らない。そのため、コーポレートガバナンス・コードでは、取締役・監査役は、その役割・責務を実効的に果たすため、能動的に情報を入手すべきであり、必要に応じ、会社に対して追加の情報提供を求めるべきであると指摘しており（原則4-13）、これは社外取締役・社外監査役にも当然に当てはまる。

　過去の裁判例を見ても、社外監査役についての判示ではあるものの、「たとえ非常勤であったとしても、常に、取締役からの報告、監査役会における報告などに基づいて受働的に監査するだけで足りるものとは言えず、常勤監査役の監査が不十分である場合には、自ら、調査権（商法274条2項）を駆使するなどして積極的に情報収集を行い、能動的に監査を行うことが期待されている」とされた例がある（大阪地判平成12年9月20日判時1721号3頁）。社外取締役には調査権はないものの、実効的な監督に向けた能動的な情報収集等の姿勢が求められる点は同じはずである。

　したがって、社外取締役は、取締役会での報告に基づいて受働的に監督するだけでは足りず、報告が不十分である場合には積極的に情報提供を働き掛けることが期待されていると考えられる。

　コーポレートガバナンス・コードでは、会社に対し、人員面を含む取締役・監査役の支援体制を整えるべきであり、例えば、社外取締役・社外監査役の指示を受けて会社の情報を適確に提供できるよう社内との連絡・調整にあたる者の選任など、必要な情報を適確に提供するための工夫を行う

べきであると提言している（補充原則4-13③）。

このような社外取締役と社内との連絡・調整を行う担当者が選任されている場合には、社外取締役としてはその者を通じて必要な情報の提供を働き掛けるべきである。また、会社側としても、社外取締役へ伝えておいた方がよい事項があるときには、取締役会を待たずに速やかに報告するといった機動的な対応が求められる。

そのほか、情報提供と社外役員のトレーニングを兼ねて、就任後も定期的に社外役員向けの勉強会を開催することなども考えられる。

(5) 社外役員会議

コーポレートガバナンス・コードでは、例えば独立役員のみを構成員とする会合を定期的に開催するなど、独立社外取締役に対し、独立した客観的な立場に基づく情報交換・情報共有を図ることを提言している（補充原則4-8①）。

この社外役員会議については、何について議論するのか、誰が議事進行するのかなどがよくわからず、開催をためらう会社も多いと思われるが、その目的は、取締役会における議論に積極的に貢献するという観点からの独立役員どうしの情報交換・情報共有である。

したがって、議題の設定や議事運営、議事録の取扱いなどについて考えすぎることなく、定例取締役会の後で社外取締役・社外監査役が集まって感想を言い合うといった形式であってもかまわない。社外役員だけで話す機会を設けることで、お互いの問題意識を共有することができる。社外役員の多様性が求められるようになると、各自のバックグラウンドによって当該会社の事業・財務等に対する問題意識、問題点・リスク等の認識も異なる可能性があり、それを情報交換することでより理解が深まるといったメリットがある。また、場合によっては経営トップなど社内取締役の前では話しにくい事柄も話題にできるかもしれない。

社外役員会議というのはそのような位置づけの会議であり、社外取締役としても、その趣旨を理解して情報交換・情報共有の場として活用すべきである。

(6) 取締役会の実効性評価

コーポレートガバナンス・コードは、毎年、取締役会の実効性評価を行い、その結果の概要を開示することを求めている（補充原則4-11③）。

そのため、多くの企業では、毎年、取締役に対してアンケート等を実施している。アンケートでは、①取締役会の構成（人数、社内と社外の割合、知見や多様性について）、②取締役会の運営状況（資料配布および事前説明の時期・内容、開催時期・頻度について）、③取締役会の審議状況（議論・意見交換の状況、議題設定、審議時間、議事運営について）、④取締役会の役割・責務（経営方針・経営戦略、リスク状況、内部統制の整備・運用について）、⑤取締役・監査役への支援状況（必要な知識・情報の説明、社外役員どうしまたは内部監査部門・外部会計監査人との連携について）などについて質問し、各取締役・監査役から自由回答も含めて意見を出してもらうのが一般的である。

これは、社外取締役も含めた取締役会メンバーに対し、取締役会の構成、運営状況・審議状況、支援体制などについて改善すべき点がないかどうかを確認し、取締役会に期待される役割・責務を適切に果たしているかどうかを評価して開示することで、取締役会の実効性をより高めていくための契機としようとする取組みである。

社外取締役は、取締役会の監督機能を強化する役割・責務が期待されているところであり、このアンケートを通じて、取締役会の実効性を評価するとともに、自分自身が期待された役割・責務を果たしているかどうかを自問自答し、翌年度の活動に反映させていくことが必要となる。

第3章　指名・報酬委員会

◆1◆　指名・報酬委員会の役割

　近年のコーポレート・ガバナンス強化の流れは、日本企業に対し、取締役会の監督機能を高めること、特にモニタリング機能を強化するよう迫っている。

　モニタリングの要となるのが、業績評価をふまえた次期の取締役候補者の指名と業務執行者の個別報酬額の決定であり、社外取締役にはこの指名・報酬の決定プロセスに積極的に関与することが強く期待されている。

　しかし、ここで難しいのは、これまでの日本企業の実務では指名・報酬の決定プロセスなどというものはほとんど存在しないに等しく、公に議論されることも少なかったため、本来あるべき指名・報酬の決定プロセスの姿が共通認識として明確になっていないということである。

　多くの日本企業では、次期の取締役候補者を誰にするかを決めるのは基本的に社長であり、仮に相談するとしてもごく少数の人の間に限られていた。個別の報酬金額についても、取締役会で代表取締役社長に一任する旨を決議するのが通例であり、報酬基準と算定式があらかじめ明確に定まっている場合を除き、社長が自らの判断で各人の功績等を勘案しながら個別の支給金額を決めていた。

　このように、指名・報酬の決定プロセスというのは社長の専権とされてきた分野、いわば会社の「聖域」であり、どのように決めているのか、何を判断基準としているのか、全く明確になっていないというのが多くの日本企業の実情である。

　そのため、コーポレートガバナンス・コードの要請に応えてモニタリン

グを強化していくためには、まずは指名・報酬に関する判断基準や手続をどうするのかといった基本的な仕組みを作り上げていくところから始めなければならない。

どこの会社にも指名・報酬に関する決定プロセスなどなかったわけであるから、どのような判断基準を設け、どのように個々人の業績を評価するべきなのか、委員会を設置するとしてどのように運営すればいいのか、会社の側も試行錯誤の最中である。実際、コーポレートガバナンス・コードを受けて指名・報酬委員会を任意に設置する会社は増えつつあるが、その運営方法は会社によって大きく異なっている。委員会は設置したけれども形ばかりの運営となっている会社もゼロではなく、現時点では指名・報酬の決定プロセスについての標準的なモデルなどは確立されていない。

このような現状に照らすと、社外取締役として指名・報酬の決定プロセスにどのように関与すべきか、指名・報酬委員会に出席してどういう点に留意して質問・意見を述べるべきかを検討する前に、そもそも指名・報酬委員会とは何を目的とする会議なのか、そのためには委員会の構成・権限等をどのように設計し、どのように運営するべきなのかといった基本的な考え方を理解しておく必要がある。

そのような指名・報酬委員会の本来の趣旨・目的をふまえた上、社外取締役としてどのように指名・報酬の決定プロセスに関与していくべきか、指名・報酬委員会のメンバーとして期待される役割・留意点について、検討することとする。

(1) 指名・報酬委員会の設置が求められる理由

指名・報酬委員会とは何を目的とする会議なのか、どういった役割・機能を求められているのか。その点を明らかにするために、昨今のコーポレート・ガバナンスの議論の中でどうして指名・報酬委員会の設置が求められるようになったのかという経緯について、もう1度整理しておこう。

第2章で述べたとおり、指名・報酬委員会とは、伝統的な日本型の経営システム（マネジメント・モデル）に対して取締役会の監督機能を強化することが求められるようになる中で、社外取締役が主体となって業務執行

に対するモニタリング機能を発揮するための体制・仕組みとして設置が求められるようになったものである。

　日本では、平成14年商法改正以前には「監査役会設置会社」という機関設計しか認められておらず、重要な業務執行の決定については必ず取締役会で審議・決定すべきとされていた。これは、会社の経営に大きな影響を及ぼしかねない重要な業務執行については、代表取締役・業務執行取締役の判断だけで進めるのではなく、それを実行する前に取締役全員で協議して、マネジメントしながら事業を推進していこうという発想に基づくものであり、取締役会の意思決定機能を重視する「マネジメント・モデル」である。

　日本企業では取締役のほぼ全員が業務執行を担当し、代表取締役社長の下で事業を推進している。そして、重要な業務執行については単独で判断することなく、取締役会において取締役全員が集まって協議して決定する。代表取締役社長といえども独裁者になることなく、和を強調して経営に当たるというのが伝統的な日本企業の経営スタイルである。

　しかし、このような日本企業の経営スタイル（マネジメント・モデル）に対して、近年、批判が寄せられるようになってきた。その批判のポイントは2点あり、1つは重要な業務執行につき取締役会の事前承認を義務づけることで迅速な経営判断ができなくなるのではないかという点、もう1つは取締役全員が代表取締役の下で業務執行を担当して事業を進めているため、当該事業が失敗しても反省が甘くなり、その結果として業績が低迷しているのではないかという点である。

　特に後者の点については、日本企業の資本効率が悪いことと関連づけて海外機関投資家等から強く批判されている。日本企業の資本効率が悪いのは、経営トップに対する牽制機能がうまく働いていないからではないか。本来であれば取締役会が監督機能を発揮しなければならないのに、日本企業の取締役会は代表取締役・業務執行取締役のみで構成されており、監督される立場の人間が監督機関たる取締役会の構成メンバーになっているため、監督が効いていないのではないか。だから、日本企業の経営トップは業績向上に対する意欲が足りないのではないかという指摘である。

　このような日本型経営システム（マネジメント・モデル）への批判を受

けて、「モニタリング・モデル」への転換が提唱されるようになった。これは、重要な業務執行の決定を大幅に業務執行者に委任して迅速かつ効率的な経営を目指す代わりに、業務執行の後でその結果を評価してモニタリングすることで業務執行者をきちんと働かせ、業績向上を目指そうという発想に基づくものであり、取締役会の監督機能をより重視した経営スタイルである。

モニタリング・モデルでは、スピーディーな経営判断を可能とするために重要な業務執行の決定を大幅に業務執行者に委任することを想定しており、取締役会による事前チェックは働かない。そのため、事後的なモニタリングが適切に行われないと、業務執行者の独断暴走を止めることができなくなるし、業績低迷に対する反省や業績向上に向けた努力も行われなくなってしまう。事後的なモニタリングを徹底するためには、監督する者とされる者をきちんと分離することが必要である。マネジメント・モデルで監督の実効性が上がらない理由が、監督される者（業務執行者）が監督機関（取締役会）の構成メンバーになっているからだとすれば、モニタリング機能を強化するためには監督する者とされる者を明確に分離することが必要となる。

すなわち、モニタリング・モデルを正しく機能させるためには、独立した立場で業務執行者に対して厳しく意見を言うことができる社外取締役が中心となって、業務執行者に対するモニタリングを行う体制を作ることが重要である。

しかし、日本では、コーポレートガバナンス・コードで複数名の社外取締役の選任が要請されたことを受けて、ようやく上場企業の大多数で社外取締役が選任されるようになったものの、それ以前には社外取締役という存在はまださほど普及しておらず、導入に抵抗感を示す企業経営者も多かった。取締役会の構成メンバーの大部分が依然として代表取締役・業務執行取締役である以上、取締役会によるモニタリング機能を強化しようとしても、限界がある。

そこで、業務執行取締役が多数を占める取締役会の下であっても、社外取締役を中心として厳格な業績評価を行い、それを指名・報酬に反映させることができるようにするために考案されたのが、取締役会が果たすべき

監督機能から「指名」「報酬」を切り出し、それらの機能を社外取締役が過半数を占める指名委員会・報酬委員会に担当させるというアイディアである。

平成14年商法改正で導入された「指名委員会等設置会社」では、取締役会が果たすべき監督機能のうち、モニタリングの要となるべき「指名」「報酬」に関する権限を、社外取締役が過半数を占める指名委員会・報酬委員会の専権とした（会社法404条1項・3項）。それによって、代表取締役・業務執行取締役らの多数派によって社外取締役の意見を封じ込めることができないようにし、社外取締役による厳格な業績評価を担保しようとしたものである。

また、平成26年会社法改正で導入された「監査等委員会設置会社」では、「指名」「報酬」の決定権限を取締役会に残しつつ、社外取締役が過半数を占める監査等委員会において「指名」「報酬」の決定が相当かどうかの意見を表明することができることとした（会社法399条の2第3項3号）。これは、企業経営者の抱く指名委員会への抵抗感に配慮しつつ、社外取締役が過半数を占める監査等委員会が「指名」「報酬」について意見を言えるようにすることで、モニタリング機能を強化しようとするものである。

さらに、コーポレートガバナンス・コードでは、監査役会設置会社または監査等委員会設置会社であっても、取締役会の下に独立社外取締役を主要な構成員とする任意の諮問委員会を設置して、指名・報酬などの特に重要な事項に関する検討に当たり、独立社外取締役の適切な関与・助言を得るべきであると提言している（補充原則4-10①）。

以上の流れを見ればわかるとおり、指名・報酬委員会というのは、十分な員数の社外取締役を確保できない日本企業の取締役会の実情を前提として、社外取締役が主体となって業務執行者に対するモニタリングを行うことができるようにするために考案された仕組みであるということができる。

(2) 社外取締役に求められる役割

指名・報酬委員会とは、業務執行に対するモニタリングを強化するため、社外取締役が過半数を占める状態で（あるいは主要な構成員として）指名・

第3章　指名・報酬委員会

報酬について審議することを目的として設置される会議である。

したがって、社外取締役としても、指名・報酬委員会に列席して必要な場面だけ発言していればいいというスタンスではなく、より主体的に中心となって審議に参加していくことが必要となる。取締役会では、特に業務執行者だけでは客観的に正しい判断をできない可能性のある事項について独立した立場から厳しく質問・意見を述べることで監督機能を強化する役割が求められていたが、指名・報酬委員会では、その過半数を占める立場から主体的に指名・報酬の決定プロセスへ関与することでモニタリング機能を強化する役割が求められることになる。

それでは、社外取締役が主体的に指名・報酬委員会の審議に参加するためには、具体的に何をするべきなのだろうか。

例えば、指名委員会の仕事は次期の取締役候補者を選定することである。それを社外取締役が主体的に行わなければならないのだとすると、社外取締役が自らの評価・判断に基づき、多数の候補者の中から次期の取締役候補者を選ぶことが求められているのだろうか。

しかしながら、社外取締役が社内の多数の候補者の中から次期取締役候補者を選び出して決定するプロセスを主導するというのはさすがに現実的でないし、おそらく会社法やコーポレートガバナンス・コードが社外取締役に期待している役割でもないと思われる。

その理由として、日本では社内出身者から取締役に登用されていくことが一般的であり、社内出身者から次期取締役候補者を選ぶ以上、社内取締役と社外取締役の間には一朝一夕には埋められない情報格差があるという点があげられる。

社外取締役は、次期取締役候補者としてどういう人材が社内にいるのかをすべて把握しているわけではなく、個々の候補者についても断片的な知識しか有していない。仮に取締役会で顔を合わせていたとしても、日常の仕事ぶり、部下や取引先からの評価などを知っているわけではない。したがって、社外取締役が次期取締役候補者の案を一から作成することができないのは当然として、「候補者Aではなく、候補者Bにすべきである」といった断定的な意見を述べることも、よほどの事情がない限り難しい。

次期取締役候補者を選ぶには、会社を取り巻くさまざまな事情を考慮し、

1 指名・報酬委員会の役割

全社的な視点から適材を選んで適所に配置する必要があり、それが最もよくわかるのは全社を統括する経営トップたる社長である。

したがって、指名委員会で次期取締役候補者を誰にすべきかを議論するに当たっては、まず社内出身の指名委員である社長が原案を示し、どういう理由で当該候補者が適任だと思うのかを説明し、それに対して社外取締役が質問・意見を述べるという構図にならざるを得ない。

かといって、いくら社長の方が詳しいからといっても、社長の示す原案を承認するだけでは、社外取締役が単にお墨付きを与えているだけの委員会になってしまう。これでは、わざわざ社外取締役を過半数にするために指名委員会の設置を求めている会社法やコーポレートガバナンス・コードの趣旨に沿った運用とは思えない。

社内から次期取締役候補者を登用するという日本の慣行の下で指名委員会メンバーたる社外取締役に期待されている役割は、次期取締役候補者に関する社長の説明を聞き、どういう評価基準に従って候補者を選んだのか、その理由は合理的かどうか、恣意的な思惑が混じっていないかどうかを検証することである。取締役候補者の原案を作成するまでのプロセスをきちんと説明してもらい、これまでは社長の頭の中だけで行われてきた作業、例えば複数の候補者の長所・短所を客観的に比較検証し、現在の会社を取り巻く環境をふまえ、今後の会社経営を委ねるのに誰が適任なのかを検討して候補者を絞り込むという指名プロセスを委員会メンバーの間でオープンにしてもらう。そして、社外取締役は、社長から説明を受けた指名の理由や判断プロセスが合理的かどうか、独立した客観的な立場から主体的に検証する。指名委員会でそのような作業を行うことによって指名プロセスの透明化を図り、モニタリングを強化しようというのが会社法やコーポレートガバナンス・コードの狙いであると考えられる。

報酬委員会においても、個別の支給額を社長に一任して決定するという従来のやり方では、その他の取締役にとってはどういう点が評価されて金額が決定されるのかがわからない。それでは、個別報酬金額の決定プロセス、ひいてはその前提となる業績評価プロセスとして不透明である上、業務執行者に対するインセンティブとしてもうまく機能しない。また、業績が悪かったときでも「経済情勢の悪化によりやむを得ない」などと自己弁

護して、個別報酬額を減額することなく従前どおりに支給するといった取扱いが許容されてしまうリスクもある。これでは業務執行者に対するモニタリングが機能しているとは言い難い。

モニタリング・モデルを目指すのであれば、業績に応じて報酬支給額が上下するインセンティブ付けに適した報酬体系を整備した上、報酬委員会の場において、社長から個々の取締役の業績評価がどうなっているのか、それを反映させた報酬金額はどのように計算されるのかを説明し、説明を聞いた社外取締役が、独立した立場から、個々人の業績評価が公正に行われているかどうか、報酬支給額の決定理由が合理的かどうか、恣意的な要素がないかどうかを検証することが重要となる。このように報酬決定プロセスの透明化を図ることで、業績評価を通じた適切なモニタリングが可能となり、かつ、業務執行者に対するインセンティブ付けにもなるのである。

以上のとおり、指名・報酬委員会において社外取締役に期待されるのは、あらかじめ定められた評価基準に従って客観的かつ公正な業績評価が行われているかどうか、かかる評価を反映して次期取締役候補者や個別の報酬支給額が決定されているかどうか、その決定プロセスは合理的かどうか、恣意的な思惑が含まれていないかどうかを独立した客観的な立場から検証することである。

社外取締役が中心となってこのような検証作業を行うことで、指名・報酬の決定プロセスが透明化され、それによって業務執行者に対するモニタリング機能が強化され、業務執行者に対して業績向上に向けた健全なインセンティブを付与することにもつながる。

これが指名・報酬委員会において社外取締役に期待されている役割であると考えられる。

◆2◆ 指名・報酬委員会の構成・権限等

指名・報酬委員会については、指名委員会等設置会社では会社法に基づき設置を義務づけられており、委員会の構成や権限等についても定めが置かれている。

一方で、監査役会設置会社および監査等委員会設置会社では任意に設置されるものであるため、会社の判断で設計することができる。基本的には、指名委員会等設置会社の場合と同様、株主総会に提出する取締役選任議案の内容および、取締役の個人別の報酬等の内容について審議することになるが、これらを別々の委員会に諮問するのか、1つの委員会にしてまとめて諮問するのかについては、自由に設計できる。場合によっては、指名については委員会へ諮問せず、報酬についてだけ諮問するといった形をとることも可能である。

ただし、任意の委員会であっても、社外取締役が主体となって業務執行者に対するモニタリングを行うためにわざわざ設置を求められている以上、かかる趣旨・目的をふまえて委員会の構成・権限等について検討していく必要がある。

(1) 委員会の構成

指名委員会等設置会社の場合には、会社法上、指名委員会および報酬委員会を設置することが義務づけられており、各委員会の委員は取締役会で選定し、かつ、その過半数を社外取締役としなければならないとされている（会社法400条2項・3項）。

これに対し、監査役会設置会社および監査等委員会設置会社の場合には、コーポレートガバナンス・コードで任意の諮問委員会として設置することを要請されているだけなので、委員会の構成メンバーをどうすべきかについては、各社の裁量に任されている。

しかし、指名・報酬委員会の設置が求められるようになった背景には、業務執行者が多数を占める取締役会では適切なモニタリング機能を発揮できないから、社外取締役が多数を占める委員会を設置して、そこでモニタリングを実施しようという流れがある。そうだとすれば、たとえ任意の諮問委員会であるとしても、その構成メンバーについては、やはり社外取締役を過半数とすることが望ましい。コーポレートガバナンス・コードでは、独立社外取締役を主要な構成員とする委員会を設置すべきとされているだけで、過半数と明記されていないが、平成14年商法改正、平成26年会社

法改正、平成27年のコーポレートガバナンス・コードの適用という流れに照らすならば、社外取締役を過半数とすることを目指すべきであろう。

委員長を社外取締役とする必要があるかどうかについては、コーポレートガバナンス・コードはもとより、会社法でも特段の定めは置かれていない。しかし、社外取締役が中心となって業務執行者に対するモニタリングを実施するためにわざわざ委員会を設置している以上、委員長も社外取締役とすることが会社法やコーポレートガバナンス・コードの趣旨に合致していると思われる。

社内出身の指名委員には、ほとんどの会社で経営トップたる社長が就任している。実際、次の取締役候補者として誰を登用すべきか、業務執行者たる取締役・執行役の業績をどのように評価すべきかという点については、経営トップたる社長が一番わかっているはずであるし、これまでも社長の専権とされてきた分野である。

したがって、指名・報酬委員会の構成としては、社外取締役を過半数とし、社内出身の指名委員として社長が入るのが、もっとも審議に適する布陣と思われる。

(2) 委員会の権限

① 決定権限の有無

指名委員会等設置会社の場合には、会社法上、指名委員会は株主総会に提出する取締役の選任および解任に関する議案の内容を決定すること（会社法404条1項）、報酬委員会は取締役・執行役（以下「取締役等」という）の個人別の報酬等の内容を決定すること（同条3項）とされている。各委員会は、必要があれば、取締役等に対して委員会への出席・説明を求めることができる（会社法411条3項）。

このとおり、指名・報酬委員会は、いずれも最終的に決定する権限を有している。これらの決定権限は各委員会の専権とされており、取締役会の決議をもってしても委員会の結論を変更することはできない。

これに対し、監査役会設置会社および監査等委員会設置会社の場合には、コーポレートガバナンス・コードで、独立社外取締役の適切な関与・助言

を得るための方法の1つとして、「取締役会の下に独立社外取締役を主要な構成員とする任意の諮問委員会を設置すること」が例示されているのみであり、その権限については特に決められていない。

そのため、多くの企業では、指名・報酬委員会を取締役会の諮問機関という位置づけで設置している。指名・報酬委員会で審議した内容を取締役会に答申し、取締役会はその答申内容をふまえて審議・決定するという流れになり、あくまでも取締役会が決定権限を有している。

このとおり、任意に設置された指名・報酬委員会は、あくまでも諮問を受けて答申するだけで決定権限を有さないのが通例である。

それでは、取締役会の決議により、任意に設置された指名・報酬委員会に最終的な決定権限を付与することはできるのか。

この点についての解釈は、指名と報酬で異なる。取締役の個人別の報酬等の内容を決定する権限については任意の報酬委員会に委任することも許容されると解される。もともと取締役会で決議すべきところ、従来は代表取締役に対して個人別の報酬等の内容を決定することを一任していたのであるから、委任先を代表取締役から社外取締役を主要な構成員とする報酬委員会へ変更することは許容されてしかるべきである。

しかし、取締役の選任・解任に関する議案の内容を決定する権限を任意の指名委員会に委任することは認められないと解される。次期取締役候補者を決定する権限は取締役会の監督機能を担保するために非常に重要なものであるため、会社法で認められた指名委員会等設置会社という機関設計を選択した場合以外では、株主総会に提出する議案の内容については取締役会で決定するべきであると考えられる（会社法298条1項5号・4項、会社法施行規則63条7号、会社法399条の13第5項5号）（塚本英巨「取締役および監査役の指名・報酬に係る任意の委員会の権限」商事法務2133号（2017年）102頁）。

② 決議・諮問事項の範囲

指名委員会等設置会社の場合には、指名委員会は株主総会に提出する取締役の選任および解任に関する議案の内容（会社法404条1項）、報酬委員会は取締役等の個人別の報酬等の内容（同条3項）を決定しなければなら

ず、決議事項の範囲は明確に定められている。

しかし、これらの事項以外にも、指名委員会または報酬委員会で議論した方がよいと思われる事項があれば、委員会の審議事項に加えることができる。

例えば指名に関しては、取締役だけでなく重要な子会社のトップを審議対象の範囲に含めることもできる。経営トップのサクセッション・プランや取締役会構成の変更の是非（取締役員数の見直し等）についても、取締役会よりも指名委員会で議論した方が充実した意見交換ができる可能性が高いため、指名委員会の審議事項とすることが考えられる。

そのほか、現行の報酬体系を変更してインセンティブ付けに適した報酬体系を導入しようとする場合にも、これはモニタリングの重要な要素であるから、社外取締役が中心となって報酬委員会で議論することが適切である。

このように、指名・報酬に関わる事項については、モニタリング機能の強化という観点から社外取締役を過半数とする指名・報酬委員会で議論する方が適切であると考えられる事項も多い。そのような事項については、会社法上定められた決議事項に加えて、指名・報酬委員会で審議することもできると考えられる。ただし、指名・報酬委員会に最終的な決定権限を付与することができるかどうかについては、審議事項の内容に応じて慎重に検討すべきである。

監査役会設置会社および監査等委員会設置会社の場合には、指名・報酬委員会は任意の諮問機関であるため、諮問事項も各社の判断で決めることができるが、原則として指名委員会等設置会社における決議事項と同じである。コーポレートガバナンス・コードでは「指名・報酬などの特に重要な事項」について委員会を通じて独立社外取締役の適切な関与・助言を得るべきであるとされており、社外取締役を中心メンバーとした指名・報酬委員会で議論するのにふさわしい事項について諮問事項とすべきである。

ただし、いかに諮問委員会であるとはいえ、指名・報酬委員会の審議対象の範囲に監査役・監査等委員である取締役を含めることについては、会社法の趣旨に照らして検討しなければならない。

会社法は、監査の強化を目的として、監査役会・監査等委員会に対し、

監査役・監査等委員である取締役の選任・解任・辞任についての意見陳述権（会社法342条の2第1項、345条1項・4項）や監査役・監査等委員である取締役選任議案についての同意権（同343条1項・3項、344条の2第1項）を認めている。監査役の側でも、監査役選任議案への同意等を行うに当たっての一定の方針を定めるものとされている（日本監査役協会「監査役監査基準」10条1項）。

したがって、仮に指名委員会を設置して監査役・監査等委員である取締役の候補者について議論するとしても、監査役会・監査等委員会と十分に連携して彼らの意見を最大限尊重すべきである。

また、監査役・監査等委員である取締役の個人別の報酬については、監査役・監査等委員である取締役の協議によって決定しなければならない（同361条3項、387条2項）。

したがって、報酬委員会で監査役・監査等委員である取締役の個人別の報酬金額を決定することはできない。

(3) 委員会の運営

① 招集手続

指名委員会等設置会社では、指名・監査・報酬委員会は委員である各取締役が招集する（会社法410条）。

実務的には招集権者を定めておく方が便利であるため、委員会規則で委員長を招集権者とする旨を定めることが多いが、取締役会の場合と異なり、特定の取締役に招集権を専属させることはできない。特定の社内取締役に招集権を専属させてしまうと、社外取締役によるモニタリング機能が発揮できなくなるおそれがあるため、全員に招集権を認めることが義務づけられている。

各委員会を招集するには、原則として、委員会の日の1週間前までに各委員に対して招集通知を発しなければならないが（会社法411条1項）、実務上は委員会規則で3日前までとされていることが多い。委員全員の同意があるときは招集手続をせずに開催することができる（同条2項）。これらの点は、取締役会の場合と同様である。

監査役会設置会社および監査等委員会設置会社における任意の指名・報酬委員会については、特に招集手続等についての決まりはないものの、指名委員会等設置会社と同様に定めている例が多いと思われる。

② **決議・答申の方法**

指名委員会等設置会社では、指名・監査・報酬委員会の決議は、原則として、議決に加わることができる委員の過半数が出席し、その過半数の賛成をもって行うこととされている（会社法412条1項）。

委任状による代理出席は認められないが、テレビや電話による出席は認められている。特別利害関係を有する委員は議決に参加することができない（会社法412条2項）。これらの点は、取締役会の場合と同様である。

しかし、指名・監査・報酬委員会では、取締役会と異なり、書面による決議の省略は認められていない。

監査役会設置会社および監査等委員会設置会社における任意の指名・報酬委員会については、特に決議要件についての決まりはない。そもそも任意の指名・報酬委員会は決定権限を有しておらず、諮問に対する答申を行うだけなので、委員会規則において決議要件を定めていない例も多い。委員の間で意見がまとまらなかった場合には、委員会としての答申は出せないこととなり、それを前提に取締役会で決議することになろう。

ただし、議事の公正を確保するため、特別利害関係を有する委員については議決に参加することができないとすべきである。

(4) 委員会の開催スケジュール

指名・報酬委員会の開催スケジュールに関しては、会社法でもコーポレートガバナンス・コードでも、特段の定めは置かれていない。

ただし、指名委員会等設置会社の場合には、指名委員会は株主総会に提出する取締役の選任および解任に関する議案の内容を、報酬委員会は取締役等の個人別の報酬等の内容を決定しなければならないため、それぞれを決定するべきタイミングに合わせて委員会を開催する必要がある。任意の指名・報酬委員会であっても、株主総会に提出する取締役選任議案の候補

者および取締役等の個人別の報酬金額について審議して取締役会へ答申しなければならず、取締役会でそれぞれの事項を決定する前に開催する必要がある。

そのため、指名委員会については株主総会の招集決定を行う取締役会の前、報酬委員会については取締役の個別の賞与額を決定する取締役会および取締役の個別の固定報酬額を決定する取締役会の前に、それぞれ開催されるのが通例である。

しかし、社外取締役によるモニタリングの強化という指名・報酬委員会の本来の趣旨・目的に照らして考えた場合、本当にそのような開催スケジュールで十分と言えるだろうか。

例えば、指名委員会の本来の役割は、業務執行者から独立した社外取締役が中心となって業績を評価し、それを反映させて次期取締役候補者を選定することで業務執行者に対するモニタリングを強化することである。

しかし、株主総会の招集決定を行う直前、既に取締役専任議案の内容は出来上がっており、社外取締役が意見を言ったところで変更しようがないというタイミングで指名委員会を開催しても、モニタリングが機能しているとは言い難い。社外取締役が積極的に関与して取締役候補者の決定プロセスを透明化するという本来のモニタリングの趣旨に沿った運営をするのであれば、候補者を変更する余地のあるタイミングで指名委員会を開催し、社外取締役に説明して意見を聞く機会を設ける必要があるはずである。

そもそも役員人事というのは、執行役員・幹部社員の人事と連動しているものであるから、例えば4月に執行役員・幹部社員の人事変更が行われる企業であれば、それと合わせて取締役人事も検討しているはずであり、その頃にも指名委員会を開催する必要があるように思われる。

また、取締役選任議案の候補者には、社内取締役だけでなく社外取締役も含まれる。モニタリングの対象となるのは業務執行者が中心であるが、社外取締役というのはモニタリングする側の人間であるから、その候補者をモニタリングされる側の業務執行者が選ぶわけにはいかない。実際に社外取締役候補者へ就任を依頼に行く作業は業務執行者が行うにせよ、社外取締役候補者を選定する作業は社外取締役が中心となって行わなければならないはずである。

第3章　指名・報酬委員会

　社外取締役への就任依頼というのは就任前年の末までに行われることが多く（断られる可能性もあるため、時間的な余裕を持って依頼するのが通例である）、依頼した後で撤回することは礼を失する。そうだとすれば、就任依頼よりも前のタイミングで指名委員会を開催し、社外取締役候補者として誰に打診するのかを検討する必要がある。

　それ以外にも、サクセッション・プランについての審議、機関設計の変更や取締役会の構成の見直しについての審議などを行う場合には、別途委員会を開催する必要が出てくる。これらの審議についても、業務執行者が実質的に決定した内容を追認するだけにならないよう、社外取締役の意見を反映させて検討を進めることができるタイミングで委員会を開催すべきである。

　報酬委員会についても、その本来の役割は、業務執行者から独立した社外取締役が中心となって業績を評価し、それを反映させて取締役の個別報酬額を決定することで、業務執行者に対するモニタリングを強化することである。

　報酬体系として業績連動型報酬の算定方法が明確に定められており、業績の数字がわかれば自動的に報酬金額が計算されるというのであれば話は別であるが、そうでない限り、業績に応じて支給額が変動するタイプの報酬（年次賞与）の個人別の金額を決定するためには、取締役の一人一人について業績評価を行わなければならない。各取締役の担当する事業部門の売上げ・利益の増加、経費の削減などといった定量的な面だけでなく、定性的な面も考慮しなければならないはずであるから、社外取締役だけでは当然判断できない。そのため、まずは社内で業績評価を行い、それを社外取締役に説明し、質疑を行ってから個別金額を決定するという一連の作業が必要になる。これらのプロセスを真面目にやろうとすれば、相当な時間がかかることになる。

　さらに、新たに業績連動型の報酬体系を導入しようということになれば、どういう経営指標と連動させるのか、どの程度連動させるのか、固定金額報酬と業績連動報酬の比率はどのように設定するか、トータルの報酬水準はどうなるのかなど、さまざまな観点から検討しなければならず、十分な議論をするためにはそれなりの回数の委員会を重ねる必要がある。

以上のとおり、指名・報酬委員会の開催スケジュールについては、何を審議するのか、どの程度の時間をかけて審議すべきか、モニタリングの効果を上げるためにどのタイミングで委員会を開催すべきかといった点を考慮しながら決めていく必要がある。

 その一方で、指名・報酬の決定については情報管理を徹底しなければならない。特に、次期取締役候補者を誰にするのか、次期社長の候補者は誰なのかという点については、社内でも徹底した情報管理を求められることが多く、早い段階で指名・報酬委員会を開催して固有名詞を出して議論することは難しい。万一の情報漏洩リスクを考えると、リリース予定の時期になるべく近いところで指名委員会を開催したいと考えるのもやむを得ない。

 指名・報酬委員会については、このような指名プロセス特有の事情も考慮しながら、社外取締役によるモニタリングの強化という指名・報酬委員会の本来の趣旨・目的に照らし、どのような開催スケジュールが適切なのかを検討することが重要である。

> **Column** 指名委員会における情報管理の難しさ
>
> 取締役の人事、特に経営トップの交代については、社内でもトップ・シークレットとして管理されている。そのため、指名委員会で経営トップの交代やサクセッション・プランを議論する場合には、委員会の開催スケジュールだけでなく、指名委員会の運営体制についても特別な配慮が必要となってくる。
>
> 端的に言うと、固有名詞を入れて次期の経営トップを誰にすべきかを議論する場合には、会議の場に事務局を入れないことが多いため、会議資料や議事録を作成してくれる人がいないということになる。指名委員会は、社外取締役と社長がメンバーとなっている例が多いため、その場合には、社長作成のメモで議論し、メモは席上で回収して社長が自らシュレッダーし、議論した内容は各自で頭の中にとどめるだけで議事録なしということになる。
>
> 社外取締役としても、うかつにメモをとって落としたりなくしたりすると一大事である。もちろん、取締役会に上程される事項の中にはインサイ

> ダー情報も多数あるため、トップ人事に限らず取締役会で見聞きした情報の管理には注意する必要があるのであるが、トップ人事の場合には社内でも誰も知らない情報であることが多いため、その情報管理には細心の注意を払わなければならない。

◆3◆ 指名委員会における審議事項と留意点

(1) はじめに

　指名委員会のメンバーとなった社外取締役は、同委員会の審議を通じて、当該会社の次期取締役候補者の指名プロセスが適切に行われているかどうかを検証しなければならない。

　指名委員会の仕事は、次期取締役の指名というモニタリングのまさに要となるべき部分であり、昨今のコーポレート・ガバナンスの議論の中で最も重視されている。社外取締役を中心とした指名委員会による客観的な業績評価とそれを反映させた次期取締役候補者の指名という一連のプロセスが適切かつ実効的に行われなければ、モニタリング・モデルは有効に機能しない。

　一方で、取締役人事というのは長らく社長の専権とされてきた分野であり、経営トップの本音とすれば、あまり口を出されたくないはずである。また、社内から登用する人材については社外取締役と社内取締役の間に大きな情報格差があるため、社外取締役も遠慮して会社の作成した原案をそのまま尊重しがちである。

　すなわち、指名委員会の審議・運営というのは、コーポレート・ガバナンスにおいて極めて重要であるにもかかわらず、形骸化してしまうリスクが非常に高いと言わざるを得ない。

　したがって、社外取締役としては、指名委員会の審議に臨むに当たり、モニタリング機能の強化という指名委員会の本来の趣旨・目的を常に意識しておくべきである。それを念頭に置いた上で、実際に指名委員会で審議される事項を例としながら、具体的に留意するべきポイントについて見て

いこう。

(2) 指名委員会で審議すべき事項

　指名委員会で審議すべき事項として、まず「株主総会に提出する取締役選任議案の内容」があげられる。業務執行者の業績を評価して、それを次期の取締役候補者の指名に反映させるというのがモニタリングの基本であり、この作業を社外取締役が中心となって行うために指名委員会の設置が要請されているのであるから、これが指名委員会の最も重要な仕事である。

　株主総会に提出する取締役選任議案には、業務執行を担うための社内取締役候補者だけでなく、社外取締役候補者も含まれる。社外取締役はモニタリングを行う側の人材であり、モニタリングされる側の業務執行者が勝手に選ぶのは適切ではないため、次期の社外取締役候補者を決定するプロセスについても指名委員会が検証するべきであるが、業務執行を担当する取締役候補者を決定する場合とは留意すべきポイントが異なる。そこで、以下では、社内取締役候補者と社外取締役候補者に分けて、指名委員会で審議する場合の留意点を整理する。

　そのほか、指名委員会で審議すべき事項として、サクセッション・プランや取締役会の構成などが考えられる。

　コーポレートガバナンス・コードでは、取締役会が、経営理念・経営戦略をふまえ、最高経営責任者等の後継者計画（サクセッション・プラン）について適切に監督を行うべきとされている（補充原則4-1③）。しかし、サクセッション・プランは経営トップの交代という最も重要な人事案件であるため、取締役会よりも指名委員会で議論する方がなじみやすいと思われる。

　また、コーポレートガバナンス・コードでは、少なくとも2名以上の社外取締役を選任することを要請している一方で、取締役会の3分の1以上という目安も示している（原則4-8）。一部の議決権行使助言会社（グラス・ルイス）も、取締役会の3分の1以上の独立役員がいるかどうかを取締役選任議案の賛否の基準として公表している。このように社外取締役の更なる増員を求める動きを受けて、社内取締役と社外取締役の比率を含め、

改めて取締役会の構成を見直すことも必要となろう。これは社内取締役を減らすべきかといった議論も含むため、やはり指名委員会での審議になじむテーマであると考えられる。

① 社内取締役候補者の指名

指名委員会の役割は、業務執行者に対するモニタリングである。具体的には、業務執行者の業績を評価し、それを次期取締役候補者の指名プロセスに反映させることである。

したがって、業務執行を担当する社内取締役候補者の指名こそが、指名委員会の最も重要な仕事である。

ただし、株主総会に提出する取締役選任議案には新任の取締役候補者と再任の取締役候補者がいる。指名委員会のメンバーである社外取締役にとっては、再任取締役候補者については初めて取締役に選任する時点で詳細な人物評価の説明を受けている上、その後も取締役会で顔を合わせているため、人柄・資質や周囲からの評価などもある程度わかっているものの、新任取締役候補者についてはほとんど情報がない。場合によっては全く顔も見たことがないということもあり得る。

このように、特に新任取締役候補者については、社内取締役と社外取締役の間に大きな情報格差があるため、指名委員会における審議においても情報量の差を埋めるための工夫が必要である。

(a) 新任取締役候補者の指名について

新任取締役候補者については、社外取締役はほとんど情報を有していないことが多い。執行役員あるいは幹部職員として取締役会に陪席し、説明を担当していることもあるが、ほとんど顔もわからないということもある。

そのため、新任の取締役候補者として誰を選ぶのかについては、まずは会社側（経営トップ）で原案を作成して指名委員会に提示し、候補者についての説明を行うところからスタートすることになる。

社外取締役は、当該候補者が当社の取締役としてふさわしいのかどうかを検証しなければならないため、提案者である指名委員（経営トップ）から、当該候補者がどういう人物なのか、これまでの職歴や仕事ぶり、人

柄・資質、周囲からの信望・評価などのさまざまな情報について説明を受ける必要がある。

　しかし、これだけで原案を承認してしまっては、指名委員会に求められているモニタリングとしては不十分であると言わざるを得ない。なぜなら、当該人物に関する情報の説明を受けるだけでは、当該候補者が資質・知見に優れていることはわかるかもしれないが、多数の候補者の中でどうして当該候補者を選んだのか、その理由がわからないからである。

　多くの日本企業は、多数の新入社員がいわゆる出世競争を経て選別されていき、最終的に取締役・監査役といった会社役員へと登用される仕組みで成り立っている。新任の取締役候補者を選ぶ際も、複数の候補者の中から選別しているはずである。そうだとすれば、経営トップが複数の候補者の中からどうして当該候補者を選んだのかという理由についても説明を聞かなければ、その理由が合理的かどうかを検証できない。

　社外取締役には指名委員会の審議を通じて指名プロセスの透明化を図ることが期待されているのであるから、単に当該候補者が当社の取締役としてふさわしい資質・能力の持ち主かどうかを検証するだけでなく、複数の候補者の中からどうして当該候補者が選ばれたのか、その理由が合理的かどうか、恣意的な評価になっていないかどうかについても検証しなければならない。

　したがって、社外取締役としては、経営トップに対し、複数の候補者の中からどうして当該候補者を選んだのかについて説明を求め、その理由が合理的かどうかを検証する必要がある。

　しかし、経営トップによる理由の説明を聞いて、その内容が合理的かどうか、恣意的な評価が入っていないかどうかを検証することは難しい。取締役候補者となるような人材は、皆それぞれ優れた資質・能力を備えており、その人を選ぶべきだという理由など、後付けで考えていくらでも説明できそうである。そのような後付けの理由ではなく、当社を取り巻く環境や直面している経営課題に照らして、当社の経営を委ねるのに最もふさわしい人材を客観的かつ公正に選んでいるかどうか。それを証明するためには、あらかじめ次期取締役として求められる資質・能力等はどういうものかを検討し、次期取締役候補者を指名する上での重要な考慮要素あるいは

第3章　指名・報酬委員会

方針として明確化しておくことが重要となる。

　現在の自社の置かれた状況、直面している経営課題を整理し、それらをふまえて次期取締役として必要な資質・能力等を検討して指名の方針を明確にする。その方針に従って複数の候補者を評価し、比較検討した上で最もふさわしいと思われる人物を次期取締役候補者へ指名したのだとすれば、当該候補者を選んだ理由は合理的であり、指名プロセスにも恣意性が入っておらず、客観的かつ公正な指名プロセスであるということができるだろう。

　このような指名の方針を明確化することの重要性は、コーポレートガバナンス・コードでも指摘されている。コーポレートガバナンス・コードは、上場会社に対し、取締役・監査役候補の指名を行うに当たっての方針と手続を開示するよう求めている（原則3-1）。このように指名の方針と手続があらかじめ決まっていればこそ、指名の決定プロセスを透明化することができるのであり、指名委員会があらかじめ定められた方針と手続に従って候補者が選ばれているかどうかを検証することで、モニタリングの強化にもつながることになる。

　したがって、指名委員会においては、次期取締役候補者を誰にするかという個別具体的な議論に入る前に、それぞれの会社において次期取締役に求められる資質・能力とはどういうものかを検討し、それらを指名の方針として明確化しておくべきである。客観的かつ公正な方針を立てるためにも、自社の置かれた状況、取り巻く環境、直面する経営課題などをふまえ、社外取締役も含めた指名委員会のメンバーで協議しながら指名の方針を検討することが望ましい。

　その上で、指名委員会としては、あらかじめ協議していた指名の方針に照らし、最もふさわしい候補者を次期取締役候補者として選ばなければならない。そのためには、候補者とされた人物が指名の方針に沿った資質・能力を備えているかどうか、他の候補者と比較してどういう点が優れているのかといった点を検証しなければならず、複数の候補者に関する幅広い情報が必要である。

　社外取締役はほとんど新任取締役候補者のことを知らないため、まずは社内の指名委員（経営トップ）から、各候補者がどういう人物なのか、こ

れまでの職歴や仕事ぶり、人柄・資質、周囲からの信望・評価などのさまざまな情報について説明する必要がある。

　さらに、より客観的な指名プロセスを目指すのであれば、候補者に関する情報についても客観性を担保する工夫が求められる。例えば、経営トップによる候補者の説明だけでなく、同僚・部下による360度評価などの情報があれば、それらの情報も提供するとか、社外取締役による面談を実施することも考えられる。

　ただし、このような詳細な情報提供や面談には、時間もコストもかかるため、どこまでやるかは各社の判断によることになる。

　特に、複数の候補者リストを示して議論する場合には、候補者の数をどの程度広げるかといった点も問題となる。一人の候補者を示すだけでは、どうして複数の候補者の中から当該候補者を選んだのかという相対的な理由がわからない。かといって、多くの候補者を示しても、社外の指名委員としては適切に比較検討できず、混乱するだけであり、適切な員数の候補者を示して議論することが必要である。

　また、社外の指名委員と候補者が面談する機会を設けるとしても、指名委員会による候補者面談などといった仰々しい方法ではなく、なるべく取締役会に執行役員を陪席させるとか、社外取締役向けの勉強会などに参加させて顔を合わせる機会を作るといった方法も有益である。

　そのようにして各候補者に関する幅広い情報を社外取締役に提供することで、社外取締役としても、あらかじめ協議した指名の方針に照らし、最もふさわしい人物が次期取締役候補者として提案されているのかどうか、他の候補者と比較して当該候補者を選ぶことが合理的と言えるかどうかを検証することができる。

(b)　再任取締役候補者の指名について

　再任取締役候補者については、取締役会の場で何度も顔を合わせているため、社外取締役としても、当該候補者の人柄・資質・能力等についてはある程度わかっている。また、その人物を新任取締役候補者として選ぶかどうかを決めた際に、人柄・資質・能力等について詳しい説明を受けて評価をしているので、再任時に改めて当該候補者に関する詳しい情報の説明

を行う必要はないはずである。

このように、再任取締役候補者については社内取締役と社外取締役の間に新任取締役候補者を選ぶ場面ほどの情報格差がない。そのため、再任時に改めて確認するべき事項としては、取締役として就任した後のパフォーマンス・業績がどうなっているかという点であろう。

社外取締役は、業務執行に対するモニタリングの一環として、今期の業績がどのように推移しているかを確認しなければならないが、それと合わせて、現任取締役の担当業務の執行状況やセグメント別の業績についても確認しておくべきである。

また、会社経営には、すぐに数字には表れてこないけれども取り組まなければならない課題というものはたくさんあり、そのような定性面での努力についても合わせて評価する必要がある。

指名委員会としては、このように定量面・定性面などさまざまな観点から当該候補者の取締役就任後のパフォーマンス・業績を評価するほか、取締役に就任してからの年数、組織の新陳代謝を促す必要性なども考慮しながら、当該候補者を再任することが合理的かどうかを検証する必要がある。

社内の指名委員である経営トップは、各業務執行取締役の上司であり、業績について責任を負うべき最高経営責任者として自分自身も評価される側であるため、再任指名の判断の前提となる業績評価が厳正に行われていないのではないかという疑いを持たれる可能性もある。業績評価と指名プロセスの客観性・公正性を担保するためにも、社外取締役には積極的に意見を述べて検証作業を担うことが期待される。

②　社外取締役候補者の指名

指名委員会は、社外取締役が主体となって業務執行者に対するモニタリングを行うために設置されるものである。

そうだとすると、指名委員会がモニタリングの対象としなければならないのは原則として業務執行を担当する社内取締役であり、社外取締役候補者の指名プロセスに関与する必要性はさほど高くないようにも思える。

しかし、社外取締役というのはモニタリングを担う側の人材であり、その候補者をモニタリングされる側である経営トップや業務執行取締役が選

ぶというのは本来の姿ではない。

　社外取締役の導入の是非について議論されていた当時、導入に反対する立場から「社外取締役を入れても結局は社長のお友達を選んでいるだけなので監督の実効性は上がらない」といった批判がされていたが、確かに経営トップが仲の良い人を社外取締役として選んでいてはモニタリングの強化につながるわけがない。

　指名委員会を設置してモニタリング機能を高めようとするのであれば、モニタリングを担う側の社外取締役候補者の指名についても、社外取締役が中心となって指名委員会で議論して決めるべきである。そうすることによって初めて、「社長のお友達を選んでいるだけ」という批判へ反論できることになる。

　それでは、社外取締役候補者を指名するに当たり、どういう点に留意すべきであろうか。

　社外取締役というのは業務執行に対するモニタリングが主な仕事であり、経営トップから独立していることが最も重要である。この点については、コーポレートガバナンス・コードでも強く要請されており、「取締役会は、金融商品取引所が定める独立性基準を踏まえ、独立社外取締役となる者の独立性をその実質面において担保することに主眼を置いた独立性判断基準を策定・開示すべきである。また、取締役会は、取締役会における率直・活発で建設的な検討への貢献が期待できる人物を独立社外取締役の候補者として選定するよう努めるべきである」と明記されている（原則4-9）。

　かかるコードの要請を受けて、多くの会社では既に独立性判断基準を定めており、指名委員会においても、かかる基準に照らして社外取締役候補者を選ぶ必要がある。

　さらに、複数の社外取締役を選任する会社が増え、社外監査役と合わせて総勢4名以上の社外者が取締役会に出席するようになったことを受けて、社外役員の多様性を確保することが次のテーマとなっている。ここで求められるのは、単に女性や外国人といった形式的な多様性ではなく、どういう知識・経験を有している人なのか、どのような視点で自社のガバナンスに貢献できるのかといった実質的な多様性である。

　社外取締役は経営トップから独立した立場で業務執行をモニタリングす

ることが仕事である。また、社外監査役は経営トップから独立した立場で取締役の職務の執行を監査することが仕事である。あくまでも業務執行の状況をモニタリングして効率的な経営ができているかどうか、あるいは適法な経営ができているかどうかをチェックする立場であり、独立した立場から経営トップに物申すことができる人材であることが重要であって、高度に専門的な知見・能力が求められているわけではない。

しかし、そうはいっても複雑かつ多岐にわたる会社の業務執行の状況を適切に監督・監査するためには、それなりの知見・能力が必要である。加えて、複数の社外役員を選任するのであれば、それぞれが自分の知見を活かして異なる視点からチェックした方が、より実効的な監督・監査を行うことができる。

そうだとすれば、複数の社外役員を選任する以上、企業経営者やコンサルティング出身者など会社経営に詳しい人材、業界特有の規制等に詳しい人材、弁護士・会計士などの専門的知見のある人材を組み合わせて、最もガバナンスが効く形で多様性を確保するよう努めるべきである。

そのほか、社外取締役としての在任期間についても検討しておく必要がある。社外取締役は、いかに選任する時点で独立性があったとしても、長期間在任していると、どうしても独立性が薄くなるため、在任年数の上限を設けることも考えられる。そのような点も指名委員会で協議しておくべきである。

ただし、社外取締役については、独立性や資質・能力といった形式的要件を満たしているだけでは候補者とすることはできない。社内出身者については、最終の取締役候補者に残るほどの人材であれば、どの人を選んでもそれなりに取締役会メンバーとしてやっていけるはずであるが、社外取締役については、いくら独立性等の要件を満たしていたとしても、その人となりを全く知らないままで選任するのはあまりにリスクが高い。取締役会メンバーとして経営に関与してもらう以上、いかに独立性が重要といっても、経営トップや業務執行取締役との間で信頼関係を築けることが第一の条件である。

したがって、社外取締役候補者の指名に当たっては、独立性や多様性の確保に留意しつつ、社内出身の指名委員（経営トップ）との信頼関係とい

う要素も考慮に入れて候補者を検討する必要がある。

③　サクセッション・プラン

　コーポレートガバナンス・コードは、最高経営責任者等の後継計画、いわゆるサクセッション・プランについて、取締役会が適切に監督を行うべきであると提言している（補充原則4-1③）。

　しかし、次の最高経営責任者を誰にするかについては、最も機密性の高い人事情報であり、日本企業の慣行に照らすと、取締役会でオープンに議論するには適さないと考えられる。サクセッション・プランとは次の経営トップたる取締役を指名するための計画であるから、次期取締役候補者を指名する指名委員会において、経営トップの交代の必要性やタイミングについて議論することが望ましい。

　そのため、サクセッション・プランについても指名委員会で審議すべきであり、どのようなサクセッション・プランを立てるべきか、プランどおりに実行されているかどうかについて監督することが求められる。

　しかし、ほとんどの日本企業では、これまで経営トップの交代について公に議論したことなどなく、当然ながらサクセッション・プランなど立てたこともない。経営トップの地位を誰に引き継ぐかということは最も重要な人事であり、当然ながら社長の専権とされてきた。もちろん、どこの会社でも人事には不文律ともいえる慣行があり、暗黙のルールが決まっていることも多いが、それでも社長の人事権は絶対である。もしかしたら、前社長である会長、元社長である相談役との間で相談していることはあるのかもしれないが、次の経営トップを誰にするかについて社内でオープンに議論するなどということは行われていなかった（なお、そのような形で元社長らが隠れた影響力を行使しているのではないかという批判が、昨今の相談役・顧問制度の見直しの議論へとつながっている）。

　そのため、指名委員会でサクセッション・プランについて議論しようにも、何をどのように議論していけばいいのか、全くわからない。どこの会社も手探りで議論を進めようとしているのが実態である。

　このようにサクセッション・プランの立て方、議論の進め方については、これから各社で工夫して検討していかなければならない段階であるが、留

意すべきポイントとしては、次のような点が考えられる。

(a) 緊急時のサクセッション・プラン

　まず、サクセッション・プランとしては、いわゆる将来の後継計画だけでなく、緊急に現時点で交代しなければならなくなった場合の後継計画についても検討しておく必要がある。

　一般にサクセッション・プランというのは、経営トップが想定される任期を迎えて、次の経営トップに円滑に引き継ぐための後継計画と考えられている。そのため、将来の経営トップとして求められる資質・能力はどういうものか、将来の経営トップ候補となる人材をどのように育成していくべきかといった内容を社外取締役を入れて議論することが想定されている。そのとき念頭に置かれているのは、現在の経営トップが引退するであろう数年後の時点での後継計画である。

　しかし、経営トップも人間である以上、将来の交代時期までにどのようなアクシデントがあるかわからない。現在どんなに元気でも、事故や病気で任期を全うできなくなるリスクは当然あるわけで、そのような緊急事態になった場合の対応についても検討しておく必要がある。

　将来の後継者候補とされている人材は、現時点で緊急に経営トップを交代しなければならなくなった場面では、まだ経営トップにするには早すぎるという可能性が高い。

　そのため、サクセッション・プランの中では、将来の経営トップの後継計画だけでなく、緊急に現時点でトップ交代しなければならなくなった場合の後継計画についても議論し、万一の事態にあわてることがないよう準備しておくべきである。

(b) 経営トップの交代のタイミング

　次に、将来の経営トップの後継計画を考える上では、経営トップの交代時期についての考え方を整理しておく必要がある。

　経営トップがいつ交代するべきかについては、1つの考え方として、業績をベースに検討すべきという意見がある。株式会社というのは、業績を上げてもらうために経営のプロに経営（業務執行）を任せているわけであ

るから、業績の良い経営トップを再任し、業績を上げられなかった経営トップをクビにするというのが大原則である。この原則から考えると、経営トップの交代時期についても、あらかじめ目途となる年数等を決めておく必要はなく、業績の傾向を見ながら検討すればよい。好業績を維持している間は特に経営トップを交代する必要はないということになる。

確かに、株式会社の仕組みや経営トップの役割から考えると、このような考え方にも一理ある。しかし、その一方で、日本企業の多くは社内出身者から経営トップを登用しており、役員人事が会社全体の人事システムの中に組み込まれているという事情がある。そのため、業績が良いからといって長期間にわたり経営陣が交代しないとなると、組織としての人事ローテーションが滞留してしまうという問題が出てくる。

どんなに優秀なカリスマ経営者であっても、年齢を重ねれば体調面の不安も出てくる。経営トップの体調不安は会社にとって大きなリスクである。また、長期間にわたり同一人物が経営トップを務めていると、本人の意思とは関係なく、周囲に経営トップの意向を忖度する文化が形成されやすい。そのため、どうしても優秀な後継者が育ちにくく、円滑なトップ交代が難しくなるというリスクもある。

その意味では、経営トップの交代時期については、原則として業績をベースに検討しつつ、会社組織の継続性という観点も加味する必要があり、どんなに優秀で業績を上げている経営者であっても一定のタイミングで若返りを図る必要性はあるように思われる。

さらに、経営トップの人事に関しては、何年くらいで社長交代するのか、どの事業部門の出身者が社長を務めるのか（社長を輩出する事業部門のローテーションなど）について、暗黙のルールが存在することも多い。これらの不文律については、その存在が柔軟な人事施策や適材適所の人事配置を実現できない障害となっていることもあるが、それによって社内に一定の安定をもたらしていることもあり、無下に否定すると社内に大混乱をもたらすリスクもあるので注意する必要がある。

そのほか、経営トップの交代時期と中期経営計画との整合性を考慮する必要はないのかという点も問題となる。

コーポレートガバナンス・コードは、中期経営計画を非常に重要視して

おり、経営陣幹部はこれを株主に対するコミットメントの1つとしてとらえ、計画未達の場合の原因分析を株主に説明するべきであると要請している（補充原則4-1②）。そうだとすれば、経営トップの業績を図る最大の指標も中期経営計画となるはずであり、経営トップの任期と中期経営計画をうまく整合させることが望ましいのではないか。

指名委員会としては、このようなさまざまな事情を考慮しながら、経営トップの交代時期を検討し、それをターゲットとして後継計画を検討する必要がある。

(c) 後継者の育成計画

経営トップの円滑な交代を実現するためには、将来の経営トップ交代のタイミングで、ふさわしい候補者を選ぶことができるように準備しておく必要がある。そのためには、新任取締役候補者を選ぶ際に行ったプロセスを、より長期的な視点で行うことが必要となろう。

具体的には、まず、将来の経営トップとして求められる資質・能力等はどういうものかを検討し、経営トップの後継者を決めるに当たっての重要な考慮要素あるいは方針として明確化しておくことが必要である。

将来の経営トップ交代の時期には、やはり現任の経営トップが原案を作成し、それを指名委員会に提示して指名の理由を説明し、社外取締役が指名の理由が合理的かどうか、恣意的な評価が入っていないかどうかを検証することになる。そのときに、自社を取り巻く環境や直面している経営課題に照らして、自社の経営を委ねるのに最もふさわしい人材を客観的かつ公正に選んでいるかどうかを検証するためには、あらかじめ指名の方針を明確にしておき、その方針に従って複数の候補者を評価・比較しているかどうかが重要となる。

したがって、指名委員会においてサクセッション・プランを議論する場合には、将来の経営トップとして求められる資質・能力とはどういうものかを検討し、経営トップの後継者候補を指名するための方針として明確化しておくべきである。

経営トップの指名プロセスには、新任取締役候補者を指名する以上に客観性・公正性が求められるため、後継者候補を指名するための方針の内容

については、社外取締役も含めた指名委員会のメンバーで継続的に協議しておくべきである。その際には、現在の自社の置かれた状況、取り巻く環境、直面する経営課題だけではなく、中期経営計画等をふまえた将来の状況や環境、将来直面するであろう経営課題などもふまえながら、検討することが必要である。

　次に、指名委員会としては、あらかじめ協議していた後継の方針に照らし、最もふさわしい候補者を次期の経営トップとして選ばなければならず、候補者に関する幅広い情報が必要である。

　ただし、次の株主総会で選任するべき取締役候補者とは異なり、数年先の経営トップの交代時期における候補者であるから、まだ少人数まで絞り込んでいないことが多い。さらに、想定される経営トップの交代時期までに数年の時間もある。

　そのため、指名委員会としても、サクセッション・プランとして将来の経営トップ候補者に関する個別の情報の説明を受けるというより、どういう候補者がいるのかという全体像の説明を受け、彼らが将来の経営トップにふさわしい人材となるために今後どういう経験を積ませたらよいかといった後継者の育成計画を議論することも重要になると思われる。例えば、事業部門の担当として経験・実績のある候補者に経営企画などのコーポレート業務も経験させるとか、将来的には海外業務が重要になることを考えて海外勤務を経験させるなど、将来の経営トップとしてよりふさわしい人材になるように提言することなども有益である。

④ 取締役会の構成・員数

　そのほか、取締役候補者の指名プロセスとは直接関係しないものの、間接的に影響する事柄として、取締役会の構成や取締役の適正な員数についても、指名委員会で審議することが考えられる。

　取締役会の構成、特に社内取締役と社外取締役の比率については、機関投資家からは社外取締役を増やすべきという意見が根強い。もともとモニタリング・モデルというのは、独立した立場の社外取締役が業務執行の状況・結果をモニタリングする仕組みである。日本では取締役会の過半数を社外取締役にすることが難しいため、取締役会から「指名」「報酬」を切

り出して社外取締役が過半数（または主要な構成員）を占める指名・報酬委員会に任せるという仕組みが工夫されただけであり、本来的なモニタリングの趣旨に照らせば、2名の社外取締役ではなく、より多くの社外取締役が取締役会に参加することが望ましいというのが海外機関投資家等の意見である。

　そのため、コーポレートガバナンス・コードでも、社外取締役が取締役会に占める比率として「3分の1以上」という数字が示唆されている（原則4-8）。もちろん、コードが明確に要請しているのは「2名以上」の社外取締役であり、それ以上に社外取締役を増やすかどうかは各社の自主的な判断に委ねられているが、今後の議論として、社外取締役の占める比率を増やすかどうかを検討することが求められている。

　社外取締役の比率を増やすためには、社外取締役の員数を増やすべきかどうかだけでなく、社内取締役の員数を減らすべきかどうかも検討しなければならない。

　日本企業では、取締役は社内から登用される仕組みとなっており、サラリーマンの出世の象徴のような存在であったため、伝統的に取締役の員数が多く、海外機関投資家等から総数が多すぎるという批判が強かった。最近でこそ執行役員制度が普及して取締役の員数を減らす企業が増えてきたが、それでも取締役の員数が多すぎる、これでは取締役会で実質的な議論などできないのではないかといった批判がされている。

　それに加えて、取締役会の監督機能を強化するために社外取締役を導入するとなれば、監督機関としての取締役会に必要な社内取締役の員数はもっと少なくてもいいのではないかという議論が当然出てくることになる。

　ただし、社外取締役を増やせば監督機能が強化されるかというと、日本企業の場合には、そう簡単な話ではないと思われる。

　社外取締役というのは非常勤であり、過去にその会社に勤務した経験もないわけであるから、社内の情報収集能力に乏しい。取締役会等で報告されない限り、社内で何か問題が起きていたとしても知ることができず、情報がなければ適切な監督を行うことはできない。すなわち、社外取締役が多い取締役会というのは、情報を遮断されてしまうと、適切な監督機能を発揮できなくなってしまうのである。

3　指名委員会における審議事項と留意点

　ほとんどの日本企業は生え抜きの従業員・役員で構成されているため、社外取締役に対して情報を隠蔽するのは簡単である。しかし、社内出身の取締役に対して情報を隠蔽するのは難しい。彼らは会社の業務に精通しているし、従業員からの情報ルートもたくさん持っているため、担当する部署に関する情報は当然として、それ以外の情報であっても収集能力はそれなりにあるはずである。

　そうだとすれば、監督機関たる取締役会メンバーに相当数の社内取締役を配置し、彼らに業務執行に対する監督責任をきちんと担ってもらい、監督の目線で入手した情報を社外取締役との間で適切に共有する仕組みを構築することで、取締役会の監督機能をより強化できるという面もあると思われる。

　ただし、そのためには、取締役会の監督機能を強化するために最適な社内取締役の構成について検討する必要がある。

　社内取締役といっても、事業部門を担当して業績を上げることを主たる責務とする取締役だけでなく、いわゆるコーポレート（経理・財務、総務、内部監査、コンプライアンスなど）担当の取締役もいる。

　コーポレート担当の取締役は、いわば社外取締役と協働して取締役会の監督機能を担う存在であるから、監督機関としての取締役会メンバーとして審議に参加することになじむように思われる。

　事業部門を担当する取締役については、彼らは監督される立場であるため、取締役会メンバーでいる必要はないから削減すべきという意見もある。その一方で、取締役会とは経営の最重要事項について審議・決定する場所であり、重要な事業部門の長がそこでの議論に参加して情報を共有し、意見交換し、経営に関する意識のすり合わせをしておくことに一定の意味があるという側面もある。

　取締役会の構成・員数については、このような点を考慮しながら、取締役会の監督機能を発揮するために最適な社内取締役と社外取締役の比率や構成などを検討していく必要がある。

　これらの検討は、大きな方向性としては社内取締役の削減という形で議論されることになるため、社内取締役が過半数を占める取締役会の場で議論するよりも、社外取締役が中心となった指名委員会で議論することがな

じむように思われる。

◆4◆ 報酬委員会における審議事項と留意点

(1) はじめに

　報酬委員会の仕事は、個々の取締役等の業績評価をふまえて各人に支給する報酬の額を決定することであり、指名委員会と並んでモニタリングの要となるべき部分を担っている。

　取締役の報酬については、株主総会で支給総額の上限金額を決議し、その分配については取締役会に任されている。しかし、個人別の報酬金額というプライバシーにわたる事項を公に議論したくないという配慮もあって、さらに社長に一任されるのが通例である。

　そのため、多くの日本企業では、個人別の報酬金額の決定については人事権と並んで社長の専権事項とされており、その決定プロセスは極めて不透明となっていると言わざるを得ない。

　報酬委員会に期待されているのは、このような報酬決定プロセスを透明化してモニタリングを強化することであり、報酬委員たる社外取締役には、報酬委員会の審議を通じて、客観的な業績評価を反映して公正に個々人への支給金額が決められているかどうかを検証することが求められる。

　さらに、報酬委員会に対しては、業務執行者に対して健全なインセンティブを付与するという役割も強く期待されている。

　客観的かつ公正なモニタリングというのは、業績が悪いときに厳しく意見するだけでなく、業績が良いときにはそれに見合ったプラスの評価を行うことである。したがって、公正な業績評価をふまえた透明性の高い指名・報酬の決定プロセスを確立することは、それだけでも業務執行者に対するインセンティブ付けとしての役割を果たすのであるが、報酬については、業績と連動する報酬体系を導入することで、業績向上に向けたより明確かつ具体的なインセンティブを付与することが可能となる。

　コーポレートガバナンス・コードでも、経営陣の報酬が持続的な成長に

向けた健全なインセンティブの1つとして機能するよう、中長期的な業績と連動する報酬の割合や、現金報酬と自社株報酬との割合を適切に設定すべきであると提言されている（補充原則4-2①）。

したがって、報酬委員会では、客観的な業績評価を反映して公正に個々人への支給金額が決められているかどうかを検証するだけでなく、自社の取締役報酬制度が健全なインセンティブ付けとして機能するような設計になっているかどうかを検討し、仮に十分でない場合には報酬制度を見直すことも求められることになる。

(2) 報酬委員会で審議すべき事項

報酬委員会で審議すべき事項は、「取締役等の個人別の報酬の内容」である。業務執行者の業績を評価して、それを適切に反映させて個人別の報酬金額を決定し、それを各業務執行者に支給して労に報いるというのがモニタリングの基本であり、この作業を社外取締役が中心となって行うために報酬委員会の設置が要請されているのであるから、これが報酬委員会の最も重要な仕事である。

さらに、コーポレートガバナンス・コードでは、経営陣の報酬を持続的な成長に向けた健全なインセンティブとなるように設計すべきとされており、かかる要請を受けて現在の報酬体系をより業績に連動した体系へと見直すのであれば、社外取締役が中心となって報酬委員会で審議しなければならない。

以下では、このような報酬委員会で審議すべき事項を例として、それぞれのテーマを審議する際に特に留意すべきポイントを検討する。

① 個人別の報酬の内容の決定

会社法は、指名委員会等設置会社以外の会社における取締役の報酬について、定款または株主総会の決議で定めることとし、確定金額報酬についてはその額、不確定金額報酬についてはその具体的な算定方法、非金銭報酬についてはその具体的な内容を定めなければならないとしている（会社法361条1項）。

しかし、ほとんどの日本企業では、株主総会で決議するのは確定金額報酬の上限額だけであり、その範囲内で個々の取締役に具体的にいくらを支給するのかについては取締役会の決議に一任している。そして、多くの会社では、取締役会でも個人別の報酬金額について審議することなく、具体的な配分を社長に一任するのが通例である。

　具体的な配分を任された社長は、株主総会で決議された上限の範囲内で取締役の個人別の報酬金額を決定するのであるが、その際に何をよりどころにして個別の報酬金額を決定しているのかについては、各社各様である。

　まず、株主総会で承認を受けた確定金額報酬議案の範囲内でどのような報酬を支払うのかという基本的な点において、会社ごとに報酬体系が異なっている。

　かつての日本企業では、取締役の報酬は固定の基本報酬、年次賞与、退職慰労金の組み合わせによって構成されており、年次賞与については利益処分案の一部として毎年承認を受けて支払い、退職慰労金については、長期間の貢献に応じた功労報償として、退任時に個別の退職慰労金支給議案を付議して承認を受けてから支払うのが通例であった（ただし、退職慰労金については、その後廃止する企業が増加し、現在はそれに代えて株式報酬型ストック・オプションを導入する例が増えている）。

　しかし、平成18年会社法施行に伴い、年次賞与を役員報酬として明確に位置づけ、利益処分案ではなく役員報酬議案として株主総会の承認を受けることが必要となった。それに伴い、役員に対する年次賞与については、毎年株主総会に賞与支給議案を付議して承認を受けるのか、確定金額報酬の上限額の範囲内で年次賞与も支払うこととするのか、会社によって対応が分かれることとなった。

　確定金額報酬として支払われるのが固定の基本報酬だけであれば、これはいわゆる生活保障に該当する部分であるから、役位に応じた報酬金額の内規等を定めておき、それに従って支給すればよい。実際に基本報酬の額については役位ごとに金額を定めた内規を置いている企業が多いと思われる。

　しかし、確定金額報酬の上限額の範囲内で年次賞与も支給する場合には、短期の業績に連動して金額が上下する賞与についても確定金額報酬の枠内

で支払うことになるため、個別の支給金額を決定するためには個々人に対する業績評価とそれに基づく支給金額の算定というプロセスが必要となる。このプロセスが取締役の業績評価基準とそれに基づく年次賞与の算定方法という形であらかじめ明確に定められているかどうかというと、そこは各社各様である。年次賞与の付議方法を見直した際に業績評価基準とそれに基づく算定方法を明確化してルールとして定めた会社もあれば、全く基準など存在せず、社長が当該事業年度の業績や個々人の働きぶりを評価し、過去の前例等と照らし合わせて個別の支給金額を決めているだけという会社も相当数存在すると思われる。

このように社長の頭の中で個々人の業績を評価して支給金額を決めている場合には、社外取締役をメンバーとする報酬委員会を設置したとしても、個人別の報酬金額の決定プロセスが合理的かどうかを検証することなどできない。

報酬委員会としては、指名委員会と同様、社内出身の報酬委員（経営トップ）が提示する個人別の報酬金額の案について説明を受け、個人別の業績評価が客観的に行われているかどうか、その結果が公正に報酬金額の決定に反映されているかどうかを検証しなければならないのであるから、そのためには、あらかじめ業績評価基準とそれに基づく報酬金額の算定方法を明確化しておくことが必要となる。

この点は、年次賞与について毎年株主総会に賞与支給議案を付議して承認を受ける場合であっても同様である。年次賞与の支給総額について株主総会で承認を受けたとしても、その中で誰にいくらを配分するのかについては、客観的な業績評価をふまえて公正に決定する必要があり、報酬委員会はそのプロセスを検証する必要がある。

② **報酬の基本方針の明確化**

前述したとおり、日本企業における取締役の報酬は、固定の基本報酬、年次賞与、退職慰労金またはストック・オプション等の株式報酬の組み合わせによって構成されていることが多い。

そのため、報酬委員会としては、基本報酬や年次賞与といった毎年支給する現金報酬の水準が適正かどうかを判断する上で、それ以外の報酬（退

職慰労金または株式報酬）の水準がどの程度なのかといった点についても把握しておく必要がある。取締役報酬の全体像がわかっていないと、そのうちの一部である現金報酬の額が合理的な水準なのかどうかの判断がつかないからである。

さらに、個別の報酬金額の合理性を判断するための材料としてだけでなく、取締役報酬の全体像をどのように設計することが望ましいのかという点についても、社外取締役を入れた報酬委員会で議論し、報酬の基本方針を明確化しておくべきである。

このような報酬の方針を明確化することの重要性は、会社法およびコーポレートガバナンス・コードでも指摘されている。会社法は、指名委員会等設置会社の報酬委員会に対し、取締役等の個人別の報酬等の内容に係る決定に関する方針を定めることを義務づけている（会社法409条1項）。また、コーポレートガバナンス・コードは、上場会社に対し、経営陣幹部・取締役の報酬を決定するに当たっての方針と手続を開示するよう求めている（原則3-1）。このように報酬の方針と手続があらかじめ決まっていればこそ、報酬の決定プロセスを透明化することができるのであり、報酬委員会があらかじめ定められた方針と手続に従って個人別の報酬金額が決まっているかどうかを検証することで、モニタリングの強化にもつながることになる。

したがって、報酬委員会においては、取締役等の個人別の報酬金額をいくらにするのが相当かという個別具体的な議論に入る前に、自社の取締役報酬体系について、固定の基本報酬、年次賞与、退職慰労金またはストック・オプション等の株式報酬をどのように組み合わせて構成するのかという基本方針を明確にし、固定の基本報酬と業績に連動する報酬の比率をどのように設定するのか、報酬総額の水準をどの程度に設定するのかを検討しておかなければならない。

その上で、当該事業年度の業績に連動する年次賞与については、業績目標をどのように設定すべきかを検討し、それをベースに業績評価基準を立て、業績達成度に応じて報酬金額をいくらに設定するのかといった算定方法も明確化しておく必要がある。業績目標については、簡単に達成できるレベルに設定したのでは意味がない一方、あまりに高い目標を立てると目

標達成のために無理や不正が行われるリスクもある。また、業績に応じて報酬金額がどの程度増減するのかについても、あまりに連動係数を高く設定すると、短期的な視野での経営に走ることにもつながりかねない。この点は、追って③で詳述するが、業績目標については適切なレベルに設定することが重要である。

　また、業績評価に当たっては、会社全体あるいは担当部署の売上げ・利益の増加、経費の削減などといった定量的な面だけでなく、定性的な面も考慮しなければならないはずである。

　しかし、このように定性的な要素も考慮して業績評価しなければならないとなると、非常勤のために日常的な業務執行の状況を見ているわけではない社外取締役の立場から、公正な業績評価が行われているかどうか検証するのは非常に難しい。まずは社内で業績評価を行い、それを社外取締役に説明し、質疑を行うことで個別金額の決定が合理的かどうかを検証するという一連の作業が必要になるため、社内における業績評価方法についても客観的かつ公正な評価ができるような仕組み（例えば、いくつかの評価項目を設定して5段階評価で採点する、本人の自己評価を複数の上司・同僚がチェックするなど）を工夫すべきである。

③　報酬体系の見直し（業績連動型のインセンティブ報酬の導入）

　報酬委員会において個人別の報酬金額の決定プロセスが合理的かどうかを検証するためには、報酬の全体像を示す基本方針を明確にしておかなければならない。

　さらに、コーポレートガバナンス・コードでは、取締役報酬に中長期的な会社の業績や潜在的リスクを反映させ、健全な企業家精神の発揮に資するようなインセンティブ付けをすることが求められている（原則4-2）。

　そのため、報酬委員会としては、単に基本方針に従って個人別の報酬金額が合理的に決定されているかどうかを検証するだけでなく、基本方針自体が取締役に対する健全なインセンティブ付けとなっているかどうかも検証し、仮になっていないようであれば、基本方針自体を見直すように働き掛ける必要がある。

　報酬制度を通じて取締役に健全なインセンティブ付けを行うためには、

中長期的な業績に連動して報酬金額が上下する業績連動型の報酬体系を導入することが必要となる。日本企業の取締役報酬のあり方についてはいくつかの批判がされており、それに対応した検討も必要となる。

(a) 基本報酬と業績連動報酬の割合

批判の1点目として、日本企業の取締役報酬は、固定の基本報酬の占める割合が大きく、業績に連動する年次賞与・株式報酬の割合が少ないのではないかという指摘がされている。

日本企業の取締役報酬は、固定の基本報酬、1年間の事業年度の業績に連動して支給額が決まる年次賞与、より長期的な業績に連動するストック・オプション等の株式報酬の組み合わせで構成されていることが多い。以前は退職慰労金制度を設けている会社が多かったが、平成18年の会社法施行前後に報酬体系の見直しを行い、退職慰労金制度を廃止してストック・オプションを導入する会社が増えたため、現在では基本報酬・年次賞与・株式報酬という組み合わせが多いと思われる。

このような構成自体は諸外国の報酬体系でもほぼ同じであるが、日本企業は基本報酬の占める割合が高く、年次賞与・株式報酬の水準が低いため、取締役に対するインセンティブ付けとして適切な設計になっていないのではないか、だから日本企業の資本効率が上がらないのではないかという批判が、主に海外機関投資家からされている。

確かに、株主総会で承認を受けた上限額の範囲内で年次賞与を支給するといった取扱いが多いのも、年次賞与を従業員時代のボーナスと同じ感覚でとらえ、基本報酬の延長のように考えていることが背景にあるからとも考えられる。

そのため、年次賞与を短期の業績に連動した報酬として明確に位置づけ、基本報酬と年次賞与・株式報酬などの業績連動報酬の割合を適正に見直すことによって、取締役に業績向上に向けたインセンティブを持たせることが必要となる。

ただし、インセンティブ付けを重視するあまり、業績連動報酬の割合を過度に増やすと、取締役・経営陣が高額報酬を目指して過度なリスクを取って経営を行うリスクが生じる。リーマンショック後の欧米企業では、

過度な業績連動型の報酬体系が金融危機の要因になったという反省をふまえ、業績連動報酬へ一定の制約を設ける傾向が強まっている。

また、株式報酬の割合を過大にすると、希薄化を懸念する機関投資家等から反対される可能性もある。

日本企業では、このようなリスクはさほど高くないと思われるものの、過度な業績連動には負の影響もあることを理解した上で、基本報酬・年次賞与（短期業績連動報酬）・株式報酬（長期業績連動報酬）の適正な割合を検討すべきである。短期業績連動報酬の割合を増やすと、取締役は短期的な視野での経営に走りがちであるため、短期業績連動報酬と長期業績連動報酬の割合についても配慮すべきである。

(b) 報酬総額の水準

次に、基本報酬・年次賞与・株式報酬を合算した報酬総額の水準が適正かどうかを検討しなければならない。

日本企業の取締役報酬は諸外国よりも低いと一般的に言われており、報酬総額の水準が高すぎるということはあまり考えられないが、日本国内における同業他社と比較してどうなのかという点は検討しておくべきである。

また、今後の検討課題として、取締役を退任した後の相談役・顧問としての報酬をどう位置づけるかという問題がある。

相談役・顧問制度とは、主に社長経験者が退任した後も相談役・顧問という肩書きで会社に残り、財界活動を担当したり経営全般に対するアドバイスを行うというものである。会社法の定めるものではなく、開示対象でもないため、実態は正確にはわからないものの、相当数の日本企業で相談役・顧問制度が採用されていると思われる。

しかし、このような形で前任の最高経営責任者が会社に残っていると、現在の経営トップは自分を引き上げてくれた前任者に配慮して思い切った経営改革ができなくなるといった弊害が指摘されている。また、株主から信任を受けているわけではないのに、相当額の報酬を受け取り、部屋・秘書・車を与えられていることについても不透明だという批判がある。

このような批判を受けて、近年では相談役・顧問制度のあり方を見直すことが提言されている。例えば、経済産業省が設置するコーポレート・ガ

バナンス・システム研究会の報告書（平成29年3月10日CGSレポート）では、相談役・顧問に対して具体的にどういう役割を期待しているのかを明確にし、その役割に見合った処遇（報酬等）を設定する必要があり、そのような検討に当たっては報酬委員会を活用して社外取締役の積極的な関与を求めることが望ましいとされている。さらに、東京証券取引所は「コーポレート・ガバナンスに関する報告書」記載要領を改訂し、平成30年1月1日より、代表取締役社長等を退任した者が相談役・顧問などのポストに就いている企業に対し、その氏名、役職・地位、業務内容、勤務形態・条件などの情報開示を求めることになった。

これまでの実務では、社長経験者が退任後も相談役・顧問という地位に就いていたとしても、その役割・責務や勤務条件等について明確に議論して決定している会社はほとんどなかったと思われる。しかし、今後はこのように情報開示を求められることとなるため、仮に相談役・顧問制度を維持して会社のために一定の役割を果たしてもらうのであれば、役割・責務を明確化し、それらの業務の対価として相当な報酬額はいくらになるのかを検討して決定すべきである。

また、一般論として日本企業の役員報酬は諸外国の水準よりも低いと言われているが、仮に万一、退任後も相当額の相談役・顧問報酬を長期間にわたって受け取ることと引き換えに在任中の報酬が低く抑えられているようなことがあれば、それは株主の立場からすると不透明であると言わざるを得ない。取締役在任中の役員報酬も取締役退任後の相談役・顧問報酬も、それぞれの業務に見合った水準に設定すべきであり、正々堂々と株主総会の承認あるいは報酬委員会の審議を経て決定すべきである。

以上のとおり、取締役の報酬総額の水準を検討する際には、相談役・顧問制度の見直しによる影響についても考慮した方がよいこともあり得るので、留意しておくべきである。

(c) 業績連動の仕組み

最後に、日本の取締役報酬制度は取締役に対して健全なインセンティブを付与する設計になっていないという批判に対応して、中長期的な業績に連動して報酬金額が上下する業績連動型のインセンティブ報酬を導入する

べきかどうか、導入するとした場合には業績連動の仕組みをどのように設計するべきかを検討すべきである。

　日本では、基本報酬・年次賞与・株式報酬を組み合わせて取締役報酬を構成するのが一般的であり、株式報酬としてのストック・オプションが長期業績連動型の報酬として認識されている。

　しかし、ストック・オプションについては退職慰労金制度を廃止する代わりに導入された例が多いせいか、報酬の上限額を設定し、その範囲内で新株予約権を付与するという設計になっていることが多い。そのため、ストック・オプションの対象となる取締役にとっては、在任期間中の株価が低い方が新株予約権をたくさんもらえるという関係になり、株価を上げようというインセンティブが働かない構造になっている。

　このような逆進性インセンティブの問題点以外にも、単純に株式を保有させて株主と同じ利益を共有させ、中長期的な株価の向上に向けたインセンティブを与えるだけでなく、より具体的な業績目標を設定し、それに応じて報酬額を上下させることで取締役・経営陣へのインセンティブ付けを強めてはどうかというのが、昨今の流れである。

　かかる流れを受けて、単純な株式報酬型ストック・オプションを見直し、欧米型の自社株式報酬制度の考え方（パフォーマンス・シェア型、リストリクテッド・ストック型など）を参照しながら、自社に適する業績連動の仕組みを採り入れた株式報酬制度を採用する会社も増えている（阿部直彦「コーポレート・ガバナンスの視点からみた経営者報酬のあり方」商事法務2048号（2014年）24頁、同「役員報酬ガバナンス見直しのアプローチ」商事法務2073号（2015年）48頁、内ヶ﨑茂＝武田智行「役員報酬ガバナンスの実践（上）（下）」商事法務2083号27頁・2084号（2015年）42頁、黒田嘉彰＝土屋光邦＝松村謙太郎「『攻めの経営』を促すインセンティブ報酬」商事法務2100号（2016年）33頁、松田良成＝中嶋克久＝山田昌史「各種インセンティブ・プランの比較と時価発行新株予約権信託の最新動向」商事法務2105号（2016年）43頁など）。

　したがって、報酬委員会としては、自社の報酬制度が取締役に対して適切なインセンティブを付与するような設計になっているかどうかを確認し、新たに業績連動型報酬を導入すべきかどうか、導入する場合にはどのよう

な業績連動の仕組みにするべきか、どのような経営指標に連動させるべきか、連動の幅をどの程度に設定するかといった点について具体的に検討を行う必要がある。

例えば、近年のコーポレート・ガバナンスでは中期経営計画の重要性が増しており、株主に対するコミットメントと位置づけられ、業務執行者をモニタリングする場合の判断基準としても意識されている。そうだとすれば、業績連動型報酬においても、中期経営計画で重視する経営指標の達成度に応じて報酬額が上下する仕組みを導入することが考えられる。

一方で、業績連動型報酬の設計を考える上では、欧米における金融危機の反省をふまえ、過度に業績に連動させることは控えなければならない。企業経営においては、短期的な業績を追い求めるだけでなく、一時的に業績が悪化したとしても長期的な企業成長を目指して投資しなければならないといった判断も重要である。

以上のとおり、新しく業績連動型報酬を導入する場合には、どのような経営指標に連動させるのか、どの程度連動させるのかといった業績連動の仕組みを検討し、基本報酬と業績連動型報酬の割合、トータルでの報酬水準などについても総合的に考慮し、取締役に対して健全な企業家精神の発揮に資するようなインセンティブ付けとなるように十分配慮して設計を工夫することが求められる。

第4章　監査役会・監査委員会・監査等委員会

◆1◆　監査役会・監査委員会・監査等委員会の役割・機能

　株式会社には、①監査役会設置会社、②指名委員会等設置会社、③監査等委員会設置会社、という3つのタイプがあり、「監査役会」「監査委員会」「監査等委員会」と名称は異なるものの、取締役（指名委員会等設置会社の場合には取締役・執行役）の職務執行を監査することを目的とする会議が設置されている。

　社外監査役あるいは監査委員会・監査等委員会のメンバーである社外取締役は、監査役会・監査委員会・監査等委員会に出席して適切な質問・意見を述べ、監査業務を分担しなければならない。

　しかし、そもそも「監査」とは具体的に何をすることなのであろうか。監査するべき対象は取締役等の職務執行ということであるが、第2章で見たとおり、株式会社には、取締役等の職務の執行を「監督」することを役割とする取締役会が設置されている。監査役の仕事である「監査」と取締役会の役目である「監督」とはいったい何が違うのか。

　また、社外監査役に求められる役割・機能は、第2章・第3章で見てきた社外取締役に求められる役割・機能とどこが違うのであろうか。

(1)　**監査役等による監査**

　まず、監査役・監査委員会・監査等委員会（以下「監査役等」という）による「監査」とは、具体的に何をすることなのかを考えてみよう。会社法

では、監査に関する規定がいくつか置かれている。

会社法は、監査役および監査等委員会の職務として、取締役の職務執行の監査および監査報告の作成（会社法381条1項、399条の2第3項1号）、監査委員会の職務として、取締役・執行役（以下「取締役等」という）の職務執行の監査および監査報告の作成（同404条2項1号）と明記している。

また、株式会社は計算書類および事業報告を作成し（会社法435条2項）、計算書類については会計監査人と監査役等、事業報告については監査役等の監査を受けなければならない（同436条2項）。そして、定時株主総会の招集通知とともに、計算書類・事業報告・監査報告・会計監査報告を株主に提供しなければならないとされている（同437条）。

このように監査役等には監査報告を作成することが求められているのであるが、それでは監査報告には何を記載すればいいのだろうか。

監査報告の記載事項については、事業報告と計算書類のそれぞれについて何を書くべきか、かなり具体的に定められている。

事業報告およびその附属明細書についての監査報告には、次の事項を記載しなければならない（会社法施行規則129条、130条、130条の2、131条）。

---

① 監査役等の監査の方法およびその内容
② 事業報告およびその附属明細書が法令または定款に従い当該株式会社の状況を正しく示しているかどうかについての意見
③ 当該株式会社の取締役の職務の遂行に関し、不正の行為または法令・定款に違反する重大な事実があったときは、その事実
④ 監査のため必要な調査ができなかったときは、その旨およびその理由
⑤ 内部統制システムの整備についての決定および内部統制システムの運用状況につき相当でないと認めるときは、その旨およびその理由
⑥ 買収防衛策または親会社等との取引についての意見
⑦ 監査報告を作成した日

計算書類およびその附属明細書についての監査報告には、次の事項を記載しなければならない（会社計算規則127条、128条、128条の2、129条）。

1　監査役会・監査委員会・監査等委員会の役割・機能

> ①　監査役等の監査の方法およびその内容
> ②　会計監査人の監査の方法または結果を相当でないと認めたときは、その旨およびその理由
> ③　重要な後発事象
> ④　会計監査人の職務の遂行が適正に実施されることを確保するための体制に関する事項
> ⑤　監査のため必要な調査ができなかったときは、その旨およびその理由
> ⑥　監査報告を作成した日

　この計算書類についての監査報告は、上記②を見ればわかるとおり、会計監査人の会計監査報告を前提とし、その内容を確認するという方法で記載されている。前提となるべき会計監査人の会計監査報告には、次の事項が記載されている（会社計算規則126条）。

> ①　会計監査人の監査の方法およびその内容
> ②　計算関係書類が当該株式会社の財産および損益の状況をすべての重要な点において適正に表示しているかどうかについての意見（無限定適正意見、除外事項を付した限定適正意見、不適正意見）
> ③　意見がないときはその旨およびその理由
> ④　追記情報
> ⑤　会計監査報告を作成した日

　このような会社法および会社法施行規則・会社計算規則の規定を見る限り、監査役等による「監査」とは、取締役等の職務執行について、事業報告に記載された1年間の事業の状況に不正・違法行為はなかったか、計算書類に記載された1年間の業務の結果は正しいかという2つの観点からチェックし、問題があれば監査報告に自らの意見を記載して株主へ報告することであると理解できる。いわゆる「業務監査」と「会計監査」である。
　ただし、上場会社の業務は膨大であり、事業の内容も会計・税務の手続も非常に複雑となっているため、監査役あるいは監査委員・監査等委員で

ある取締役とそのスタッフだけでこれらの業務監査・会計監査を実施することは困難となってきている。

そのため、業務監査に関しては内部監査の担当部署と、会計監査に関しては外部専門家である会計監査人と緊密に連携しながら監査業務を進める必要性が指摘されている。

コーポレートガバナンス・コードでは、外部会計監査人と監査役の十分な連携（補充原則 3-2 ②(iii)）、内部監査部門と監査役の連携（同 4-13 ③）を確保するよう求めている。

会社法でも、監査役等は「内部統制システムの整備についての決定および内部統制システムの運用状況」あるいは「会計監査人の職務の遂行が適正に実施されることを確保するための体制」が相当かどうかを確認し、仮に相当でないと認めるときは監査報告にその旨を記載して株主に報告することとされている。これは、内部統制システムや会計監査人に何らかの問題があると、業務監査・会計監査にも悪影響を及ぼしてしまうため、監査役等にそれぞれの体制が適切に整備されているかどうかの確認を求めるものである。監査役等が内部統制システムおよび会計監査人と緊密に連携して監査を進めることを前提としているからこそ、このような確認が求められている。

以上のとおり、監査役等による「監査」とは、業務・会計という2つの観点から取締役等の職務執行が正しく行われているかどうかを確認することであり、業務監査においては内部監査部門と、会計監査においては会計監査人と連携しながら監査を実施することが求められている。

(2) 取締役会による監督との違い

監査役等は、業務および会計という2つの観点から、取締役等の職務執行が正しく行われているかどうかを確認し、問題があればその旨を株主に報告しなければならない。これが監査役等の行う「監査」である。

しかし、取締役等の職務執行については、取締役会もこれを「監督」する役割・機能を担っている（会社法362条2項2号）。

取締役等の職務執行に対し、取締役会による「監督」と監査役等による

「監査」というダブルチェックがかかっていることになるが、この２つはいったい何が違うのだろうか。

　この点に関しては、一般的に、取締役会による監督は主に効率性・妥当性の観点から行うものであり、監査役等による監査は主に違法性の観点から行うものであると説明されている。よりわかりやすく説明すると、取締役会は「業務執行を行う取締役らが業績を向上させるためにきちんと経営努力しているかどうか」という観点から監督するのに対し、監査役等は「業務執行を行う取締役らが業績を上げるために違法・不正な行為を行っていないかどうか」という観点から監査するということである。

　第２章で述べたとおり、取締役会は、代表取締役・業務執行取締役を選んで具体的な業務執行を任せるとともに、彼らを監督する役目を担っている。株式会社は営利企業であり、株主は会社が利益を上げて株主に還元してくれることを期待して出資している。したがって、取締役会は、きちんと利益を上げることができる人物を業務執行者として選ぶ責任があるし、選んだ後は、彼らがきちんと業績を上げるために努力しているか、着実に業績を上げているかどうかをモニタリングし、目標を達成したら高額の報酬を支払い、目標を達成できなかったら報酬も減額して退任してもらうといった形で業務執行者を監督しなければならない。すなわち、取締役会による監督は、業務執行者が業績目標に向けて努力しているか、業績を上げているかどうかという観点から行うものであり、それを行うことによって業務執行者に一定の緊張感と同時に業績向上に向けたインセンティブを持たせることを狙っている。

　これに対し、監査役等は、自らは業務執行を行わない立場から、取締役等の職務執行について不正・違法行為がないかどうかを監査するという役目を担っている。

　上記のとおり、業務執行者は目標となる業績を達成しなければならないというプレッシャーを受けながら職務を執行している。このようなプレッシャーは業務執行者に対して健全なインセンティブを持たせるという意味で有益なものであるが、反面、これが行き過ぎると利益を追求して多少の不正・違法行為に目をつぶるといったことが起きやすい。取締役会としても、不正・違法行為を行ってまで利益を上げるよう求めるものではないが、

業績を向上させているかどうかという目線での監督機関であるため、業務執行者らの不正・違法行為を発見して防止するための役割としては機能しにくい面がある。

そこで会社法は、取締役会とは別に、不正・違法行為を発見して防止するための機関として監査役を選任し、彼らに不正・違法行為を発見するための調査権等を認めることとしたのである。

その後、指名委員会等設置会社や監査等委員会設置会社という新しい機関設計が導入された。これらの機関設計は、社外取締役を選任してモニタリング機能を強化することを目的としており、監査役を置かない代わりに、監査業務については監査委員会・監査等委員会が担うこととされている。

しかし、監査委員会・監査等委員会のメンバーとなる取締役には、監査役と同じように業務執行から離れた立場であることを要件としており（会社法331条3項、335条2項、400条4項）、業務執行者（代表取締役・業務執行取締役または代表執行役・執行役）らによる不正・違法行為を発見・予防することを職責としている。すなわち、監査委員・監査等委員である取締役は、取締役ではあるけれども、その職務・責任等については監査役とほぼ同じであると考えてかまわない。

このとおり、取締役会による「監督」と監査役等による「監査」は、同じく取締役等の職務執行を対象としているが、その目線・方向性は大きく異なっており、監査役等には主に違法性がないかどうかという観点から取締役等の職務執行を監査することが求められる。

(3) 社外の監査役・監査委員・監査等委員に求められる役割

① 違法性の監査

監査役等による「監査」は、主に違法性がないかどうかという観点から取締役等の職務執行を監査することであり、かかる監査業務を適正に行うため、監査役・監査委員・監査等委員には会社の業務執行から離れた立場であることが求められている（会社法331条3項、335条2項、400条4項）。これは、自分自身も業務執行に関与していると、不正・違法行為について厳しく指摘できなくなるため、自己監査となることを避けて厳正な監査を

行うための要件である。

そうだとすれば、それ以上に「社外」であることを要件とする必要はないようにも思われるが、会社法は、監査役会メンバーの半数以上は社外監査役（会社法335条3項）、監査委員会・監査等委員会メンバーの過半数は社外取締役（会社法331条6項、400条3項）であることを義務づけている。

このように社外出身の監査役を選任することが義務づけられることとなったのは、従業員から昇格する社内監査役ではかつての上司である経営トップに対して厳しい監査を行うことができないのではないかという批判に応えるためである。

実は会社法は、社外監査役の選任を義務づける一方で、企業による不正・違法行為をなくすために監査役の地位・権限を強化するための改正を繰り返してきた。その経緯は表2のとおりである。

[表2]

昭和49年商法改正	・監査役の業務監査権限、違法行為差止請求権 ・監査役の任期1年→2年へ伸張
昭和56年商法改正	・監査役の取締役会招集請求権、取締役会出席権、業務に関する報告請求権の拡充 ・監査役による監査役報酬の決定、監査費用請求権 ・大会社における複数監査役、常勤監査役制度
平成5年商法改正	・監査役の任期2年→3年へ伸張 ・大会社における監査役会（監査役3名以上）、社外監査役の義務づけ
平成11年商法改正	・監査役の子会社調査権
平成13年商法改正	・監査役の取締役会への出席・意見陳述義務 ・監査役の辞任に関する意見陳述権 ・監査役の任期3年→4年へ伸張 ・大会社における社外監査役の半数義務づけ ・監査役選任に関する監査役会の同意・提案権

平成14年商法改正	・指名委員会等設置会社制度の導入 　社外取締役を過半数とする指名・報酬・監査委員会 　内部統制システムの構築義務
平成18年会社法施行	・大会社への内部統制システムの義務づけ
平成26年会社法改正	・有報提出・大会社における社外取締役を「置くことが相当でない理由」の説明義務 ・監査等委員会設置会社の導入

　表2を見ればわかるとおり、昭和から平成13年にかけてのガバナンスに関わる商法改正は、違法性監査を担当する監査役の地位・権限を強化するという目的で行われている。企業不祥事が起きる都度、なぜ不祥事を防止できなかったのかという反省から、違法性監査を担当する監査役の地位と権限を強化する改正が繰り返されてきた。

　具体的には、厳しい監査を嫌う代表取締役などの経営トップから圧力をかけられることがないように監査役の任期を延長したり、辞任や選解任に関する意見陳述権、監査役選任議案への監査役会の同意権などが認められてきた。また、監査役の権限についても、業務監査のための業務・財産状況の報告徴求や調査権が拡充されてきたほか、取締役の違法行為に対する差止請求権まで認められるなど、違法性監査のための権限としてはこれ以上強化する余地がないほど強化されている。

　しかし、いくら監査役の地位・権限を強化しても、不祥事は一向になくならない。その原因として、日本企業の監査役のほとんどが社内出身者であることが問題視されるようになった。

　わが国の企業の監査役は従業員の中から選任される者がほとんどであり、その昇格を決めるのは経営トップである。そうすると、監査役としては、入社以来数十年にわたり（仮に直属ではなかったとしても）指揮命令系統の上位におり、自らを監査役へ引き上げてくれた経営トップの業務執行に対して厳しく監査することはできないのではないか、不正・違法の疑いを感じたとしてもそれをストップさせることは困難なのではないかという懸念が示されるようになったのである。

　そのため、監査役が経営トップに対して遠慮なく厳しい意見を言うこと

ができるようにするためには、経営トップと上下関係に立ったことがなく、当該企業の監査役としての地位に生活を依存していない者、すなわち社外出身の監査役を選任する必要があるとして、平成5年商法改正で初めて社外監査役の選任が義務化された。

さらに、社外監査役の選任を義務づけたとしても、監査役会の中に1名参加するだけでは不十分ではないかという指摘を受けて、平成13年商法改正では、監査役会の半数以上を社外監査役とすることが義務づけられた。監査というのは、業務執行に何か不正・違法の疑いを感じた場合にそれを止めることが仕事であり、営業推進・利益向上を第一義的な目的とする経営陣からすれば煙たい存在である。そうだとすれば、経営トップの方針に対してストップをかけなければならない場面で社外監査役が適切に役割を果たすためには、監査役会の中に1人だけ社外監査役を選任するのではなく、せめて半数を社外監査役にするべきであると考えられたものである。

以上のとおり、会社法が社外監査役の選任を義務づけたのは、不正・違法な業務執行が疑われる場面で監査という職責を全うさせるためには、社内出身の監査役だけでなく、経営トップから独立した立場の社外出身者が必要だと考えたからである。

したがって、社外監査役には、取締役の職務執行に不正・違法がないかどうかを社内出身の監査役とともに監査し、仮に不正・違法行為が疑われることがあれば、彼らに代わって経営トップに厳しく意見を述べ、場合によっては差し止めるなどして、不正・違法行為を未然に防止することが期待されている。

② **監査委員・監査等委員である社外取締役に求められる役割**

このような違法性監査の枠組みは、監査役会設置会社だけでなく、平成14年商法改正で導入された指名委員会等設置会社および平成26年会社法改正で導入された監査等委員会設置会社においても引き継がれている。

第2章で述べたとおり、指名委員会等設置会社および監査等委員会設置会社は、監査役会設置会社というマネジメント重視の機関設計では業務執行者に対するモニタリングが機能しておらず、経営効率が上がらないという反省から導入されたモニタリング重視の機関設計である。日本企業の取

締役会は業務執行を担当する取締役ばかりで構成されているため、業績が低迷していても自己反省が甘くなる。そのため、経営トップから独立した社外取締役を選任して業務執行者らの業績を評価し、それを指名・報酬の決定プロセスに反映させることでモニタリング機能を強化しようというのが指名委員会等設置会社などのモニタリング・モデルの発想であり、そこで意識されていたのは主に取締役会の機能改革であった。

そのため、監査という点に関しては、3つの機関設計のいずれをとっても、根本的な仕組みは大きく変わっていない。監査委員会・監査等委員会とも、監査役と同じように違法性監査を職務としており、委員会の過半数を社外取締役とすることが要件とされている。

したがって、監査委員・監査等委員である社外取締役には、社外監査役と同様、取締役等の職務執行に不正・違法がないかどうかを社内出身の監査委員・監査等委員とともに監査し、仮に不正・違法行為が疑われることがあれば、彼らに代わって経営トップに厳しく意見を述べ、場合によっては差し止めるなどして、不正・違法行為を未然に防止することが期待されている。

その一方で、監査委員・監査等委員である社外取締役は、取締役として取締役会における議決権を有しているため、取締役会の審議を通じて業務執行を担当する取締役等を監督することも求められている。

指名委員会等設置会社および監査等委員会設置会社では、重要な業務執行の決定であっても大幅に執行役・取締役に委任することが認められているため、取締役会で議決権を行使する場面というのは監査役会設置会社ほど多くない。モニタリング・モデルの機関設計では、取締役会の意思決定機能より監督機能が重視されており、取締役会で決議すべき事項は極めて重要な業務執行に限定されていることが多いからである。

しかし、いかに限定されているといっても、経営の基本方針、業務執行者（代表取締役・業務執行取締役または代表執行役・執行役）の選定、内部統制システムの基本方針などについては取締役会で決議することとされている（会社法399条の13第1項、416条1項）。これらの事項は「あらかじめ方針・計画を立てて業務執行を委任し、その成果をきちんと評価・監督することで、業務執行者らを業績目標達成に向けて働かせる」というモニタ

リング・モデルの根本に関わる事項であり、監査委員・監査等委員である取締役には、これらの事項について議決権を行使することで業務執行者らに対する監督を適切に機能させる役割が求められている。

　また、監査等委員会設置会社であるにもかかわらず、重要な業務執行の決定権限を代表取締役・業務執行取締役に大幅に委任していない場合には、監査役会設置会社と同様、取締役会には業務執行に関する議案が多数上程されることになる。監査等委員である取締役は、これらの議案について自社の利益につながるかどうかを検討しながら議決権を行使しなければならず、取締役会の決議を通じて業務執行に対する事前の牽制機能を働かせることも求められる。

　さらに、監査等委員会設置会社の場合には、監査等委員会は監査等委員以外の取締役の指名・報酬の決定について意見を述べることができる（会社法342条の2第4項、361条6項）。社外取締役を指名・報酬の決定プロセスに関与させることで業務執行者に対するモニタリングを強化するというのがモニタリング・モデルの考え方であり、監査等委員会設置会社では社外取締役が過半数を占める指名・報酬委員会の設置は法律上義務づけられていないが、監査等委員会にそれに代わるモニタリング機能を期待している。監査等委員会とは別に指名・報酬に関する任意の諮問委員会を設置している場合には、中心となって指名・報酬の決定プロセスに関与するのは指名・報酬委員会ということになるが、監査等委員会も指名・報酬の決定プロセスが相当かどうかを確認して、意見を述べるべきかどうかを検討しなければならない。

　以上のとおり、監査委員・監査等委員である社外取締役は、社外監査役と同様に独立した立場で厳格な監査を行うことが期待されているだけでなく、独立した立場で業務執行者を監督・モニタリングすることも期待されている。特に監査等委員である取締役は、監査等委員会のメンバーとして指名・報酬の決定プロセスの相当性についても意見を述べることが求められており、モニタリング機能の強化に貢献することも大きな役割として期待されている。

第4章　監査役会・監査委員会・監査等委員会

③　社内出身の監査役・監査委員・監査等委員との関係

　監査役・監査委員・監査等委員は、自社またはその子会社の業務執行者を兼ねることができない（会社法331条3項、335条2項、400条4項）。

　そのため、社内出身の監査役・監査委員・監査等委員であっても社外出身の監査役・監査委員・監査等委員であっても、現時点ではどちらも自社または子会社の業務執行から離れた独立した立場で取締役等の職務執行を監査しなければならない。監査の対象となるのは取締役等の職務執行であり、社内者と社外者のスタンスは全く同じである。

　それなのに、なぜ社外出身の監査役・監査委員・監査等委員が必要なのか。それは、社内出身の監査役・監査委員・監査等委員と社外出身の監査役・監査委員・監査等委員は、それぞれ監査を進める上での強み・弱みが異なっており、お互いの強みを生かしながら適切な監査を実施していくことが期待されているからである。

　社内出身の監査役・監査委員・監査等委員の強みは、情報収集力に長けているという点である。

　監査役の仕事は、業務執行の過程で不正・違法行為が行われていないかどうかをチェックし、仮にそのような疑いがあれば経営トップに意見を述べ、不正・違法行為を未然に防止することである。しかし、当該会社の業務執行や社内体制に精通していない社外出身の監査役・監査委員・監査等委員だけでは、いかに熱心に監査を行ったとしても、不正・違法行為の疑いを発見することは難しい。監査を受ける業務執行者らの立場とすれば、社外出身の監査役らに不正・違法行為を隠すことは容易である。

　これに対し、社内出身の監査役・監査委員・監査等委員は長らく当該会社に勤めてきた者であるために社内事情に精通しており、自らの職務経験に照らして監査することで不正・違法行為の疑いを早期発見できる。また、社内にはかつての同僚・部下が多数在籍しているため、不正・違法行為に関する情報も集まりやすい。このように、社内出身の監査役・監査委員・監査等委員は、社外出身者と比較して、圧倒的に情報収集力に長けているという強みがある。

　一方で、社内出身の監査役・監査委員・監査等委員は、長らく当該会社の一員として職務を継続してきた立場であるため、かつての上司である経

営トップとの力関係はどうしても弱くなる。いくら監査役・監査委員・監査等委員の地位が強化されたからといって、自分をそのポストに引き上げてくれた経営トップに対して厳しく監査を行い、意見を述べることができない可能性が高い。せっかく不正・違法行為に関する情報を入手しても、経営トップに対して厳しく意見を言えないのであれば、監査の実効性は全く上がらない。

　この点を補佐するために選任されるのが、社外出身の監査役・監査委員・監査等委員である。彼らは社外出身であり、経営トップとの間には今も昔も上下関係がない。そのため、監査の過程で不正・違法行為に関する情報を入手した場合には、更なる調査を指示して事実を解明し、経営トップに対して厳しく意見を言うことができる立場であり、これが社外出身者の強みである。

　このように社内出身者と社外出身者は、監査を行う上でのそれぞれの強みが異なるため、お互いの立場を生かして監査の実効性を高めていくことが期待されている。この点は、コーポレートガバナンス・コードでも、「監査役会は、会社法により、その半数以上を社外監査役とすること及び常勤の監査役を置くことの双方が求められていることを踏まえ、その役割・責務を十分に果たすとの観点から、前者に由来する強固な独立性と、後者が保持する高度な情報収集力とを有機的に組み合わせて実効性を高めるべきである」（補充原則4-4①）と指摘されているとおりである。

　以上のとおり、監査役・監査委員・監査等委員の場合には、社内出身者と社外出身者は、業務執行から離れた立場から取締役等の職務執行を監査するという同じスタンスに立っている。

　このような社内監査役と社外監査役の関係性は、社内取締役と社外取締役の関係性とは大きく異なっている。

　取締役の場合には、ほとんどの社内出身取締役は業務を執行する立場であるため、社内取締役と社外取締役の間には、監督される者とする者という一定の緊張関係がなければならない。

　しかし、監査役・監査委員・監査等委員の場合には、そのような緊張関係はなく、社内出身者と社外出身者は、お互いの強みを生かして協力しながら監査を進めることが求められているのである。

第4章 監査役会・監査委員会・監査等委員会

◆ 2 ◆ 監査役会・監査委員会・監査等委員会の構成・権限

　監査役会設置会社、指名委員会等設置会社および監査等委員会設置会社では、取締役等の職務執行を監査するため、それぞれ「監査役会」、「監査委員会」、「監査等委員会」という会議体が設置されている。

　前述したとおり、監査という点に関しては、3つの機関設計のいずれをとっても、業務執行を担当しない立場から取締役等の職務執行を監査するという根本的な仕組みは大きく変わっていない。

　しかし、その地位・構成・権限等については、以下のとおり、機関設計ごとに少しずつ違いがある。そのような差異が生じる理由として、①選任方法の違い、②想定する監査方法の違い、があげられる。

　しかし、果たすべき役割・機能は同じであるため、運営や開催スケジュール等はいずれの機関設計であっても同じである。

(1) 監査役・監査委員・監査等委員の地位

　監査役会設置会社では、取締役と監査役はそれぞれ株主総会で選任される（会社法329条1項）。監査等委員会設置会社でも、取締役と監査等委員である取締役とは区別して株主総会で選任される（同条2項）。

　監査役と監査等委員である取締役は、株主から直接、取締役の職務執行を監査することを委託されて選任されている。そのため、監査役と監査等委員である取締役については、厳しい監査を嫌がる経営トップから不当な圧力をかけられることがないよう、その地位は非常に強化されている。

　具体的には、監査役の任期は4年と非常に長く（会社法336条1項）、任期途中で辞任した場合にはその後最初の株主総会で辞任した旨および理由を述べることができるほか（同345条2項・4項）、監査役の選任・解任・辞任についても意見を述べることができる（同345条1項・4項）。また、監査役選任議案については監査役会の同意を要する（同343条1項・3項）とされている。

監査等委員である取締役についても、任期は監査役の4年ほど長くはないものの、監査等委員以外の取締役の任期（1年）よりは長く2年と設定されている（会社法332条1項・3項・4項）。それ以外の意見陳述権や同意権はすべて監査等委員である取締役についても認められている（同342条の2第1項・2項、344条の2第1項）。

これに対し、指名委員会等設置会社では、株主総会で取締役を選任し（会社法329条1項）、取締役会で指名・監査・報酬委員会の委員を選定する（同400条2項）。株主から取締役等の職務執行を監督することの委託を受けているのは取締役であり、指名・監査・報酬委員会というのは、取締役会が負っている監督責任のうち重要な部分を社外取締役が主体となって実行するために設置されているものであるから、委員の選定・解職についても取締役会に任されているのである。

そのため、監査委員たる取締役の任期は他の取締役と同じく1年であり（会社法332条6項）、その選定・解職についても取締役会の決議で決めることができ、監査委員である取締役の意見陳述権や選定議案への同意権などは認められていない。

(2) 監査役会・監査委員会・監査等委員会の構成

監査役会設置会社では、取締役の職務執行を監査する主体は個々の監査役であり、彼らは一人一人が会社の機関という位置づけで、各自の判断で与えられた監査のための権限を行使することができる。独任制の監査役が自ら監査するという方法が想定されているのである。

これに対し、指名委員会等設置会社および監査等委員会設置会社では、取締役の職務執行を監査する主体は委員会であり、監査委員・監査等委員はその構成メンバーという位置づけになる。そのため、監査のための調査権等を行使できるのは委員会で選定された監査委員・監査等委員とされ、個々の監査委員・監査等委員が各自の判断で権限行使することは原則としてできない。ここでは委員会が主体となって内部統制システムを通じて組織的な監査を行うことが想定されている。

このように、監査役会設置会社と指名委員会等設置会社・監査等委員会

設置会社では想定する監査の方法が異なるため、①社外者の占める比率、②常勤者の有無、③調査権等を行使する監査委員・監査等委員の選定、という点で違いが生じる。

①　社外者の占める比率

監査役会は3名以上の監査役で、監査委員会は3名以上の監査委員である取締役で、監査等委員会は3名以上の監査等委員である取締役で構成されている（会社法331条6項、335条3項、400条1項）。

監査役、監査委員である取締役および監査等委員である取締役は、いずれも自社または子会社の業務執行者を兼ねることができない（会社法331条3項、335条2項、400条4項）。業務執行から離れた立場で取締役等の職務執行を監査することが求められているという点は、いずれの機関設計であっても同じである。

しかし、社外者の割合については、監査役会の場合は半数以上を社外監査役、監査委員会および監査等委員会の場合は過半数を社外取締役としなければならないとされており（会社法331条6項、335条3項、400条3項）、微妙に異なっている。

監査役会の場合には個々の監査役は自らの判断で監査の権限を行使できるため、社外監査役が過半数を占めなくても監査の実効性を確保できるが、監査委員会・監査等委員会の場合には委員会で選定した委員が監査の権限を行使することになるため、委員会の過半数を社外取締役とすることが重要となる。

②　常勤者の有無

監査役会と監査委員会・監査等委員会の間で大きく異なるのは、常勤者を選定する義務があるかどうかという点である。

監査役会設置会社の場合には監査役の中から常勤監査役を選定しなければならない（会社法390条3項）。

会社法で常勤監査役の選定を義務づけられたのは、業務の規模の大きい大会社では、1名の監査役ではその業務範囲をすべて実査することは困難であると考えられたためである。もともと会社法は、監査を行う機関とし

て監査役を選任することとし、監査役個人に対して監査のための権限を認めていた。しかし、経済の進展に伴い、会社の規模が大きくなり、事業も細分化・専門化されてくると、いかに監査役に強力な権限を与えたとしても、個々人が会社の業務全体を監査することは不可能である。

そこで、平成5年の商法改正により、大会社の場合には少なくとも3名以上の監査役を選任して監査役会を設置し、そのうち1名は常勤監査役であることを義務づけ、監査役の間で互いに役割分担・情報共有しながら監査を進めることとされたのである。

なお、ここでいう「常勤監査役」とは、他に常勤の仕事がなく、会社の営業時間中原則としてその会社の監査役の職務に専念する者をいい、社内出身か社外出身かという区別とは別である。社内出身者が常勤、社外出身者が非常勤という決まりがあるわけではなく、社外出身の常勤監査役ということもあり得る。ただし、もともと従業員として勤務していた者を常勤とした方が、社内の組織・体制やルール、慣行なども熟知していて、日常の監査業務（重要な会議への出席、重要な使用人との面談、重要拠点への往査）などを進めやすいため、社内出身者を常勤監査役とし、社外監査役は非常勤とする会社が圧倒的に多い。

これに対し、指名委員会等設置会社および監査等委員会設置会社の場合には、常勤の監査委員・監査等委員を選定することは義務づけられていない。

監査委員会・監査等委員会では、委員会が主体となって内部統制システムを通じて監査を行う組織監査が想定されているため、監査委員・監査等委員の中から常勤者を選定する義務はないとされたものである。

③ 調査権等を行使する監査委員・監査等委員の選定

このように、指名委員会等設置会社および監査等委員会設置会社では常勤の監査委員・監査等委員を選定する義務はないものの、調査権等を行使する監査委員・監査等委員を選定する必要がある。

指名委員会等設置会社および監査等委員会設置会社では、監査委員会・監査等委員会による組織的な監査が想定されており、個々の監査委員・監査等委員には監査のための調査権等が認められていない。委員会が選定し

た監査委員・監査等委員だけが調査権等を行使できることとされているため（会社法399条の3第1項・2項、405条1項・2項）、委員会が調査を行う必要があると考えた場合には、具体的に働いてくれる監査委員・監査等委員をあらかじめ選定しておく必要があるのである。

ここで選定された監査委員・監査等委員は、監査委員会・監査等委員会の方針に従って、自社または子会社の役職員に対してその職務の執行に関する事項の報告を求めたり、会社の業務・財産の状況を調査することができる。いわば、かつての常勤監査役のような日常的な監査業務を担当することができるようになる。そのため、指名委員会等設置会社または監査等委員会設置会社へ移行した場合であっても、調査権等を行使する監査委員・監査等委員を常勤者としている例が多い。

これに対し、監査役会設置会社では、個々の監査役に監査のための調査権限が認められているため、このような監査役を選定する必要はない。

(3) 監査役・監査役会・監査委員会・監査等委員会の権限

監査役会設置会社では、監査役を独任制の機関として位置づけ、個々の監査役が主体となって監査を行うという方法が想定されているのに対し、指名委員会等設置会社および監査等委員会設置会社では、委員会が主体となって内部統制システムを通じて組織的に監査するという方法が想定されている。

そのため、監査役会設置会社と指名委員会設置会社および監査等委員会設置会社では、誰が監査のための権限を行使できるのか、監査役会・監査委員会・監査等委員会が果たすべき役割は何かといった点で大きな違いがある。

① 監査役・監査役会の権限

監査役会設置会社では、個々の監査役が監査のための権限を有し、それらの権限を行使して監査を実施する独任制の機関として位置づけられており、監査役会は、個々の監査役がお互いの役割分担を決めたり、情報共有・意見交換等を行うための場として設置されている。

2　監査役会・監査委員会・監査等委員会の構成・権限

(a)　監査役の権限

　監査役会設置会社では、個々の監査役が主体となって監査を行うことが想定されており（独任制）、監査役には、監査を行うためのさまざまな権限が認められている。

　具体的には、監査役は取締役の職務執行を監査するため、会社の役職員に対してその職務の執行に関する事項の報告を求めたり、会社の業務・財産の状況を調査することができる（会社法381条2項）。連結計算書類も監査しなければならないため、子会社に対する報告徴求・調査権も有する（同条3項）。会社の重要な業務執行を決定する取締役会に出席し、必要があれば発言する義務も負っている（会社法383条1項）。

　このような調査活動を通じて不正・違法行為の疑いを見つけた場合には、遅滞なく取締役会へ報告し（会社法382条）、対応を求めなければならない。そのために取締役会の招集を請求することもできる（同383条2項・3項）。

　また、監査役は、取締役の職務執行を監査するために株主から直接選任されており、1年間の監査の結果を監査報告という形でまとめる必要がある（会社法381条1項）。それらに基づき監査役会としての監査報告を作成することとなるが、監査役会としての監査報告と異なる意見を有する監査役は、監査役会監査報告に自分の意見を付記することができる（会社法施行規則130条2項後段、会社計算規則128条2項後段）。そのほか、取締役が株主総会に提出しようとする議案や書類等を調査して、違法・不当な事項が認められる場合には株主総会に報告しなければならない（会社法384条）。

　さらに、緊急の場面では、監査役自ら取締役の違法行為を差し止めるよう請求したり（会社法385条1項）、会社を代表して取締役に対して訴えを提起すること（同386条）も認められている。

　このように、監査役には取締役の職務執行を監査するためにさまざまな権限が認められている。しかも、監査役はこれらの権限を単独で行使することができる。これは、取締役には認められていない極めて強力な権限である。

　取締役は、取締役会という監督機関の一員にすぎず、会社法上、単独で行使できる権限は規定されていない。取締役会として何かを決めようとしても、多数の賛成を得ない限り、自らの意見を通すことはできない。取締

役会による監督は、経営トップらがきちんと利益を上げているかどうかという業務執行の相当性・効率性をチェックするものであるため、多数決にもなじみやすいのである。

しかし、監査役の監査は業務執行の違法性をチェックするものであるため、監査役の中に1人でも違法と考える者がいれば対処できるようにしておく必要がある。

そのため、監査役は、監査役会で多数の賛成を得なくても、単独で権限行使することが認められている。

(b) **監査役会の権限**

監査役は独任制の機関であり、監査役会で多数の賛成を得られなくても、単独で権限を行使して監査を行うことができる。個々の監査役が各自の判断で監査を行うことができるのであれば、わざわざ監査役が集まって多数決で何かを決める必要はなさそうである。にもかかわらず、公開大会社では監査役会の設置が義務づけられているのであるが（会社法328条、335条3項）、監査役会とは何を目的として設置されているのだろうか。

会社法では、監査役会の職務は、①監査報告の作成、②常勤の監査役の選定および解職、③監査の方針、当該会社の業務および財産の状況の調査の方法その他の監査役の職務の遂行に関する事項、と定められている（会社法390条2項）。

前述したとおり、監査役は各人が独任制の機関なのであるが、上場企業などの大規模な会社においては、業務の範囲が広すぎて、各自がそれぞれ権限行使して会社全体を監査しようとしても不可能である。会社の業務執行の全体をきちんと監査するためには、監査役の間で役割分担を決め、お互いの監査結果を報告し合って情報共有しながら監査を進める仕組みを構築せざるを得ない。そのような情報共有・意見交換の場として設置されるのが監査役会である。

そのため、監査役会には、取締役会のように定期的に報告しなければならないといった定めはなく、決議しなければならない事項も多くはない。

とはいえ、監査役はお互いに協力しながら会社の膨大な業務を監査しなければならないため、最初に常勤監査役を決め、常勤監査役と社外監査役

の役割分担を決め、常勤監査役を中心としてどのように1年間の監査を進めていくのかについての方針・計画を決めておく必要がある。ただし、監査役会の決めた方針はあくまで方向性の統一のためであり、それによって個々の監査役の権限行使を妨げることはできない（会社法390条2項）。

　常勤監査役を定める以上、日常的な監査活動やそのための情報収集活動は常勤監査役が中心となって進めることになる。そうだとすれば、非常勤の監査役としては、常勤監査役から定期的に監査結果の報告を受け、情報共有・意見交換を行わなければならない。

　そのほか、内部監査部門や会計監査人とも連携して情報共有・意見交換を行う必要がある。上場企業の業務は膨大かつ複雑であり、数名の常勤監査役ですべてを監査することは事実上不可能である。そのため、業務監査については内部監査部門と、会計監査については会計監査人と緊密に連携することで、不正・違法行為の疑いなどの情報を入手し、監査の実効性を高める必要がある。

　さらに、事業年度が終わったら、当該事業年度における業務・会計に関する監査結果を監査報告としてまとめ、株主に報告しなければならない。個々の監査役が作成した監査報告（会社法381条1項、会社法施行規則129条1項、会社計算規則127条）に基づき、監査役会としての監査報告を作成することになる（会社法390条2項1号、会社法施行規則130条1項）。監査役会としての監査報告は、多数決によって内容を決めることになるが、異なる意見を有する監査役は自らの意見を付記することができる（会社法施行規則130条2項、会社計算規則128条2項）。

　以上のとおり、監査役会は、独任制の機関である監査役がお互いの役割分担を決めたり、情報共有・意見交換等を行うための場として設置されている会議である。したがって、監査役会で監査方針を立てたり監査報告をまとめる際も、多数決によって個々の監査役の意見や権利を妨げることは許されないのが原則である。

　ただし、全く決議機関としての役割がないかというと、そうではない。せっかく会議体として設置されている以上、会社法は、いくつかの事項について監査役会の決議で決めることとしている。

　まず、会計監査人の選解任等に関する議案の内容については監査役会で

決定しなければならない（会社法344条）。また会計監査人の報酬（同399条）および監査役選任議案の株主総会への提出（同343条1項・3項）については監査役会の同意を必要としている。そのため、これらの決定・同意を行うためには監査役会で決議する必要がある。

② 監査委員会・監査等委員会の権限

指名委員会等設置会社および監査等委員会設置会社では、監査の主体となるのは監査委員会・監査等委員会である。委員会で監査の方針を決め、内部統制システムを通じて組織的な監査を行うほか、調査権等を行使する委員を決め、それらの委員は委員会の方針に従って調査権等を行使して監査を行う。ただし、監査役に認められていた強力な権利の一部は、個々の監査委員・監査等委員にも認められている。

(a) 監査委員会・監査等委員会の権限

指名委員会等設置会社における監査委員会の職務は、①取締役・執行役の職務の執行の監査および監査報告の作成、②会計監査人の選解任等に関する議案の内容の決定、である（会社法404条2項）。

また、監査等委員会設置会社における監査等委員会の職務は、①取締役の職務の執行の監査および監査報告の作成、②会計監査人の選解任等に関する議案の内容の決定、③指名・報酬に対する監査等委員会の意見の決定、である（会社法399条の2第3項）。

監査等委員会設置会社の場合には、社外取締役を過半数とする監査等委員会に対し、違法性監査だけでなく「指名・報酬に対する意見」を通じたモニタリング機能の発揮も期待しているが、それ以外の監査に関する部分については、監査役・監査役会の職務あるいは監査委員会の職務と何ら違いはない。

すなわち、「監査」としてやるべき仕事の内容は、いずれの機関設計であっても変わらない、ただし、監査役会設置会社と指名委員会等設置会社および監査等委員会設置会社では、監査の方法が異なっている。

監査役は個々人が調査権等を行使して自ら実査することを原則とする独任制の機関であるのに対し、監査委員会・監査等委員会は内部統制システ

ムを通じた組織監査を原則としている。具体的に言うと、指名委員会等設置会社および監査等委員会設置会社では、監査委員会・監査等委員会が主体となって、内部統制システムが適切に構築・運用されているかどうかをモニタリングしながら、取締役等の職務執行を監査するという仕組みを採用している。そのため、監査委員・監査等委員が個別に権利行使して調査を行うことは想定していない。

　もちろん、内部統制システムからの報告だけでは不十分であり、委員会として調査を実施したいという場面はあり得る。そのような場合に備えて、会社の役職員に対してその職務の執行に関する事項の報告を求めたり、会社の業務・財産の状況を調査する権利も認められているが、個々の監査委員・監査等委員である取締役が調査権等を行使できるのではなく、委員会が選定した監査委員・監査等委員が行使する（会社法399条の3第1項、405条1項）。委員会で報告徴求・調査すべき事項について決議したときは、選定された監査委員・監査等委員は当該決議に従って調査等をしなければならない（同399条の3第4項、405条4項）。

　また、監査報告についても、個々の監査委員・監査等委員は監査報告を作成せず、監査委員会・監査等委員会の監査報告を作成すれば足りる（会社法施行規則130条の2、131条、会社計算規則128条の2、129条）。

　このように、指名委員会等設置会社および監査等委員会設置会社の場合には、監査委員会・監査等委員会が主体となって監査を行うこととされており、個々の監査委員・監査等委員は原則として委員会の方針・決議に従う必要がある。

(b) 監査委員・監査等委員の権限

　以上のとおり、指名委員会等設置会社および監査等委員会設置会社では、委員会が監査の主体となり、個々の監査委員・監査等委員はそのメンバーという位置づけである。

　しかし、会社法の条文をよく見てみると、個々の監査役に認められていた強力な権限の一部は、監査委員・監査等委員である取締役にも認められている。

　まず、調査権等は個々の監査委員・監査等委員には認められておらず、

委員会が選定した委員が行使することとされているが、不正・違法行為の疑いを見つけた後の対応としては、各委員から遅滞なく取締役会へ報告しなければならない（会社法399条の4、406条）。

また、監査委員会・監査等委員会としての監査報告と異なる意見を有する監査委員・監査等委員は、監査報告に自分の意見を付記することができる（会社法施行規則130条の2第1項後段、131条1項後段、会社計算規則128条の2第1項後段、129条1項後段）。

さらに、直ちに取締役の違法行為を差し止めないと会社に著しい損害が生じるおそれがある場合には、監査委員会・監査等委員会を開催する時間もないため、監査委員・監査等委員が自らの判断で差止請求することができる（会社法399条の6第1項、407条1項）。

このように、不正・違法行為を是正するための権限については、個々の監査役に認められていたのと同様に、個々の監査委員・監査等委員にも認められており、その限りで独任制に近い権限が維持されていると言える。

(4) 招集手続

監査役会・監査委員会・監査等委員会は、各監査役あるいは監査委員・監査等委員である各取締役が招集する（会社法391条、399条の8、410条）。取締役会のように定款または監査役会・監査委員会・監査等委員会の決議により招集する監査役・取締役を限定することは認められていない。

しかし、事務手続の効率化を図るために、あらかじめ監査役会の決議または委員会規則等により招集権者・議長を定めておき、原則としてその者が招集するという運用は許容されている。

実務的には誰が招集するのかを決めておいた方が便利であるため、株主総会直後の監査役会において、招集権者および議長を定めることが多い。監査委員会・監査等委員会の場合には、委員会規則で委員長を招集権者および議長とする旨を定めることもある。ただし、招集権者・議長を定めた場合であっても、他の監査役または委員が招集することは認められる。

監査役会・監査委員会・監査等委員会を招集するには、原則として、会議の日の1週間前までに各監査役または委員に対して招集通知を発しなけ

ればならないが（会社法392条1項、399条の9第1項、411条1項）、実務上は3日前までとされていることが多い。監査役または委員全員の同意があるときは招集手続をせずに開催することができる（同392条2項、399条の9第2項、411条2項）。これらの点は、取締役会の場合と同様である。

(5) 決　議

　監査役会の決議は、監査役の過半数をもって行う（会社法393条1項）。監査委員会・監査等委員会の決議は、原則として、議決に加わることができる委員の過半数が出席し、その過半数の賛成をもって行う（同399条の10第1項、412条1項）。

　監査役会・監査委員会・監査等委員会とも、委任状による代理出席は認められないが、テレビや電話による出席は認められている。しかし、書面による決議の省略は認められていない。

(6) 開催スケジュール

　監査役会・監査委員会・監査等委員会の開催スケジュールについては、会社法でもコーポレートガバナンス・コードでも、特段の定めは置かれていない。

　ただし、取締役の職務執行の監査を円滑に進めるため、会議の開催が必要となるタイミングはいくつかある。

　監査役会であれば、最初に監査方針・監査計画を立て、常勤監査役を決定し、監査役の間でどのように役割分担しながら調査を進めるのかといった点を決議する必要がある（会社法390条2項2号・3号）。監査委員会・監査等委員会でも、調査権等を行使する監査委員・監査等委員を選定し、必要があれば調査すべき事項を決議しなければならない（会社法399条の3第1項・4項、405条1項・4項）。

　また、監査役会・監査委員会・監査等委員会は1年間の監査の結果をまとめた監査報告を作成しなければならず、その際には必ず1回以上、会議または同時に意見交換できる方法で監査報告の内容を審議するか、決議し

なければならない（会社法施行規則130条3項、130条の2第2項、131条2項、会社計算規則128条3項、128条の2第2項、129条2項）。

そのほか、監査役会設置会社および監査等委員会設置会社の場合には、監査役または監査等委員である取締役の選任議案を株主総会に提出する場合には、監査役会または監査等委員会の同意を要する（会社法343条1項・3項、344条の2第1項）。会計監査人の選任・解任・不再任に関する議案を株主総会に提出する場合には、監査役会・監査委員会・監査等委員会で当該議案の内容を決定しなければならない（同344条1項・3項、399条の2第3項2号、404条2項2号）。

しかし、これら以外に定期的な監査役会・監査委員会・監査等委員会の開催を求める規定はない。取締役会の場合には、業務執行取締役は3か月に1回以上の割合で自己の職務執行の状況を報告しなければならないが（会社法363条2項）、監査役会の場合には、監査役は監査役会の求めがあるときに報告しなければならないとされているだけである（同390条4項）。監査委員会・監査等委員会の場合にも、取締役・執行役は委員会の求めがあるときに説明しなければならないとされているだけで（同399条の9第3項、411条3項）、定期的な報告は義務づけられていない。

そのため、監査役会・監査委員会・監査等委員会の開催スケジュールについても、指名・報酬委員会と同じように各社の判断に任されているのであるが、実務的には定例取締役会に合わせて開催されることが多い。

これは、監査役・監査委員・監査等委員は取締役会への出席義務も負っているため、同日に開催した方が社外の監査役・監査委員・監査等委員にとって効率的だからという物理的な理由もあるが、それ以上に、「監査」という仕事の性質上、定期的かつ継続的なチェックが不可欠だからである。

監査役の仕事は、取締役の職務執行を監査し、不正・違法な行為が行われていないかどうかをチェックすることである。仮に万一、不正・違法行為が発覚すれば、大きな不祥事となってレピュテーションが毀損され、巨額の損失につながるリスクもあることから、できる限り、不正・違法行為が疑われる時点で発見し、未然に防がなければならない。そのためには、定期的・継続的に監査を実施し、その結果を監査役会へタイムリーに報告する体制を作っておくことが重要である。

また、監査役はそれぞれが強力な権限を有して取締役の職務を監査する職責を負っているが、実際には、非常勤の社外監査役は日常的な監査業務を行うことはできないため、常勤監査役が社内会議への出席、議事録その他の書類のチェック、支店・拠点等への往査などを行い、社外監査役は監査役会でその報告を受けて意見を述べるという形で監査を行うのが通例である。そうだとすれば、監査役会の間隔があまりに空いてしまうと、社外監査役としての職責を十分に果たしていないと非難されるおそれがある。

　監査委員・監査等委員も同様であり、彼らは監査委員会・監査等委員会のメンバーとして内部統制システムが適切に構築・運用されているかどうかをモニタリングするのが仕事であるから、監査委員会・監査等委員会の間隔があまりに空いてしまうと、適切なモニタリングが実施されていないと非難されることになる。

　したがって、監査報告の作成等のために開催される以外にも、定期的に監査役会・監査委員会・監査等委員会を開催し、監査役あるいは委員の間で情報共有・意見交換をしておくことが望ましい。

◆ 3 ◆ 監査役会・監査委員会・監査等委員会における審議事項

(1) はじめに

　社外監査役あるいは監査委員・監査等委員である社外取締役は、取締役会だけでなく監査役会・監査委員会・監査等委員会へ出席し、その審議を通じて、当該会社の取締役等の職務執行が適法に行われているかどうか、不正・違法行為が行われていないかどうかを監査しなければならない。

　そのために定例取締役会と合わせて監査役会・監査委員会・監査等委員会を開催するのが通例であり、それ以外にも監査報告を作成するために会議を開催して審議を行わなければならず、かなり頻繁に開催スケジュールが組まれている。

　しかしながら、会議自体は頻繁に開催されているにもかかわらず、そこ

で審議すべき事項については明確な基準・ルールが決まっていないという会社が多いように思われる。

　このように監査役会の審議事項について曖昧な運用がされてきた理由としては、監査役会というのは取締役会のような決議機関ではなく、各監査役の情報共有・意見交換のための会議という位置づけだったことがあげられる。そもそも決議すべき事項が多くないため、取締役会のように付議基準等が作られることもなく、3か月に1回以上といった定期的な報告も義務づけられていない。そのため、常勤監査役が必要と判断した事項だけ監査役会へ報告するといった運用がとられているケースも多い。

　しかし、「監査」という仕事の重要性を考えると、このような曖昧な運用は改めるべきであり、取締役会あるいは指名・報酬委員会と同様、その趣旨に照らして、監査役会・監査委員会・監査等委員会で審議すべき事項を検討・整理する必要がある。

　監査役の地位・権限は、商法・会社法改正を通じて、これ以上強化しようがないほどに強化されてきた。それでも、企業不祥事はなくならない。このような状況を受けて「監査役は役に立たない」といった批判の声も多く聞かれる。昨今のガバナンス改革の議論の中でも、社外取締役ばかりが注目を集め、社外監査役や監査業務についてはほとんど話題に上らない。

　しかし、社外取締役に期待される役割は業務執行者に対するモニタリングの強化であり、それによって業績向上へのインセンティブを持たせ、企業価値を向上させていくことを目標としている。これは、監査に期待される役割とは全く異なるものであり、社外取締役を選任しているかどうかにかかわらず、監査業務の重要性は何ら変わらない。

　企業不祥事を防止するためには、不正・違法行為が行われていないかどうかをチェックする違法性監査を強化していくしかない。それを担うのは、監査役であり、監査委員会・監査等委員会である。

　監査を行うための地位・権限については既に強化されている以上、これからの課題としては、与えられた権限をきちんと行使できるように、曖昧なままになっている監査の運用体制を見直し、監査役会・監査委員会・監査等委員会における審議を充実させていく必要があると考えられる。

(2) 監査役会・監査委員会・監査等委員会で審議すべき事項

　以上のとおり、監査役会・監査委員会・監査等委員会の審議事項を充実させていく必要があるとして、具体的にどのような事項を審議する必要があるのだろうか。

① 監査役会における審議事項

　監査役会設置会社では、取締役の職務執行を監査する主体は個々の監査役であり、彼らは一人一人が会社の機関という位置づけで、各自の判断で与えられた監査のための権限を行使することができる（独任制）。

　しかし、経済の進展に伴い会社の業務も大規模・複雑となってくると、個々の監査役がいかに努力しても会社の業務全体を監査することは不可能である。そのため、3名以上の監査役がお互いに役割分担しながら会社全体を監査できる体制が必要とされるようになり、そのうち1名は常勤監査役として社内の情報収集に努めること、半数以上は社外監査役として経営トップに厳しく意見できるようにすることが求められた。

　ただし、このように各監査役がお互いに役割分担して監査を進める以上、大きな監査の方針については意識共有しておくべきであるし、事業年度の途中で定期的に監査結果を報告して、情報共有・意見交換する必要がある。そのために設置されているのが監査役会である。

　したがって、監査役会で必ず行わなければならないのは、常勤監査役からの定期的な監査結果報告である。社内出身の常勤監査役は、情報収集力は高いけれども経営トップに対して弱い立場にあり、それを補うために社外監査役を選任している以上、適切なタイミングで情報共有が行われないと、不正・違法行為が疑われる初期の段階で対応できず、不祥事を未然に防止できないことになってしまう。そのため、常勤監査役からの定期的な監査結果報告は必要不可欠であり、それをふまえて社外監査役との間で情報共有・意見交換を行うことが求められる。

　さらに、上場企業の監査となると、1名あるいは数名の常勤監査役を置いたとしても不十分である。上場企業の場合には、会社の規模も極めて大きく、事業も細分化・専門化されているため、組織的・体系的な監査を実

施する必要がある。金融商品取引法や金融商品取引所のさまざまなルールにも対応しなければならず、会計監査についても極めて専門的な知識が必要となる。

そのため、監査役においても、業務に関しては内部監査の担当部署と、会計に関しては外部専門家である会計監査人と緊密に連携しながら監査業務を進める必要性が指摘されている。

コーポレートガバナンス・コードでは、外部会計監査人と監査役の十分な連携（補充原則3-2②(iii)）、内部監査部門と監査役の連携（同4-13③）を確保するよう求めている。

会社法でも、監査役等は「内部統制システムの整備についての決定および内部統制システムの運用状況」あるいは「会計監査人の職務の遂行が適正に実施されることを確保するための体制」が相当かどうかを確認し、仮に相当でないと認めるときは監査報告にその旨を記載して株主に報告することとされている。これは、内部統制システムや会計監査人に何らかの問題があると、業務監査・会計監査にも悪影響を及ぼしてしまうため、監査役等にそれぞれの体制が適切に整備されているかどうかの確認を求めるものであり、監査役等が内部統制システムおよび会計監査人と緊密に連携して監査を進めることを前提としているからこそ、このような確認が求められている。

そうだとすれば、これからの実務としては、監査役会の場において、定期的に内部監査部門や会計監査人から報告を受け、情報共有・意見交換を行うべきである。これまでの実務では、常勤監査役が内部監査部門や会計監査人と面談し、その内容を社外監査役に伝えるといった運用が多かったと思われるが、コーポレートガバナンス・コードでは社外取締役と外部会計監査人との連携まで示唆されているほどであり（補充原則3-2②(iii)）、社外監査役については当然に直接面談して意見交換できる機会を設けるべきであろう。

そのためにも、社外監査役も出席する監査役会において、定期的に内部監査部門や会計監査人から報告を受け、情報共有・意見交換を行うことが必要である。

以上をふまえると、これからの監査役会における審議事項としては、常

勤監査役、内部監査部門および会計監査人から定期的に報告を受けることを明確化していく必要があると考えられる。内部監査部門および会計監査人からの報告については、常勤監査役からの報告よりは頻度が少なくなると思われるが、取締役会の報告事項と同様、定期的かつ継続的に報告を受けることが重要である。

　そして、事業年度が終わった後では、これらの報告をふまえて、監査報告の内容について審議することになる。

②　監査委員会・監査等委員会における審議事項

　指名委員会等設置会社および監査等委員会設置会社においても、監査委員会・監査等委員会の果たすべき役割・機能は、監査役会に求められる役割・機能とほぼ同じである。したがって、①で検討した内容はほとんど同じように監査委員会・監査等委員会にも当てはまる。

　ただし、監査役会と監査委員会・監査等委員会では、常勤者の有無や想定する監査の方法といった点が異なるため、委員会における審議事項についても、若干重点の置き方が変わってくる。

　まず、指名委員会等設置会社および監査等委員会設置会社では、取締役・執行役の職務執行を監査する主体は委員会であり、内部統制システムを通じて組織的な監査を行うことが想定されている。監査委員会・監査等委員会は、各委員が自ら権限を行使して監査を行うわけではなく、内部統制システムが適切に構築・運用されているかどうかをモニタリングすることで監査を行うわけであるから、内部監査部門から適時適切な報告が上がってこなければ、委員会としての組織的な監査は機能し得ない。

　したがって、監査委員会・監査等委員会においては、監査役会の場合以上に、内部監査部門からの定期的な報告が重要となる。

　一方で、指名委員会等設置会社および監査等委員会設置会社では、常勤の監査委員・監査等委員を選定することは義務づけられていない。常勤の監査委員・監査等委員がいなければ、常勤者からの定期的な報告もないことになる。

　ただし、指名委員会等設置会社および監査等委員会設置会社では、委員会が選定した監査委員・監査等委員が報告徴求・調査権等を行使できると

されているため、実際には、これらの調査権等を行使する監査委員・監査等委員を常勤者と定め、常勤監査役と同じように活動している例が多い。このように常勤の監査委員・監査等委員を定めている場合には、監査役会と同じように、常勤の監査委員・監査等委員から定期的に監査結果を報告してもらう必要がある。

そのほか、会計監査人との緊密な連携が必要である点についてはいずれの機関設計であっても同じであり、監査委員会・監査等委員会において会計監査人から定期的に報告を受け、情報共有・意見交換を行うべきである。

以上のとおり、監査委員会・監査等委員会における審議事項においては、内部監査部門からの定期的な報告により重点を置きつつ、常勤者がいる場合には常勤者からの定期報告、会計監査人からの定期報告についても明確化していくべきである。

そして、事業年度が終わった後では、これらの報告をふまえて、監査報告の内容について審議することになる。

(3) 常勤の監査役・監査委員・監査等委員からの報告

① 監査方針・監査計画・役割分担等の策定

監査役会設置会社では、3名以上の監査役がお互いに役割分担しながら会社全体の監査を進めることを想定している。このように複数名で監査を進める以上、最初に監査方針・監査計画を協議して今年度の重点監査項目を確認し、お互いの目的意識を共有しておくことが望ましい。

そのため、会社法は、「監査の方針、監査役会設置会社の業務及び財産の状況の調査の方法その他の監査役の職務の執行に関する事項の決定」を監査役会の職務として明記している（会社法390条2項3号）。

会社の業務および財産の状況を調査するのは常勤監査役であるから、常勤監査役が具体的にどのように調査を進めるのかを検討し、年間の監査計画として定めておく必要がある。監査計画には、例えば、(a)社内のさまざまな会議（経営会議、部長会議など）のうち重要なものを選んで、常勤監査役が出席したり、資料や議事録を閲覧すること、(b)重要な事業部門の幹部職員と面談すること、(c)コンプライアンス、リスク管理を所管する部門や

経理・財務を所管する部門と定期的に面談し、報告を求めること、(d)当社または子会社の重要な支社・拠点へ往査すること、(e)子会社・グループ会社の監査役との連携を図ること、などを盛り込むことになろう。

そのほか、常勤監査役が複数名いる場合の両者の間の役割分担や社外監査役の役割についても取り決めておくべきである。

一方、指名委員会等設置会社および監査等委員会設置会社の場合には、監査の方針等を決定することは委員会の職務として明記されていない。これらの会社では、監査委員・監査等委員が個別に監査するのではなく、内部統制システムが適切に構築・運用されているかどうかをモニタリングすることで監査を行うことを想定しているからである。

しかし、委員会としての監査計画を立てず、内部統制システムを通じて監査を行うのであれば、内部監査部門の監査計画をどのように立てるかが重要となる。

この点については、監査役会においても内部監査部門から監査計画の説明・報告等は受けているが、監査委員会・監査等委員会においては内部監査部門の行う監査が適法かつ合理的かどうかをモニタリングして監査を行うわけであるから、内部監査計画がどのように進められるのかといった点は監査役会の場合以上に重要である。

そのため、監査委員会・監査等委員会としては、内部監査部門から監査計画の内容について報告を受け、必要があれば修正・追加を指示するなどして、違法性監査の観点から内部監査計画に不足がないように注意する必要がある。

② 常勤の監査役・監査委員・監査等委員からの定期的な報告

監査役会設置会社では、常勤監査役が高い情報収集力を発揮して日常の監査業務を行い、そこで得た情報を社外監査役と共有し、独立性の高い社外監査役が適切な意見を述べることによって監査の実効性を高めることが期待されている（補充原則4-4①）。

そのため、常勤監査役は、あらかじめ定められた監査方針・監査計画に従って監査を行い、定例監査役会においてそれらの監査の結果や発見された問題点などを報告し、社外監査役との間で情報共有・意見交換すること

が重要である。

具体的にどのような監査を行ったのか、監査により違法性の疑われる事象を発見したかどうか、仮に疑われる事象があったとすれば、今後どのように対応するべきかといった点について、社外監査役を含めた全員で協議し、必要があれば、執行サイドへ説明を求め、内部監査部門に調査を指示し、経営トップへ意見を述べるなどの対応を検討する必要がある。

指名委員会等設置会社および監査等委員会設置会社においても、常勤の委員を置いている場合には、委員会の場で常勤監査委員・監査等委員から報告を受け、社外の監査委員・監査等委員との間で情報共有・意見交換を行うことが必要である。

(4) 内部監査部門との連携

① 内部監査部門からの報告

監査役会設置会社では、取締役の職務執行を監査する主体は個々の監査役であり、彼らは一人一人が会社の機関という位置づけで、各自の判断で与えられた監査のための権限を行使することができる（独任制）。

しかし、会社の業務が大規模かつ複雑となってくると、個々の監査役がいかに努力しても、会社の業務全体を監査することは不可能である。会社法は、3名以上の監査役を選任して監査役会を設置し、そのうち1名は常勤監査役とすることを義務づけるなどして、監査体制の充実を図っているが、それでも会社の業務全体を適切に監査することは困難である。

このような状況の下で監査の実効性を高めるためには、監査役だけの努力では限界があり、他の組織と協力・連携しながら監査を行う必要がある。具体的には、業務監査に関しては内部監査の担当部署と、会計監査に関しては外部専門家である会計監査人と緊密に連携しながら監査業務を進めることが求められている。

会社法は、取締役会において内部統制システムの整備について決議することを求めており（会社法362条4項）、専門部署（内部監査部、監査部、検査部など）を設けて内部監査を実施しているのが一般的である。

ここで実施される内部監査とは、取締役および従業員の職務の執行が法

令・定款に適合し、適正であることを確保するために実施されるものであり、監査役の行う違法性監査の目的と重なる部分が大きい。そのため、コーポレートガバナンス・コードでも、監査役と内部監査部門の連携を確保することが求められている（補充原則4-13③）。

　したがって、監査役会では、常勤監査役から報告を受けるだけでなく、定期的に内部監査部門から内部監査の状況および結果について報告を受けることが必要である。どの程度の頻度で内部監査部門からの報告を受けるべきかについては、特に決まりはないものの、取締役会への報告よりは監査役会への報告の頻度の方が高いはずであり、四半期に1回とするのか、少なくとも半期に1回程度は報告することが望ましいと考えられる。

　指名委員会等設置会社および監査等委員会設置会社の場合には、内部統制システムを通じた組織監査を想定しており、監査委員会・監査等委員会の主な仕事は内部統制システムが適切に構築・運用されているかどうかをモニタリングすることである。

　そうだとすれば、監査委員会・監査等委員会に対する内部監査部門からの定期報告は、監査役会の場合よりも頻繁に行われる必要がある。

② 内部監査の体制・運用に対する評価

　近年では、監査役会・監査委員会・監査等委員会とも、内部監査部門と緊密に連携をとって監査を行うことが求められている。

　指名委員会等設置会社および監査等委員会設置会社の場合には、内部統制システムを通じた組織監査が想定されており、監査委員会・監査等委員会は、内部監査部門の行う監査の状況および結果をモニタリングし、必要があれば指示することで監査を行っている。

　また、監査役会設置会社においても、1名または複数名の常勤監査役だけで会社の業務全体を適切に監査することは極めて困難であるため、内部監査部門と連携することが求められている。現実問題としては、監査役の業務監査のかなりの部分を内部監査に頼っていると言っても過言ではない。

　このように、監査役会・監査委員会・監査等委員会のいずれにとっても、内部監査部門と緊密に連携をとることが必要不可欠な条件となっている。

　そうなると、万一内部監査に何らかの問題があると、それを前提とした

第4章　監査役会・監査委員会・監査等委員会

業務監査にも悪影響を及ぼしてしまい、業務監査の実効性に疑念が生じる。内部監査の体制・運用が適切でなければ、内部監査部門からの報告の信頼性も失われてしまうのであるから、内部監査部門と連携をとって業務監査を進める以上、前提となっている内部監査の体制・運用、すなわち内部統制システムが適切かつ有効に機能していなければならない。

　そこで、会社法は、監査役・監査役会・監査委員会・監査等委員会に対し、「内部統制システムの整備についての決定および内部統制システムの運用状況」が相当かどうかを確認し、相当でないと認めるときはその旨およびその理由を監査報告に記載しなければならないと定めている（会社法施行規則129条1項5号、130条2項2号、130条の2第1項2号、131条1項2号）。

　そのため、監査委員会・監査等委員会だけでなく監査役会においても、内部監査部門から定期的に報告を受けた際に、業務執行の過程で違法性が疑われる事象が起きていないどうかを監査するだけでなく、内部監査の体制や運用が適切かどうかという評価もあわせて行っておく必要がある。

　このような評価・検証作業は、最終的に監査報告に記載する内部統制システムの構築・運用の相当性に関する意見を検討する段階では必ず行わなければならないが、業務監査の有効性を担保する非常に重要な要素であるため、年1回の監査報告作成のタイミングで行うだけでなく、定期的な報告を通じて何か問題点がないかどうかをチェックし、仮に問題があれば修正を指示するなどして、監査役会・監査委員会・監査等委員会から内部監査部門に対し、内部統制システムの相当性を確保するように働き掛けることも必要となる。

(5)　会計監査人との連携

①　会計監査人からの報告

　会社法は、公開大会社に対し、会計監査人を置くことを義務づけている（会社法328条1項）。これは、会社・グループの規模が大きくなると、業務の範囲が増えて会計・経理の処理も複雑・高度化し、専門知識が必要となってくるため、会計のプロである会計監査人による会計監査を義務づけ

ることで決算の正確性を担保しようとするものである。

　監査役等は、業務・会計という2つの視点から取締役等の職務執行の適法性を監査しなければならず、有効な監査を実施するには監査する側にも専門的な知見が必要である。そのため、コーポレートガバナンス・コードは、監査役として財務・会計に関する適切な知見を有している者を1名以上選任することを要請しており（原則4-11）、これは監査委員会・監査等委員会にも当然当てはまる。

　しかし、会社の業務は多様化・複雑化している上、グループ経営の進展に伴い、多数の子会社・海外子会社を抱える企業も増えている。一方で、会計基準も年々複雑かつ専門的になっており、会計処理の適法性を監査するためには、いくら知見のある監査役・監査委員・監査等委員を選任したとしても限界があり、会計のプロである会計監査人の助力が必要不可欠である。

　かかる実情をふまえ、会計監査に関しては、監査役等は会計監査人の監査を前提として監査を行うこととされている。会社法は、計算書類についての監査報告には「会計監査人の監査の方法又は結果を相当でないと認めたときは、その旨及びその理由」を記載するように求めており（会社計算規則127条、128条、128条の2、129条）、会計監査人の監査の方法・結果をモニタリングすることで会計監査を行うことを想定している。

　そのため、監査役会・監査委員会・監査等委員会の場において、会計監査人から監査の方法・結果についての説明を聞き、それらが相当かどうかを評価・検証する必要がある。

　このように会計監査人と定期的に面談して説明を受けることは、会計監査人が監査の過程で得た情報を共有することで違法性が疑われる事象を未然に発見・防止するためにも非常に有益である。

　会計監査人は、年間を通じて会社の経理・財務部と協議し、計算書類の監査を行うため、その過程で会社の抱えるさまざまな課題や問題点に気がつくことが多い。その中には、不正・違法行為が含まれているかもしれず、将来的に違法行為につながりかねない事象もあり得る。会計監査人と定期的に面談して情報共有・意見交換することで、このような違法性が疑われる事象を早めに把握できる可能性がある。

第4章　監査役会・監査委員会・監査等委員会

　このように、監査役会・監査委員会・監査等委員会が会計監査人と緊密な連携をとることは、会計監査の実効性を高めるためにも非常に有益である。そのため、コーポレートガバナンス・コードにおいても、外部会計監査人と監査役との十分な連携を確保することが要請されている（補充原則3-2②）。

　したがって、監査役会・監査委員会・監査等委員会としては、年1回の監査報告作成のタイミングで会計監査人の監査の方法・結果が相当かどうかを検証・評価するだけでなく、事業年度を通じて定期的に会計監査人と面談して情報共有・意見交換に努めるなど、緊密に連携をとりながら会計監査を進めることが必要である。どの程度の頻度で会計監査人と面談すべきかについては、特に決まりはないものの、四半期決算短信の開示とあわせて四半期に1回の面談を設定する例が多いと思われる。

②　会計監査人の評価・監督

　経済の進展に伴い、会社の業務は多様化・複雑化し、会計基準も年々複雑かつ専門的になっており、決算の正確性を担保する上で会計監査人の責任は非常に大きくなっている。

　そのため、会計監査人には常に高い会計に関する専門能力を維持してもらわなければならない。また、会社の経営陣から圧力を受けて、あるいは経営陣の意向をおもんぱかって厳しい意見を差し控えるようなことがあれば、大きな会計不祥事へと発展してしまうリスクがあるため、高い独立性も維持してもらわなければならない。

　会計監査人が高い専門性・独立性を維持していることは、会計監査の有効性を担保するために必要な条件の1つであり、会計監査人の監査を前提として会計監査を実施する監査役等としても、会計監査人の能力・資質や経営陣から圧力がかけられていないかどうかといった点について、常に注意を払っておく必要がある。

　そこで、会社法は、監査役会・監査委員会・監査等委員会に対し、会計監査業務を通じて会計監査人の専門性・独立性を評価する役割とともに、場合によっては経営陣の圧力から会計監査人を保護する役割をも求めている。

3 監査役会・監査委員会・監査等委員会における審議事項

　具体的には、会社法は、監査役会・監査委員会・監査等委員会に対し、株主総会に提出する会計監査人の選任・解任・不再任に関する議案の内容を決定する権限を認め（会社法344条1項・3項、399条の2第3項2号、404条2項2号）、当該候補者を会計監査人候補者とした理由を明らかにして株主総会に議案を上程するよう求めている（会社法施行規則81条2号）。また、会計監査人の報酬等の額に同意する権限を認め（会社法399条）、株主総会に提出する事業報告の中で、会計監査人の報酬等の額に同意した理由を開示するよう求めている（会社法施行規則126条2号）。

　このように、監査役会・監査委員会・監査等委員会を会計監査人の指名・報酬を決定するプロセスに関与させることで、経営陣からの不当な圧力を受けないように会計監査人を保護するとともに、会計監査人の専門性・独立性について評価し、それを再任すべきかどうかの判断に反映させて会計監査人を監督することを期待しているものである。

　それに対応して、会社法は、会計監査人に対し、会計監査報告の内容を監査役等に通知する際、当該会計監査人についての独立性に関する事項、監査に関する法令・規程の遵守に関する事項、監査に関する事務の受任・継続の方針、職務の遂行が適性に行われることを確保するための体制などについても通知することを求めている（会社計算規則131条）。

　また、コーポレートガバナンス・コードでは、監査役会に対し、外部会計監査人候補を適切に選定・評価するための基準の策定と外部会計監査人が求められる独立性・専門性を備えているかどうかの確認を行うことを要請している（補充原則3-2①）。

　したがって、監査役会・監査委員会・監査等委員会としては、会計監査人を選定・評価するための基準を策定し、株主総会へ付議する議案を決定する取締役会の前に会計監査人の独立性・専門性等を評価基準に従って評価した上、当該会計監査人を再任してよいかどうか、別の会計監査人に変更する必要がないかどうかを検討する必要がある。具体的には、会計監査人から独立性等に関する通知を受けて会計監査人内部のガバナンス状況等について確認するだけでなく、会計監査人と日常的に接している経理・財務部の担当者にも会計監査の状況・問題点の有無を確認するなどして情報を集め、会計監査人の再任の是非について検討すべきである。

(6) 子会社の監査役等との連携

　監査役会設置会社では、監査役は、その職務を行うため必要があるときは、子会社に対して事業の報告を求め、業務・財産状況を調査することができる（会社法 381 条 3 項）。指名委員会等設置会社および監査等委員会設置会社でも、監査委員会・監査等委員会が選定した委員は、子会社に対する報告徴求・調査権を有する（同 399 条の 3 第 2 項、405 条 2 項）。このように子会社に対して直接働き掛けることができる権限を有しているのは、親会社の中でも監査役・監査委員・監査等委員だけである。

　また、会社法は、企業集団における内部統制システムを構築することを求めており（会社法 362 条 4 項 6 号・5 項、399 条の 13 第 1 項 1 号ロ・ハ、416 条 1 項 1 号ロ・ホ）、監査役等はその構築・運用状況について相当性が認められるかどうかを確認し、その内容が相当でないと認めるときには監査報告の中でその旨およびその理由を記載しなければならない（会社法施行規則 129 条 1 項 5 号、130 条 2 項 2 号、130 条の 2 第 1 項 2 号、131 条 1 項 2 号）。

　さらに、企業集団における内部統制システムの一環として、子会社の役職員から親会社の監査役等に報告をするための体制を整備することも求められている（会社法施行規則 100 条 3 項 4 号ロ、110 条の 4 第 1 項 4 号ロ、112 条 1 項 4 号ロ）。

　これらの会社法および会社法施行規則の定めを見る限り、親会社の監査役等には、子会社を含めた企業集団における内部統制システムについて監査を行い、必要な場合には子会社調査権等を行使し、あるいは子会社の監査役等や内部監査部門と連携しながら、企業集団における監査体制を整備していくことが求められていると言うことができる。

　前述したとおり、親会社の取締役会には、子会社を含めた企業集団における内部統制システムを構築し、それを通じて適切に子会社を管理することが求められている。また、親会社は連結ベースでの財務情報を開示しなければならず、子会社からの財務報告の信頼性を確保するための体制を整備するべく子会社を経営指導しなければならない。

　監査役等としては、そのような取締役の職務の執行を監査するため、取

締役等および経理・財務部等から子会社の管理の状況について報告を受けるだけでなく、子会社の監査役等、内部監査部門または会計監査人と定期的に面談し、情報共有・意見交換を行うなどして、企業集団における内部統制システムの相当性を確認し、企業集団としての監査体制を整備するよう努めていく必要がある。

また、企業集団における監査を行うに当たっては、親会社の取締役等や担当部署が適切に子会社管理を行っているかどうか、子会社からの財務報告その他の業務に関する報告が適正に行われているかどうか、子会社自身の内部統制システムが適切に構築・運用されているかどうかといった視点だけでなく、親会社から子会社に対して達成困難な事業目標・計画を設定して過剰な圧力がかけられていないかどうか、不正な圧力によって不適正な行為が行われるリスクはないかどうかといった視点も重要である。

近年の不祥事を見てもわかるとおり、業績達成に向けた過度の効率性追求は、経営者に対して健全なインセンティブを付与するレベルを超えて、不正行為を誘発するリスクをはらんでいる。そのような不正リスクは、別法人であるがゆえに個別の業績を比較しやすい子会社において、特に顕在化しやすいものと考えられる。

したがって、監査役等としては、企業集団における内部統制監査を実施するに当たり、子会社では親会社からの不当な圧力を受けて不適正な行為が行われるリスクがあることに留意しておかなければならない（日本監査役協会「内部統制システムに係る監査の実施基準」13条）。

(7) 監査報告の作成

監査役会・監査委員会・監査等委員会は、当該事業年度における取締役等の職務の執行を監査した結果を監査報告として取りまとめ、株主へ報告しなければならない（会社法390条2項1号、399条の2第3項1号、404条2項1号、436条2項、437条）。

監査報告に記載すべき事項については、事業報告に関する監査（会社法施行規則129条、130条、130条の2、131条）、計算書類に関する監査（会社計算規則127条、128条、128条の2、129条）に分けて定められており、監

第4章　監査役会・監査委員会・監査等委員会

査役会・監査委員会・監査等委員会としては、1年間を通して行ってきた業務監査・会計監査をふまえて監査報告を作成することになる。

　この監査報告は、まさに1年間の監査業務の集大成であるため、監査役会・監査委員会・監査等委員会のメンバーが議論して内容を決定する必要がある。監査役会では、監査報告を作成する際、1回以上、会議または同時に意見交換できる方法により審議をしなければならず（会社法施行規則130条3項、会社計算規則128条3項）、監査委員会・監査等委員会では、監査報告の内容を委員会の決議をもって定めなければならない（会社法施行規則130条の2第2項、131条2項、会社計算規則128条の2第2項、129条2項）。

　監査スケジュールのイメージとしては、3月末日に事業年度が終了した後、決算を確定させて計算書類および事業報告を作成し、計算書類については会計監査人の監査を経てから、監査役会・監査委員会・監査等委員会で監査報告を審議または決議することになる。

　ここでは、当該事業年度の監査の結果、具体的には常勤監査役・内部監査部門・会計監査人から受けた説明・報告や意見交換した結果をふまえて、監査報告としてどのような内容・意見を記載すべきかを審議または決議する必要がある。

　特に悩ましいのは、当該事業年度において何らかの不祥事が発生した場合である。

　取締役が関係する不祥事が発生した場合には、監査報告における「当社の取締役の職務の遂行に関し、不正の行為又は法令・定款に違反する重大な事実があったときは、その事実」という記載事項に該当する可能性があるため、当該不祥事が重大なものかどうかを検討し、監査報告でコメントすべきかどうかを決めなければならない。

　また、従業員が関与する不祥事が発生した場合には、上記記載事項には該当しないものの、なぜ従業員の不祥事を未然に防止できなかったのか、内部統制システム（リスク管理体制など）が適切に構築・運用できていなかったせいではないかという点が問題となり、「内部統制システムの整備についての決定および内部統制システムの運用状況につき相当でないと認めるときは、その旨およびその理由」という記載事項に該当する可能性が

高いため、当該不祥事の原因を究明して内部統制システムの構築・運用が相当であったかどうかを検証し、監査報告でコメントすべきかどうかを審議しなければならない。

このように、当該事業年度中に何らかの不祥事が発生している場合には、違法性監査を職責とする監査役・監査委員・監査等委員に対して責任を問う声が出てくる可能性もあり、監査報告の内容についても慎重に検討する必要がある。

(8) 株主総会に提出する議案への同意

会社法は、監査方針や監査報告といった監査に関する事項以外にも、監査役会・監査委員会・監査等委員会において決議しなければならない事項・同意を要する事項を定めている。

会計監査人の独立性を担保するため、監査役会・監査委員会・監査等委員会が、会計監査人の選解任・不再任に関する議案の内容を決定し、会計監査人の報酬等の額について同意しなければならないことは既に述べた。

それ以外にも、株主総会へ監査役または監査等委員である取締役の選任議案を提出する場合には、監査役会または監査等委員会の同意を得なければならないとされている（会社法343条1項・3項、344条の2第1項）。

監査の仕事は、業務執行に違法性が疑われる事象がないかどうかをチェックし、必要があれば経営トップに意見を述べて不正・違法行為を未然に防止することであり、経営トップからすれば煙たい存在である。そのため、経営トップから不当な圧力をかけられることがないよう、監査役および監査等委員である取締役の選任議案を株主総会に上程するためには監査役会および監査等委員会の同意を要件とすることで、監査役および監査等委員の地位を強化しているものである。

したがって、監査役会設置会社および監査等委員会設置会社では、株主総会に監査役または監査等委員である取締役の選任議案を提出するに際し、監査役会または監査等委員会において、監査役または監査等委員である取締役の候補者が適切であるかどうかを審議し、当該議案に同意するかどうかを決議しなければならない。

第4章　監査役会・監査委員会・監査等委員会

　一方で、指名委員会等設置会社では、取締役候補者は社外取締役が過半数を占める指名委員会で決定されるため、そもそも経営トップから圧力をかけられるおそれはない。そのため、監査委員たる取締役については、監査委員会の同意といった要件は定められていない。

第5章　株主総会

◆1◆　株主総会の役割・機能

　株式会社には、①監査役会設置会社、②指名委員会等設置会社、③監査等委員会設置会社、という3つのタイプがあるが、いずれのタイプの機関設計であっても、最高意思決定機関として株主総会が置かれている点は同じである。

　社外取締役・社外監査役として選任された場合には、会社役員の1人として株主総会に出席する必要がある。

　ただし、これまでの実務では、社外取締役・社外監査役が株主総会に出席しても、特に具体的な役割・責務といったものはなく、答弁を求められる場面もないのが通例であった。

　株主総会というのは、出資者である株主が年に1回集まり、取締役から1年間の事業の成果について報告を受け、会社の利益の中からいくらを配当として株主に還元すべきか、次期の取締役・監査役として誰を選ぶべきかなどを決める会議である。

　したがって、株主に対して説明するのは、原則として業務執行を任された代表取締役・業務執行取締役である。監査役は、1年間の監査結果を報告しなければならないが、それ以外には、大きな不祥事が発生した場合を除き、監査役が説明を求められることはほとんどない。まして、社外の人間である社外取締役・社外監査役が説明を求められて回答することなどない。それがこれまでの株主総会実務であった。

　しかし、コーポレート・ガバナンスの強化が求められる中で、独立社外者の存在・役割に注目が集まり、特に社外取締役によるモニタリング機能

の強化に期待が高まってくると、株主総会の場で社外取締役・社外監査役が自らの役割・責務について説明しなければならない場面も増えてくると予想される。実際、コーポレートガバナンス・コードが適用され、上場企業のほとんどで社外取締役が選任されるようになった平成28年の株主総会では、一般株主から社外取締役に対して質問が出され、社外取締役が回答するといった例が散見された。

これからの株主総会実務では、社外取締役・社外監査役といえどもお客様のように座っていればよいというわけにはいかず、会社役員の1人として、株主からの質問に応え、自らの職務執行の状況などを報告・説明しなければならなくなってくる。その際には、自らの期待された役割をしっかりと自覚し、自分の責務をどのように果たしているのか、会社の現状と課題をどのように認識しているのかといった点について、自分の言葉で説明できるように準備しておかなければならない。

その前提として、株主総会とはどういう位置づけの会議なのか、そこでは何が審議されるのかといった株主総会の全体像を理解しておく必要がある。

(1) 株式会社の最高意思決定機関

株主総会とは、株式会社の最高意思決定機関であり、規模の大小にかかわらず、どのような機関設計をとっていたとしても、必ず設置されている会議である。

株式会社というのは、不特定多数の株主から少しずつお金を集め、大きな元手にして大きなビジネスを行うための仕組みである。大きなビジネスを行って利益を上げてもらうためには、経営のプロ（会社役員）を雇わなければならず、誰を雇うかについては出資者である株主が協議して決めなければならない。経営を任された会社役員は、1年間のビジネスの内容および成果を委任者である株主に報告しなければならない。かかる目的で開催されるのが株主総会である。

そのため、株式会社は、必ず年に1回、毎事業年度の終了後一定の時期に定時株主総会を招集しなければならないとされている（会社法296条1

項)。

そこでは、1年間の事業の内容および成果を示す事業報告および計算書類を株主に報告するとともに(会社法438条、439条)、次期の取締役・監査役選任議案を上程し、これからの会社経営を任すことになる会社役員を定期的に選任する(同329条1項)。経営トップなどの取締役は、出資者たる株主から、会社の事業を遂行して利益を上げることを委託されて経営を任されている立場であるから、次の取締役として誰を選ぶのかについて会社で決めることはできず、委任する側の株主が業績報告をふまえて検討・決定しなければならない。

そのほか、取締役の職務の執行を監査する監査役・監査等委員たる取締役も定期的に株主総会で選任する(会社法329条1項・2項)。

このように出資者たる株主が誰に会社経営を任せるのかという株式会社の最重要事項を決めるのが株主総会であり、ここが株式会社の最高意思決定機関である。

(2) 株主総会における決議事項

このように株主総会が最高意思決定機関だとすれば、さまざまな経営課題について株主総会で議論し、株主の意思を反映させて決定することによって、株主から経営トップら業務執行者を直接監督することができるようにも思える。

しかし、現実問題として、株主からの直接の監督というのはなかなか機能しない。

前述したとおり、株式会社とは不特定多数の株主が少しずつ出資して経営のプロ(会社役員)に事業経営を委任するという仕組みである。株主はいつでも自由に株式を譲渡できるため、時々刻々と株主の構成は変わってしまうし、彼らは出資しているだけで会社の事業に精通しているわけでもない。そのため、高度なリスク判断を伴う会社経営に関わる事項について、株主総会の場で株主が議論して結論を出すことは困難であり、適切であるとも思えない。また、コンプライアンス違反の疑いが生じたとしても、不特定多数の株主では、対応方針を決定するにも時間がかかり、適時適切な

第5章 株主総会

対応をとることもできない。

　株式会社というのはもともと不特定多数の株主から広く薄くお金を集めるための仕組みであるため、株主が会社の事業の決定や監督に深くコミットすることを想定していないのである。

　そのため、会社法は、出資者たる株主が参加する株主総会を株式会社の最高意思決定機関と位置づける一方で、そこで議論するべき事項についてはかなり狭い範囲に限定している。

　株主総会で必ず決議しなければならない事項として第一に考えられるのは、次期の取締役・監査役の指名や報酬に関する議案である。誰に事業経営を委任するべきか（会社役員選任議案）、その対価をいくらにすべきか（会社役員報酬議案）といった会社役員の指名・報酬に関わる事項は、委任関係に基づく最も基本的な部分であるため、株主総会で必ず決議しなければならない。

　次に、会社の利益の中からいくらを株主に配当するか（剰余金処分議案）についても、原則として株主総会で決議する。ただし、定款の定めがあれば、剰余金処分議案を取締役会で決議することも許容されている（会社法459条1項）。剰余金処分については、株主に還元するか会社の別の用途に充てるために内部留保とすべきかを検討しなければならないが、将来の成長投資にどの程度の金額が必要なのかといった事情を株主側で判断することはできないため、株主自身が定款で定めれば、剰余金の処分について取締役会へ委任することができるということである。

　その他の会社の業務執行に関する事項については、株主総会で決議するのは会社の根幹を変更するような重大事項（定款変更議案、組織再編議案など）に限定されており（会社法295条2項参照）、それ以外の業務執行については経営のプロである取締役に委任されている。具体的には、重要な業務執行については取締役会の決議、さらに個別具体的な業務執行については代表取締役・業務執行取締役の判断に委ねるという形で役割分担されている。

(3) 株主総会における報告事項

　このように株主総会における決議事項は限定されている一方で、株主総会における報告事項については、広く会社の現況を報告することが求められている。

　株主総会には、会社の現況等に関する事業報告および会社の経理・財務状況をまとめた計算書類が提出される（会社法438条）。

　事業報告には、事業年度の末日における会社の状況として、①会社の現況に関する事項、②会社役員に関する事項、③株式に関する事項、④新株予約権等に関する事項、が記載されている（会社法施行規則119条）。

　計算書類とは、貸借対照表、損益計算書、株主資本等変動計算書および個別注記表（会社法435条2項、会社計算規則59条1項）をいい、事業年度の末日における会社の財務・経理の状況が記されている。計算書類については、本来は株主総会の承認決議が必要とされているが、会計監査人および監査役等の監査で正確性が担保されていれば、株主総会の決議まで要せず、報告すれば足りるとされている（会社法439条）。

　取締役は、これらの書類を作成し、正しく記載されているかどうかの監査を受けた上で株主総会に提出することで、1年間の会社の事業の成果を株主へ報告することになる。

　これらの報告は、取締役が委任された業務をどのように実施したのかという結果報告としての意味を持つだけでなく、取締役・監査役選任議案の賛否を適切に判断するための情報提供という意味も有する。

　前述したとおり、株主総会は会社の最高意思決定機関であり、決議事項が限定されているとはいえ、役員選任議案だけでなく、剰余金処分議案、定款変更議案、合併等の組織再編を計画しているときにはそれらに関する議案など、さまざまな議案が上程される。その中でも、株主が決めるべき最も重要な事項は、次期の会社経営を誰に任せるかということである。

　株主が会社の提案する取締役・監査役選任議案に賛成するかどうかを適切に判断するためには、判断材料となる情報が適切に報告されていることが必要であり、特に再任の是非を判断する場合には、当該取締役・監査役候補者の経歴・属性といった情報だけでなく、彼らの1年間の取締役・監

第5章　株主総会

査役としての活動状況や業績に関する情報が極めて重要である。

　株主としては、当該候補者が取締役・監査役としてどのような活動をしてきたのか、業績目標を達成できたのか、経営課題を解決できたのか、不正・違法行為がなかったかどうか、といったさまざまな情報を前提にして当該候補者を次期取締役・監査役として再任するかどうかを判断することになる。

　このように、株主総会における報告事項は、委任された業務の結果報告にとどまらず、株主総会の最重要テーマである取締役・監査役選任議案について適切に判断するための情報提供という意味も有している。

　株主総会に提出される事業報告や議案の参考書類が正確に作成されていないと、株主総会における議決権も正しく行使されないこととなってしまうため、監査役には、事業報告・計算書類を監査するだけでなく、取締役が株主総会に提出しようとする議案や書類等についても調査し、法令・定款違反または著しく不当な事項があれば、株主総会に報告することが求められている（会社法384条。なお、監査委員・監査等委員である取締役は、株主総会に提出する議案や書類の内容を決定する取締役会に参加しているので、その審議を通じて議案や書類等の正確性をチェックすることができ、監査役のような調査・報告義務は課されていない）。

◆2◆　株主総会の議事運営

(1) 議事の流れ

　株主総会では、最初に会社の現況等に関する事業報告、会社の経理・財務状況をまとめた計算書類およびそれらの監査結果の報告がなされ、その後に剰余金処分議案、取締役・監査役選任議案、その他の議案が上程されて、審議・採決されるという流れになるのが通例である。

　一般的な株主総会のシナリオのモデルは、表3のとおりである。

2 株主総会の議事運営

[表3]

項　目	担　当	シナリオ
1. あいさつ	【社長】	おはようございます。
	《株主》	おはようございます。
	【社長】	社長の〇〇でございます。 　本日はご多用のところご出席いただきましてまことにありがとうございます。定款第12条に社長が総会の議長になる旨定めてありますので、その定めにより私が議長を務めさせていただきます。どうぞよろしくお願い申し上げます。
2. 開会宣言	【社長】	それでは、当社第〇回定時株主総会を開会いたします。
	《株主》	(拍手)
	【社長】	なお、本日は〇〇取締役が所用のため欠席しておりますが、ご了解下さい。
	《株主》	了解。
	【社長】	本日の株主総会の目的事項としてお手許の招集ご通知に記載のとおり本総会に提出いたします。
	《株主》	(拍手)
3. 議事進行のルールの説明	【社長】	また議事の秩序を保つため、ご発言につきましては、監査役の報告、事業報告、連結計算書類の報告、決議事項の議案の内容説明ならびに書面質問に対する回答が終了したのちに、お受けしますのでご了解下さい。 　また、私の申し上げることに御賛成の場合は拍手または御発言で御意思をお示し下さい。
	《株主》	(拍手)
4. 出席株主数等の報告	【社長】	それでは、本日ご出席の株主さまの数・議決権数等を事務局からご報告申し上げます。
	【事務局】	本総会におきまして議決権を有する株主様は〇〇名、その議決権数は〇〇個でございます。本総会におきまして議決権を行使されます株主様の合計は議決権行使書をご提出いただいた方およびインターネットにより議決権を行使いただいた方を含め〇〇名、その議決権数は〇〇個でございます。 　以上御報告いたしました。

第5章　株主総会

5. 定足数充足宣言	【社長】《株主》		したがいまして、定足数の定めのある各議案を審議するのに必要な定足数を満たしております。（拍手）
6. 監査役会の監査報告の指示	【社長】		それでは事業報告等の内容報告および議案の審議に先立ちまして監査報告をお願いいたします。あわせて連結計算書類の監査結果の報告もお願いいたします。監査役どうぞ。
7. 監査役会の監査報告	〈監査役〉		常勤監査役の○○でございます。　当社の監査役会は、第○期営業年度の取締役の職務の執行について各監査役から監査報告書の提出を受け、協議いたしました。その結果につきまして私からご報告申しあげます。　第○期営業年度に係る監査の方法および結果につきましては、お手許の招集ご通知○ページの監査役会の監査報告書謄本に記載しているとおりであります。会計に関する業務につきましては、○○監査法人の監査の方法および結果は相当であり、会計以外の業務につきましても法令および定款に適合しており、指摘すべき事項は認められません。　なお、本総会に提出されるすべての議案および書類につきましても、法令および定款に適合しており、指摘すべき事項は認められません。　次に、連結計算書類に係る監査について申しあげます。第○期営業年度の連結計算書類につきましては、招集ご通知○ページの連結計算書類に係る会計監査人の監査報告書謄本に記載しておりますとおり、○○監査法人から、法令および定款に従い企業集団の財産および損益の状態を正しく示しているとの報告を受けております。監査役会として協議した結果につきましても、招集ご通知○ページの連結計算書類に係る監査役会の監査報告書謄本に記載しておりますとおり、○○監査法人の監査の方法および結果は相当であり、指摘すべき事項は認められません。　以上、ご報告申しあげました。

8. 事業報告、計算書類、連結計算書類の報告	【社長】		次に、平成○年4月1日から平成○年3月31日までの第○期事業報告、計算書類および連結計算書類の内容につきましては、招集ご通知○ページから○ページおよび○ページから○ページまでに記載のとおりご報告いたします。 　それでは、引き続きまして、映像とナレーションにより、あらためてこれらの概要をご説明申しあげます。 　前方のモニター画面をご覧ください。
	《ナレーション》		第○期事業報告等の内容につきまして、その概要をご説明申しあげます。 　まず、当連結会計年度の営業の概況および連結損益計算書の概要について、ご説明いたします。 　当連結会計年度におけるわが国経済は、好調な企業業績を背景に設備投資が増加を続け、雇用情勢の改善を受けて個人消費が増加に転じるなど、堅調な回復傾向が続きました。…（以下略）
9. 決議事項の議案の内容説明	【社長】		それではここで、お手許の招集ご通知○頁から○頁に記載の議案の内容をご説明申し上げます。 　まず、第1号議案「剰余金処分の件」の内容は招集ご通知○頁に記載のとおりでありますが、配当につきましては1株につき○円といたすことをお諮りするものであります。 　第2号議案「定款一部変更の件」はお手許の参考書類○頁に記載のとおり現行定款の一部を変更することをお諮りするものであります。 　第3号議案「取締役○名選任の件」は当社現在の取締役全員は本総会終結の時をもって任期満了となりますのでお手許の参考書類○頁から○頁に記載の○名を選任することをお諮りするものであります。 　第4号議案「監査役○名選任の件」は当社現在の監査役全員は本総会終結の時をもって任期満了となりますので、お手許の参考書類○頁に記載の○名を選任することをお諮りするものであります。なお、本議案につきましては当社監査役会の同意を得ております。

第5章　株主総会

10. 書面質問に対する回答 （一括回答）	【社長】	それでは報告事項および議案に関し、事前質問をいただいておりますので、これにつき、副社長および監査役からお答えいたします。 　それでは、副社長どうぞ。
	〈副社長〉	副社長の○でございます。あらかじめいただいておりますご質問にお答え申し上げます。 　なお、ご質問いただいております事項のうち、説明することにより株主の共同の利益を著しく害すると認められるもの、会計帳簿などを見なければお答えできない詳細な事項につきましては、お答えを割愛させていただきますので、ご了承いただきたいと存じます。
	《株主》	（拍手） 　～ 　以上、ご説明申し上げました。 （拍手）
11. 口頭質疑審議の方法の採決	【社長】	それではこの後の進行方法についておはかりしたいと存じます。まず、既に提出してあります報告事項ならびに招集ご通知記載のすべての決議事項について、御出席の株主様からご質問、ご意見、動議を含めた審議に関するご発言をお受けします。その終了後は決議事項につき採決のみをさせていただきたいと存じますが、いかがでしょうか。ご賛同いただける株主様は拍手をお願いいたします。
	《株主》	拍手。（賛成）
	【社長】	ありがとうございます。過半数のご賛同を得ましたので、この方法で行わせて頂きます。 　御発言に当たっては、私の指名を受けられた株主様は最寄りのマイクをご使用になり、受付票番号とお名前をおっしゃっていただいたあと簡潔に要点をご発言ください。
発言希望者の確認		それでは、株主様からご発言をお受け致しますが、質問審議を終了した後は、ご発言をお受けできなくなりますので、ご発言を希望される株主様はこの機会にお申し出頂きますようお願い申し上げます。ご発言を希望される株主様は皆様挙手をお願いいたします。 　はい、○○名様ですね。

2 株主総会の議事運営

12.	口頭質疑と審議	【社長】	それでは、ご発言をお受けいたします。そちらの赤いネクタイの株主さんどうぞ。〈 〉
13.	質疑・審議の終了	【社長】	報告事項および決議事項に関し、十分審議をつくしましたので、これをもって質問および動議の提出を含めたすべての審議を終了し（打ち切り）、議案の採決に移らせていただきたいと存じますが、いかがでしょうか。賛成の方は拍手をお願いいたします。
		《株主》	（拍手）異議なし。議事進行。
		【社長】	過半数のご賛成をいただきましたので、質問・審議を終了し、議案の採決に入らせていただきます。
14.	第1号議案採決	【社長】	それでは第1号議案「剰余金処分の件」の採決をいたします。原案にご賛成の株主様は拍手をお願いいたします。
		《株主》	（拍手）
		【社長】	ありがとうございました。過半数のご賛同を得ましたので本議案は原案どおり承認可決されました。
		【役員一同】	〔自席で社長の「ありがとうございました」に合わせて一礼。〕
		《株主》	（拍手）
15.	第2号議案採決	【社長】	次に第2号議案「定款一部変更の件」の採決をいたします。原案にご賛成の株主様は拍手をお願いいたします。
		《株主》	（拍手）
		【社長】	ありがとうございました。3分の2以上のご賛同を得ましたので本議案は原案どおり承認可決されました。
		【役員一同】	〔自席で社長の「ありがとうございました」に合わせて一礼。〕
		《株主》	（拍手）
16.	第3号議案採決	【社長】	次に第3号議案「取締役○名選任の件」の採決をいたします。原案にご賛成の株主様は拍手をお願いいたします。
		《株主》	（拍手）
		【社長】	ありがとうございました。過半数のご賛同を得ましたので本議案は原案どおり承認可決されました。

第5章　株主総会

	【役員一同】	〔自席で社長の「ありがとうございました」に合わせて一礼。〕
	《株主》	(拍手)
17. 第4号議案採決	【社長】	次に第4号議案「監査役○名選任の件」の採決をいたします。原案にご賛成の株主様は拍手をお願いいたします。
	《株主》	(拍手)
	【社長】	ありがとうございました。過半数のご賛同を得ましたので本議案は原案どおり承認可決されました。
	【役員一同】	〔自席で社長の「ありがとうございました」に合わせて一礼。〕
	《株主》	(拍手)
18. 審議終了及び閉会宣言	【社長】	以上をもちまして本日の目的事項はすべて終了しましたので、本総会は閉会といたします。 本日はありがとうございました。 〔社長：一礼、その他の役員：着席のまま一礼〕
	《株主》	(拍手)
19. 新任役員の紹介	【社長】	なお、この機会に新たに役員に選任されました○名をご紹介いたします。 まず、取締役につきましてご紹介いたします。 ○○○○氏です。
	《株主》	(拍手)
	〈○○○○氏〉	○○○○でございます。どうぞよろしくお願いいたします。
	【社長】	○○○○です。
	《株主》	(拍手)
		(以下同様)
	【社長】	次に、監査役につきましてご紹介いたします。 ○○○○氏です。
	《株主》	(拍手)
20. あいさつ退出	【社長】	以上でございます。〔その他の役員起立〕 本日はありがとうございました。これをもちまして散会といたします。 〔社長、その他の役員共に起立のまま一礼〕
	《株主》	(拍手) (出入口に近い役員から順次退席。或いは議長の降壇を待って、社長を先頭に退席)

＊久保利英明＝中西敏和『新しい株主総会のすべて〔改訂2版〕』（商事法務、2010年）274頁以下。

(2) 議事の整理が必要な場合

ほとんどの会社では、株主総会はシナリオどおりに進行する。もちろん、株主からどのような質問・発言が出るかによって、総会の雰囲気・時間に多少の違いは出るものの、基本的にはシナリオどおりに終わるのが通例である。

しかし、ごくまれに、不規則発言を繰り返したり動議を提出する株主が現れることがあり、そのような場合には、株主総会の議長の方で適切に議事運営を行う必要がある。

① 発言の制止・退場命令

議長は、株主総会の秩序を維持し、議事を整理する権限を有している（会社法315条1項）。これは議事を円滑に進めるために議長に認められている権限であり、かなり強力なものである。

そのため、不規則発言を繰り返したり、会場を動き回るなどして株主総会の秩序を乱す株主がいる場合には、発言を制止し、それでも止めないときには退場を命じることもできる（会社法315条2項）。

② 答弁担当者の指名

株主総会の議長は、株主が特定の取締役を名指しして回答を求めてきた場合であっても、それに従う必要はなく、質問された事項を説明するのに適切と考える役員を指名して回答させることができる。

例えば、「社外取締役・社外監査役から回答してほしい」と要求された場合であっても、その質問の内容に照らして業務執行取締役が回答する方がふさわしいと考えられるものであれば、社外取締役・社外監査役ではなく業務執行取締役を指名して説明させてかまわない。

しかし、質問の内容によっては社外取締役・社外監査役でなければ回答できない性質のものも考えられる。特に近年は社外取締役・社外監査役に

注目が集まっており、株主からの期待も高い。指名・報酬委員会の委員長といった重要ポストに就いていることも多く、社外取締役・社外監査役から回答することが適切と考えられる質問が出ることも予想される。そのような場合には社外取締役・社外監査役を指名して回答させることになろう。

③ 動議対応

株主総会の議長は、株主から適法な動議が提出された場合には、これを採り上げて議場に諮らなければならない。

動議には、会社が提案している議案の内容の変更を求める動議（実質的動議）と議事の運営・進行についての動議（手続的動議）の2種類がある。

しかし、通常の株主総会では、株主が提出した動議が過半数の賛成を得て承認可決される可能性はないため、特に心配する必要はない。

実質的動議については、ほとんどの会社では事前提出された議決権行使書だけで会社提案に対する賛成を確保できているため、会社提案の修正を求める動議が承認可決されることはない。

手続的動議については、事前提出された議決権行使書はカウントされないため、その場で議場に諮って否決する必要があるが、ほとんどの会社では大株主の来場または白紙委任状による代理人出席という形で議場の過半数も確保されている。そのため、議長不信任などの動議が出されたとしても、その場で議場に諮り、否決することができる。

(3) 決議要件

株主総会の決議は、定款に別段の定めがある場合を除き、議決権を行使することができる株主の議決権の過半数を有する株主が出席し、出席した株主の議決権の過半数をもって行う（普通決議。会社法309条1項）。

ただし、定款変更、合併その他の組織再編、監査役・監査等委員である取締役の解任などについては、議決権を行使することができる株主の議決権の過半数（3分の1以上の割合を定款で定めた場合には、その割合以上）を有する株主が出席し、出席した株主の議決権の3分の2以上の多数をもって行わなければならない（特別決議。会社法309条2項）。

定足数の定めについては、定款で排除・緩和されていることが多いため、普通決議の場合には出席者の議決権の過半数の賛成、特別決議の場合には3分の1以上の出席で、出席者の議決権の3分の2以上の賛成が必要となる。

なお、取締役会の場合には、特別利害関係を有する取締役は議決権を行使できず、議長も務めることができないとされているが、株主総会の場合には、特別利害関係を有する株主を排除すべきという規定は存在しない。

◆3◆ 取締役・監査役の説明義務

株主総会の全体像、議事シナリオを見ればわかるとおり、ほとんどの部分は議長が担当することとなる。

議長以外の取締役・監査役が登場するのは、質疑応答の部分である。ここでは、株主総会の報告事項・決議事項の全般について、株主から質問が出され、議長が適任と考える者を回答者に指名する。

回答者に指名された取締役・監査役は、株主の質問に答える形で説明を行う。取締役・監査役は、株主から特定の事項について説明を求められたときには、必要な説明をしなければならない義務を負っており（会社法314条）、万一説明が不十分だと説明義務違反として決議取消事由となる。一方で、会社の事業に関しては、公の場で話せない事項も多く、株主から質問されたからといって、何でも説明してよいということではない。

そのため、取締役・監査役としては、株主総会当日に回答者に指名されて誤った説明をしないように、説明すべき事項・してはいけない事項の範囲を事前に確認しておく必要がある。

近年は社外取締役・社外監査役に対する質問も増えてきているため、社外取締役・社外監査役であっても総会当日に回答に窮することのないよう、事前に準備しておくべきである。

第 5 章　株主総会

(1) 説明義務の範囲

① 説明しなければならない事項

　会社役員は、株主総会において、株主から特定の事項について説明を求められた場合には、当該事項について必要な説明をしなければならない（会社法 314 条）。

　もっとも、質問された事項についてすべて回答しなければならないわけではなく、(a)当該事項が株主総会の目的事項に関しないものである場合、(b)その説明をすることにより株主の共同の利益を著しく害する場合、(c)正当な理由がある場合、には説明を拒むことができる（会社法 314 条）。

　説明を拒否する正当な理由がある場合とは、(d)当該事項について説明をするために調査が必要である場合（事前質問状が出された場合、調査が著しく容易な場合を除く）、(e)当該事項について説明をすることにより会社その他の者の権利を侵害することとなる場合、(f)株主が当該総会において実質的に同一の事項について繰り返し説明を求める場合、(g)そのほか、当該事項について説明をしないことにつき正当な理由がある場合、とされている（会社法施行規則 71 条）。

　ただし、どういう場合にこれらの拒否事由に該当するのか、どういう場合には説明しなければいけない事項として説明義務の対象とされるのか、その具体的な判断は難しい。

　近年の株主総会は、IR 型の開かれた総会という形で運営されており、基本的には説明するというスタンスで回答に臨んでいる。そのため、株主からの質問に対し、「当該事項が株主総会の目的事項に関連しない」などという理由で説明を拒むケースはほとんどない。

　しかし、例えば不祥事が起きた場合の個々の役職員の責任や処分、被害者への補償対応など、会社として詳細を回答しにくい質問が出される可能性はある。そのような場合に、どこまでが説明義務の対象に含まれるのか、説明をしないとして、どのような理由で説明を差し控えるのかといった点については、事前に十分検討し、回答を担当する役員に伝えておくべきである。回答を担当する役員は複数に及ぶ可能性もあり、取締役・監査役では回答スタンスが異なる可能性もあるため、回答スタンスが矛盾すること

のないよう、事前のすり合わせも必要である。

なお、従来の株主総会実務では、説明義務の範囲について、事前に株主に送付する書類（招集通知、議案の参考書類、事業報告、計算書類）および会社に備え置いて株主の要求があれば閲覧させる書類（事業報告・計算書類の附属明細書）に記載された事項を目安に考えることとされていた。これらの書類は、株主総会に来場しない株主に対して判断材料として提供されている書類であり、最低限、これらに記載された情報があれば議案に対する賛否の判断ができるはずである。そうだとすれば、株主総会で質問された場合にも、これらの書類に記載されている事項を説明しておけば、説明が不十分とされることはないはずだという考え方である。

しかし、近年では、会社法改正により事前に株主に送付する書類についても記載の充実が求められており、コーポレートガバナンス・コードでもガバナンスの観点から積極的な情報開示が要請されている。実際に、機関投資家のみならず個人株主からも、情報開示の要請が強くなっている。

そのため、場合によっては、既に送付した書類に書いてある限度で説明義務は尽くされているという回答スタンスでは株主の理解を得られないといった事態も想定される。裁判所で説明義務違反と認定されることはないとしても、株主から「情報開示に消極的な会社である」という烙印を押される可能性は否定できない。

したがって、説明しなければならない事項の範囲を事前に検討する際には、会社法で開示を義務づけられている最低ラインを基準として考えるだけでなく、コーポレートガバナンス・コードで情報開示を求められているかどうかといった点も考慮しながら、自社における説明義務の範囲を検討することが必要となる。

② **説明してはいけない事項**

近年の株主総会実務では、説明しなければならない事項を説明しなかったという説明義務違反が問題となるリスクはさほど高くない。多くの会社は、IR型の開かれた総会という方針を掲げ、株主から質問された事項は可能な範囲ですべて回答するというスタンスで臨んでいるからである。

むしろ、近年の株主総会では、説明しなければならない事項を説明しな

第5章 株主総会

かったという説明義務違反のリスクより、説明してはならない事項をうっかり説明してしまったというリスクの方が発生する可能性が高くなっているように思われる。しかも、かつては株主総会における単なる失言で済んでいたものが、今ではあっという間にインターネットで情報拡散してしまう可能性があり、リスクの大きさも比べものにならないくらい大きくなっている。

したがって、株主総会の事前準備としては、どこまで説明しなければならないのかという最低限のラインの確認だけでなく、ここから先は説明してはいけないという上限のラインについてもよく検討し、確認しておくことが必要となる。

例えば、会社法の定める説明の拒否事由とされている「説明をすることにより株主の共同の利益を著しく害する場合」や「説明をすることにより会社その他の者の権利を侵害することとなる場合」とは、そもそも説明してはいけない場合に該当する。具体的には、企業秘密に関わる事項、第三者との契約違反になる事項、未公表の重要事実などについては、これらの事由に該当し、いくら株主からしつこく質問されたとしても回答することはできない。また、他社との業績比較、他社を例とした不祥事対応など、他社を非難・中傷しているようにとられかねない回答も差し控えるべきである。

ただし、どういう場合には回答してもよくて、どういう場合には回答してはいけないのか、その具体的な判断は難しい。

その際に参考とすべきなのは、質問された事実が既に会社から開示・リリースされているかどうかである。

アナリスト向けの決算説明会や機関投資家との懇談会などで既に話したことがある事項であれば、株主総会で説明したとしても問題となることはないが、どこにも開示していない情報である場合には、説明することで問題が生じることがないかどうかを事前に検討しておくべきである。

また、仮に総会当日に質問されてしまった場合には、各自の判断で説明することは控えるべきである。多少回答に時間がかかってもよいから、回答する前に総会の事務局スタッフと相談し、どこまで説明するべきかを確認する必要がある。

(2) 社外取締役・社外監査役としての留意点

　昨今、コーポレート・ガバナンスの強化が求められる中で、独立社外役員の存在に注目が集まっており、社外取締役・社外監査役に対し、それぞれの役割・機能を発揮して会社のガバナンスに貢献することが期待されている。

　このような世の中の流れを受けて、株主総会においても、社外取締役・社外監査役を名指しして質問が出される例が増えている。

　このような社外取締役・社外監査役に対する質問が出された場合、必ず当該社外役員が回答しなければならないということはない。議長としては、自らの判断で適切な回答者を選ぶことができるため、株主による回答者の指名に拘束されることはなく、自らが適切と考える回答者を指名することになる。

　しかし、取締役・監査役は、株主から特定の事項について説明を求められた場合には必要な説明をしなければならない義務があり（会社法314条）、この点は社内・社外を問わない。また、株主総会の議事を適法に運営しなければならない立場の議長としては、株主に対して必要な説明を行うために適切な回答者を指名することが必要である。

　そうだとすれば、株主の質問内容に照らし、社外取締役・社外監査役から回答することが合理的であると考えられる場合には、社外取締役・社外監査役を回答者として指名せざるを得ない。実際に平成28年の株主総会を見ると、社外役員を指名した質問が出されて社外役員が回答した例も散見されるところであり、今後、社外役員が回答するケースはもっと増えていくものと予想される。

　したがって、社外取締役・社外監査役の側としても、株主総会で回答する場面に備えて準備しておく必要がある。

① 社外取締役としての留意点

　社外取締役に求められているのは取締役会の監督機能を強化することであり、その中でも、指名・報酬の決定プロセスに積極的に関与してモニタリングを強化する役割が期待されている。

そうだとすれば、指名・報酬の決定プロセスはどうなっているのか、業績評価は公正かつ合理的に行われているのか、業績評価は適切に指名・報酬の決定に反映されているのかといったモニタリングに関わる質問については、業務執行取締役ではなく社外取締役が回答した方が適切である。特に、指名・報酬委員会については、経営トップと社外取締役で構成されていることが多く、モニタリングされる側の社内委員が回答するのは不適切と考えられる質問も多いはずであり、そうなると社外取締役が回答せざるを得ない。また、指名・報酬委員会の委員長を社外取締役が務めている場合には、委員長から回答した方がよい質問もあると考えられる。

また、不振事業の撤退の是非や不祥事への対応など、当該事業年度中に取締役会として代表取締役・業務執行取締役らを監督しなければならない事案が発生した場合には、その局面で社外取締役としてどのような対応をとったのかを質問される可能性が高い。このような場面では、社外取締役は独立した立場から業務執行者を監督しなければならず、業務執行を担当する社内取締役とは、監督する者・される者として相対立する関係に立つ。したがって、そのような場面での社外取締役の対応について、社内取締役が回答するわけにはいかず、社外取締役が回答することが適切である。

② 社外監査役としての留意点

社外監査役に求められているのは違法性の監査である。社内監査役だけでは厳格な監査を実施できない可能性があるため、独立した立場の社外監査役が加わることで監査機能を強化することが期待されている。

したがって、不祥事などの不正・違法行為が発覚した場面では、監査役に対する質問が多く出されることが予想され、それらの質問には監査役が回答しなければならない。監査される側の業務執行取締役が回答するわけにはいかないからである。

ただし、監査役の場合には、社内出身の常勤監査役と社外監査役で相対立する関係に立つことはなく、同じように違法性監査を行う立場であるため、原則として常勤監査役が回答することになる。監査という観点からは、社外監査役でなければ回答できないという質問はさほど多くないように思われるが、独立社外の監査役としてどういう対応をとったのかといった質

問が出された場合には、社外監査役が回答することになろう。

　そのほか、専門的な知見のある社外監査役に対しては、専門家としての意見も求められる可能性がある。この点は社外取締役も同様であるが、このような質問に対してどのように回答するべきか、なかなか判断が難しい。

　社外取締役・社外監査役は、たとえ法律・会計・税務などの専門家であっても、専門家としての関与・助言を求められているわけではなく、そのような知見・経験を生かして社外取締役・社外監査役として貢献することを期待されている。そもそも法律・会計・税務といった専門分野ごとに会社には顧問弁護士・会計士・税理士がいるわけで、会社の業務は原則として顧問のアドバイスに従って進められている。

　したがって、個別具体的な事案に関して専門家としての意見・見解を質問されたとしても、それは社外取締役・社外監査役として回答するべき話ではないと考えられる。とはいえ、専門的な知見・経験を生かして社外取締役・社外監査役としての職務を遂行することを期待されているのは事実であり、専門的知見を生かしてどのような貢献を心がけているかといった点は回答するべきである。

第6章　社外取締役・社外監査役の責任

◆1◆　はじめに

　最後に、社外取締役・社外監査役の法的責任について考えてみよう。

　役員責任追及訴訟については、巨額の賠償金額が命じられる事案が大きく報道されることがある。古くは平成12年の大和銀行株主代表訴訟の大阪地裁判決で、800億円を超える巨額賠償が命じられ、平成14年商法改正で役員責任を限定するための規律が導入されるきっかけとなった。本年（平成29年）4月にもオリンパスの旧経営陣に対する損害賠償請求訴訟の東京地裁判決は、約590億円に及ぶ巨額賠償を命じている。

　このような判決を目にすると、社外取締役・社外監査役もこのような巨額の賠償請求を受けることがあるのだろうか、そもそもどういう場合に責任が認められるのかといった点が不安になってくる。

　確かに、昨今のコーポレート・ガバナンスの議論の中で社外取締役・社外監査役に注目が集まり、その役割・機能が明確に意識されるようになると、何か不祥事が起きたときには「社外取締役・社外監査役は何をしていたのだ」という批判も受けやすくなってくる。実際の会計不祥事に関する報道などでも、指名委員会や監査委員会の委員を務める社外取締役がきちんと職務を果たしていなかったのではないかといった批判の声が聞こえてくる。

　社外取締役・社外監査役の立場からすると、これらの批判は厳しすぎると感じられるかもしれない。社外取締役・社外監査役といえどもガバナンス強化の万能薬ではなく、独立社外者であるがゆえのさまざまな制約の下で職務を行わなければならないのであるから、高すぎる期待をかけられて

結果論だけで批判されたのではかなわない。社外取締役・社外監査役はどのような役割を果たすべきなのかといった点をきちんと理解し、各自の職責を果たそうと努力していたのであれば、不祥事を招いたことに責任があると認められることはないはずである。

ただし、社外取締役・社外監査役としての責任を尽くしていれば問題ないはずだとしても、それは「社外だから、この程度のコミットしかできない」という言い訳が許されるということではない。

社外取締役・社外監査役というのは、社内出身の取締役・監査役だけでは難しい役割を果たすために選任されているのであり、その役割・機能についてもコーポレート・ガバナンスの議論の中で明確に整理されつつある。そうだとすれば、これからの役員責任追及訴訟では、問題となっている事案において社外取締役・社外監査役として果たすべき役割・責務とはどういうものなのか、当該社外取締役・社外監査役はそのような役割・責務を適切に遂行していたと言えるのかどうかといった点が争われるケースも増えてくるものと予想される。

そこで、以下では、社外取締役・社外監査役に対して追及される可能性がある役員責任としてはどういう類型のものが考えられるのか、過去の裁判例等を参考にしながら見てみよう。

◆ 2 ◆ 会社法に基づく役員責任

会社法は、会社役員がその任務を怠ったときには、会社に対して損害賠償責任を負うと定めている（会社法423条1項）。

取締役・監査役は、会社との間で委任関係に立ち、受任者として会社に対する善管注意義務・忠実義務を負っている。そのため、会社役員の職務遂行に当たり任務懈怠（善管注意義務・忠実義務違反）があり、それによって会社に損害が発生した場合には、会社役員は会社に対して損害賠償責任を負うことになる。これが会社役員の会社に対する責任の基本類型である。

ここでは、「取締役」および「監査役」の会社に対する責任という形で規定されており、社内・社外の区別はない。代表取締役・業務執行取締役

第6章　社外取締役・社外監査役の責任

も非常勤の社外取締役も同じ「取締役」であり、常勤監査役と非常勤の社外監査役も同じ「監査役」として、会社に対して責任を負うこととされている。非常勤だからといって責任が軽減されるということはない。

実際に過去の裁判例でも、社外監査役の責任について、「社外監査役は、たとえ非常勤であったとしても、常に、取締役からの報告、監査役会における報告などに基づいて受動的に監査するだけで足りるものとは言えず、常勤監査役の監査が不十分である場合には、自ら、調査権（商法274条2項）を駆使するなどして積極的に情報収集を行い、能動的に監査を行うことが期待されているものと言うべきである」と判示されているものがある（大阪地判平成12年9月20日判時1721号3頁）。

これを見るとわかるとおり、裁判所は「非常勤の社外監査役だから」という言い訳には耳を貸さず、会社役員である以上は求められる職責を果たすべきであるというスタンスに立っている。

とはいえ、非常勤の取締役・監査役に対して常勤者と同じような活動を求めている趣旨ではない。上記裁判例でも「常勤監査役の監査が不十分である場合には」と述べているとおり、社外監査役が常勤監査役の監査の不足・不備あるいは業務執行に関して何らかの違法性の疑いがあることに気づいたときには、自ら積極的に活動して業務執行取締役らの職務の執行を監督・監査しなければならないということであり、非常勤の社外取締役・社外監査役では気づくことができなかった違法行為についてまで監督・監査することを求められているわけではないと解される。

しかし、知らなかったことについては責任を追及されないということになると、熱心に取締役会の事前説明等に参加していた社外役員は責任が認められ、事前説明等に参加することもなく取締役会にも欠席が多い社外役員は免責されることになってしまう。それはそれでおかしな話である。

やはり、企業のガバナンス体制の中で社外取締役・社外監査役が必要とされている以上、社外取締役・社外監査役としてやるべき仕事をしていたのかどうかという観点で「任務懈怠」の有無を考えていく必要がある。

それでは、どういう場合に社外取締役・社外監査役としての「任務を怠った」として責任追及されるのだろうか。

これまでのところ、社外取締役・社外監査役の責任にフォーカスして判

断が示された裁判例は少ないが、担当外の取締役や監査役に責任が認められた裁判例はいくつかある。それらの裁判例を参考にして、社外役員に対して任務懈怠の責任が認められる可能性について検討してみよう。

(1) 経営判断の誤り

　会社役員に対する責任追及訴訟では、経営トップやその部下である業務執行取締役の経営判断が誤っており、それによって事業が失敗して巨額の損失が発生したという場合に訴えられるケースがよく見られる。
　いわゆる事業活動に関する経営判断であるため、原則として取締役の判断が尊重されるが（経営判断の原則）、(a)法令・定款または株主総会決議の違反がある場合、(b)会社に対する忠実義務違反がある場合、(c)判断の前提となった事実の認識に重要かつ不注意な誤りがある場合、(d)意思決定の過程・内容が企業経営者として特に不合理・不適切である場合には、その経営判断は尊重されず、取締役の注意義務違反と判断されることとなる。具体的には、買収・新規事業の失敗（特別損失の計上）、経営支援していた子会社・取引先の破綻（支援融資の回収不能）などにより会社に巨額の損失が発生した場合に、株主から取締役の経営判断の誤りにより会社に損害が生じたとして訴えられることが多い。
　このような事業活動に関する経営判断については、代表取締役・業務執行取締役の決裁で実行されるものもあるが、会社に巨額の損失が発生するような重要な判断であれば、取締役会の決議を経ていることが多い。そのような場合には、具体的に当該業務を担当している業務執行取締役やその上司である代表取締役だけでなく、当該取締役会の決議において賛成した担当外の取締役についても責任が認められることがある。
　例えば、バブル崩壊後の破綻金融機関の取締役に対する責任追及訴訟などでは、議案に賛成した担当外の取締役に対しても高額の賠償責任が認められている（最判平成20年1月28日判時1995号151頁、1997号143頁、同148頁など）。この当時の取締役会メンバーは、担当外とはいえ全員が社内取締役であったが、現在の取締役会には複数の社外取締役がおり、重要な業務執行に関する議案についても決議に参加している。そのため、このよ

うな形で取締役会の決議において賛成した取締役全員の責任が認められることになれば、社外取締役も同様に任務懈怠による責任を認められることになってしまう。

　この点、指名委員会等設置会社・監査等委員会設置会社であれば、重要な業務執行の決定についても大幅に取締役等に委任することが認められているため、社外取締役が経営判断の誤りについて責任追及されるリスクは比較的低くなると考えられるが、監査役会設置会社の場合には重要な業務執行については取締役会で決議しなければならないため、社外取締役に対して責任追及される場面は多くなる。

　このように取締役会の承認決議に基づき行われた重要な業務執行（経営判断）につき当該決議に賛成した取締役の責任を検討するに当たり、社内取締役と社外取締役の責任を同列に論じてよいのかについては、悩ましい問題である。法律上は同じ「取締役」として決議に参加しているとはいえ、現実問題として当該決議事項に関する知識や事実認識に差があることは否めない。このような場面における社外取締役の責任を検討する上で参考となる裁判例としては、以下のようなものがある。

　① 　最判平成21年11月27日判時2063号138頁
　　A銀行が、県から要請を受け、県において再建資金の融資を計画していたB社に対し、当該融資が実行されるまでのつなぎ融資をした後に、B社に追加融資をしてもその回収を容易に見込めない一方で、これをしなければB社が破綻・倒産する可能性が高く、つなぎ融資まで回収不能となるおそれがある状況の下で、B社に対して追加融資をした場合において、その追加融資の一部を決定したA銀行の取締役らの責任が追及された事案である。
　　本件判決は、もはや融資の回収が見込めなくなった後の追加融資の判断は著しく不合理であったとして当該追加融資の実行を承認する旨の取締役会決議に賛成した取締役の善管注意義務違反を肯定した。
　　このようなケースで社外取締役が当該取締役会決議に賛成していた場合に社外取締役の責任が認められるかどうかについては、当該社外取締役が融資の回収見込みがなくなったことを示唆する事情を認識し得たかどうか

といった個別の事情によって判断されるはずである。

しかし、①何度も追加融資を重ねてきた経緯は取締役会において明らかとなっており、客観的に見て回収不能が疑われる状況であったこと、②追加支援の打切りといった経営判断は当該業務を遂行してきた業務執行取締役だけでは決断しにくいものであり、独立した立場の社外取締役が厳しく監督することが期待されていることなどの事情を考えると、社外取締役であっても漫然と当該決議に賛成していた場合には責任を認められる可能性も否定できないように思われ、注意が必要である。

② 名古屋高判平成25年3月28日金判1418号38頁

A社の孫会社であるB社が、A社発行のコマーシャルペーパー（CP）を引き受けたところ、その1か月後にA社が民事再生・破産に至ったためにCPの償還を受けられずに損害を被ったとして、CP引受けの取締役会決議に賛成したB社取締役（A社と兼務）およびB社社外取締役の責任が追及された事案である。

第一審の名古屋地裁判決は、兼務取締役についてはCPの償還が困難であることを認識しながらCP引受けに賛成したことに善管注意義務違反を認める一方、社外取締役についてはA社の短期間での破綻を予測し得なかったとして責任が否定されていた。

しかし、控訴審である名古屋高裁判決では、兼務取締役については第一審の判断を維持する一方で、社外取締役については会社との間で和解が成立している。和解したということは、社外取締役が一定の金額の支払いに応じた可能性が高く、仮に和解が成立せずに判決となっていれば社外取締役の責任が認められた可能性も否定できない。

本件は親会社の経営悪化局面における親会社CPの引受けという利益相反性の高い取引であり、社外取締役の監視義務が期待されるところであったという指摘もされている（太子堂厚子「企業法務最前線」監査役619号（2013年）84頁）。利益相反性の高い取引については社外取締役としての任務を尽くしたかどうかを厳しく問われる可能性もあることに留意すべきである。

(2) 利益相反取引の監督

会社法は、利益相反取引によって会社に損害が生じたときには関与の度合いに応じて取締役の任務懈怠があったものと推定され、利益相反取引の承認決議に賛成した取締役についても任務懈怠が推定されるとして、利益相反取引に基づく役員責任について厳しい姿勢を示している（会社法423条3項3号。ただし、監査等委員会設置会社においては、監査等委員会が当該取引を承認している場合には任務懈怠は推定されない。同4号）。

また、コーポレートガバナンス・コードでも、社外取締役に特に期待されている役割として、会社と経営陣・支配株主等との間の利益相反を監督することが指摘されている（原則4-7(iii)）。

このような会社法およびコーポレートガバナンス・コードの定めに照らすならば、利益相反取引や創業家・大株主といった支配株主との取引により会社に損害が発生したというケースでは、社外取締役の監督責任が厳しく追及される可能性もあり得るところである。

前述の名古屋高裁判決（名古屋高判平成25年3月28日）においても、親会社の経営悪化局面における親会社発行CPの引受けという利益相反性の高い取引については、特に社外取締役の監視義務が期待されるという指摘がされているところであるが、それ以外に参考となる裁判例としては、以下のものがある。

・大阪高判平成27年10月29日判時2285号117頁

A社の取締役がMBOを試みた際に善管注意義務・忠実義務違反（公開買付価格への不当介入等による義務違反、情報開示義務違反）の行為を行ったためにMBOが途中で頓挫したことで無駄な費用を支出したとして、買付者側である取締役のみならず、買付者側でない社外取締役に対しても責任追及された事案である。

この事案においては、MBOの買付者側でない社外取締役について、「本件MBOとの関係においては、①取締役の善管注意義務に基づき、一審被告ら〔買付者側である取締役〕の職務執行を監視することを通じて、公正な企業価値の移転を図る義務を負うほか、②自らが本件MBOに関す

る株主の利益に配慮した公正な手続により買付者側と交渉すべき立場にあった」と判示されており、社外取締役には利益相反関係を監視するべき責務があると認められている。

ただし、本件判決では、社外取締役が買付者側である取締役による公開買付価格への不当介入等の行為を知り得たとは言えないとして、結論としては善管注意義務違反による責任は否定された。

(3) 監視義務

取締役は、取締役会のメンバーとして、他の取締役の職務執行を監督する責務を負っている。したがって、利益相反取引に限らず、他の取締役による違法行為が行われた場合には監視義務違反に基づく責任を追及されることになる。

また、監査役は取締役の職務執行を監査する責務を負っているため、取締役による違法行為が行われた場合には同様に責任を追及されることになる。

このように他の取締役による違法行為が行われた場合に監視義務違反に基づく責任を追及されるという局面においては、社内・社外の区別はない。ただし、社外取締役・社外監査役は会社に常勤しておらず、他の取締役の違法行為を認識・予測することは困難であることが多いため、監視義務違反が認められるリスクは相対的に低いものと考えられる。

とはいえ、社外取締役・社外監査役は取締役会へ出席しなければならず、そこでの議論や提出された資料によって違法行為を認識・予測することができる場合には、社外役員であっても監視義務違反に基づく責任を追及される可能性がある。

そのほか、監査役の場合には、取締役と異なり、単独で業務・財産状況を調査したり、違法行為の差止めを請求することもできるといった強力な権限を有している。そのため、場合によっては、社外監査役がそれらの権限を行使しなかったことが注意義務違反であるとして責任追及される可能性も否定できない。

このように社外取締役・社外監査役に関して監視義務違反に基づく責任

が追及される場面として、参考となる裁判例としては、以下のものがある。

① 大阪高判平成18年6月9日判時1979号115頁

　食品販売会社が食品衛生法に違反する未認可添加物を含む「肉まん」を販売したため、その回収や販売店に対する補償により会社が損害を被ったことにつき、①平取締役として、その事実を積極的に公表しない旨の方針を当然の前提として取締役会で了解したこと、②監査役として、問題対応方策の検討に参加しながら、取締役らの任務懈怠に対する監査を怠ったことが善管注意義務違反になるとされた事案である。

　この事案においては、取締役会で「未認可添加物を含む『肉まん』を販売したことを積極的には公表しないという方針」を明示的に決議したわけではないが、本件判決は、当該方針が当然の前提として了解されていたことをもって、取締役会に出席した取締役や対応方策の検討に参加した監査役の責任を認めている。

　このような事案において、当該取締役会決議に賛成した社外取締役あるいは当該取締役会に出席して異議を述べなかった社外監査役がいた場合、裁判所はその責任を認めるだろうか。この点、断定はできないものの、本判決では、食の安全に関する情報開示についての方針・姿勢に関わる事柄であり、問題対応方策の検討に参加した監査役の責任も認められていることに照らすと、社外取締役・社外監査役の責任が認められる可能性も否定できないと思われる。

② 大阪高判平成27年5月21日判時2279号96頁

　破産に至ったA社の代表取締役Bが数々の不正行為を繰り返しており、A社の取締役・監査役は、BがA社の資金を定められた使途に反して合理的な理由なく不当に流出させるといった任務懈怠行為を行う可能性があることを具体的に予見することが可能であったとして、A社の社外監査役に監査義務違反が認められた事案である。

　この事案においては、A社の財務担当取締役はそのような事態の発生を予防するための内部統制システムを取締役会において整備するべき義務を負い、A社の社外監査役は、監査役の職務として監査役監査規程に基づき、

取締役会に対し、内部統制システムを構築するよう助言または勧告すべき義務を負うと認定された。さらに、社外監査役は、取締役会に対し、Bを代表取締役から解職すべきである旨を助言または勧告すべきであり、それらを行わなかったことが監査役としての義務違反であると認定された。

本件判決に対しては、内部統制システムの構築や代表取締役の解職はそもそも取締役会の判断事項であり、監査役は取締役会における発言義務があるといっても（会社法383条1項）、それをもって助言・勧告義務として法的責任の根拠とした点については議論の余地があるなどといった批評もされている（伊藤靖史「原審判批」私法判例リマークス50号（2015年）93頁、松井秀樹「原審判批」金判1439号（2014年）7頁、弥永真生「会社法判例速報」ジュリスト1484号（2015年）2頁、得津晶「商事判例研究」ジュリスト1490号（2016年）119頁など）。実際、A社の社外監査役は、代表取締役Bの行為を黙認してきたわけではなく、さまざまな機会を捉えて異議を述べ、報告を徴求し、辞任を示唆するなどの対応をとっていたということであり、実務の立場からすると非常に厳しい判示であるという印象は否めない。

とはいえ、非常勤の社外監査役に対して明示的に責任が認められた事例があるということであり、留意しておく必要がある。

(4) 内部統制システムの構築・運用

会社法は、内部統制システムの大綱（基本方針）については取締役会で決議しなければならないと定めている（会社法362条4項6号、399条の13第1項1号ロ・ハ、416条1項1号ロ・ホ）。

そのため、仮に内部統制システムが全く構築されていなかったという判断が下される場合には、当該決議に賛成した社外取締役も責任追及される可能性がある。ただし、近年のコーポレート・ガバナンスの意識の高まりを受けて、どこの会社でも内部統制システムの大綱（基本方針）については検討を重ねており、内部統制システムの大綱（基本方針）が適切に決議されていないということはあまり考えられないため、構築義務違反が認められるリスクは低いと思われる。

しかし、構築された内部統制システムが適切に運用されているかどうか

については、別途検討が必要である。

内部統制システムは、いかに優れた大綱（基本方針）を策定し、体制を整えたとしても、適切に運用しなければ不正・違法行為を予防することはできない。過去の裁判例でも、不祥事を防止するための内部統制システムの構築・運用義務違反が争われた事案において、実際に不正・違法行為が起きた部署を統括する取締役や内部監査・検査を担当する取締役の義務違反が認定されたケースがある（大阪地判平成12年9月20日判時1721号3頁）。

社外取締役・社外監査役は、具体的な内部統制システムの構築や運用を担う立場ではないため、これまでの裁判例では特に責任追及の対象としてクローズアップされてこなかった。

しかし、モニタリング・モデルを目指す動きが広まりつつある昨今では、内部統制システムの重要性は以前よりも増しており、今後は社外取締役・社外監査役に対しても責任追及される可能性が高まっていくように思われる。特にリスクが高いのは、監査委員・監査等委員である取締役と監査役である。

まず、指名委員会等設置会社および監査等委員会設置会社では、監査委員会・監査等委員会は、内部統制システムを通じた組織監査を行うこととされている。その監査の手法は、内部統制システムが適切に構築・運用されているかどうかをモニタリングすることである。そうだとすれば、内部統制システムが適切に運用されていないために不祥事が発生したと認定されるケースがあれば、内部監査を担当する取締役だけでなく、それをモニタリングすることを職責とする監査委員・監査等委員である取締役も義務違反とされる可能性がある。

しかも、監査委員会・監査等委員会では、組織監査を原則としているために常勤者を置くことが義務づけられていない。社内出身の監査委員・監査等委員であっても、社外出身の監査委員・監査等委員であっても、同じように内部統制システムをモニタリングして監査を行うべき責務を負っているということである。そうだとすると、監査委員・監査等委員である社外取締役は、内部統制システムの具体的な構築あるいは運用が適切ではなかった事案において、社内出身の監査委員・監査等委員である取締役と同様に責任追及される可能性が高いと言わざるを得ない。

以上については、社外監査役にも当てはまる。監査役会設置会社では、個々の監査役が権限を有しており、常勤監査役と社外監査役で役割分担して監査を進めるのが原則である。しかし、実際には常勤監査役だけで全社の業務を監査することは困難であり、業務に関しては内部統制システムの担当部署と、会計に関しては外部の会計監査人と連携をとりながら監査を進めることとされている。

　そのため、監査役等は「内部統制システムの整備についての決定および内部統制システムの運用状況」が相当かどうかを確認し、仮に相当でないと認めるときは監査報告にその旨を記載して株主に報告しなければならない（会社法施行規則129条1項5号、130条2項2号、130条の2第1項2号、131条1項2号）。内部統制システムに何らかの問題があると、業務監査にも悪影響を及ぼしてしまうため、監査役等に内部統制システムが適切に整備・運用されているかどうかの確認を求めているのである。

　このように、内部統制システムの相当性については監査報告の記載事項ともなっている以上、社外の監査役・監査委員・監査等委員であっても責任をもって確認する必要がある。そうだとすれば、内部統制システムの具体的な構築あるいは運用が適切ではなかった事案において責任追及される可能性は否定できないように思われる。

◆3◆　金融商品取引法に基づく責任

　会社役員に対する責任追及訴訟としては、かつては会社法に基づく任務懈怠による責任を追及する株主代表訴訟の事案が多かった。

　しかし、近年は、金融商品取引法に基づく有価証券報告書等の虚偽記載等による責任を追及する事案が増加している。その背景事情として、会計不祥事は依然として多く、有価証券報告書等の虚偽記載等により課徴金納付を命じられる事例が増えたことに加え、インターネットの普及により不特定多数の株主が集まって集団訴訟を形成することが容易となったことがあげられる。

　金融商品取引法によれば、有価証券報告書等の重要な事項について虚偽

の記載があり、または、記載すべき重要な事項・誤解を生じさせないために必要な重要事実の記載が欠けているときには、当該書類の提出会社、提出時の会社役員、監査証明を行った公認会計士・監査法人は、虚偽記載等を知らずに提出会社が発行した有価証券を取得または処分した者に対し、記載が虚偽であること等により生じた損害を賠償する責任を負う。ただし、会社役員が「虚偽記載等を知らず、相当な注意を用いたにもかかわらず知ることができなかったこと」を、公認会計士・監査法人が「虚偽記載等がないとして監査証明したことにつき故意または過失がなかったこと」を証明したときには、免責される（金融商品取引法21条の2、24条の4、22条1項・2項）。

このように、有価証券報告書等の虚偽記載等に基づく損害賠償請求においては、訴える側が会社役員の任務懈怠を立証するのではなく、虚偽記載等があれば役員責任が認められるのが原則であり、これを免れるためには役員側が免責事由を立証しなければならないという構造になっている（立証責任の転換）。

しかも、過去の裁判例を見る限り、「相当な注意」の立証は容易には認められておらず、役員側にとっては厳しい状況となっている。参考となるべき裁判例としては、以下のとおりである。

① 東京地判平成21年5月21日金判1318号14頁
実際には3億円の経常損失が発生しているにもかかわらず、売上計上が認められない株式売却益等を連結売上高に含めて連結経常利益約50億円を計上した有価証券報告書を提出し、適時開示においても同様の公表を行ったことについて、会社、取締役・監査役、監査法人等に対して有価証券報告書の虚偽記載等に基づく責任を追及した事案である。

この事案においては、会社役員に対して広く責任が認められているが、その中で、海外赴任中の技術部門担当の取締役についても義務違反が認められている。本件判決では、「各取締役に求められる『相当の注意』（旧証取法21条2項1号）は、各取締役が当該会社において占めている具体的な役割や地位に応じて検討されるべきであり、例えば、代表取締役や財務担当の取締役と比較すれば、技術担当の取締役は『相当の注意』を用いたと

認められやすいということはできる」としつつ、「いずれの取締役も会社の業務全般について協議、決定をし、これを監督すべき地位にあり、また、旧証取法は担当の如何を問わず全取締役に損害賠償責任を負わせて有価証券報告書の正確性を確保しようとしているのであるから、技術担当であるとか、非常勤であるからといって、単に与えられた情報を基に有価証券報告書の正確性を判断すれば足りるというものではないし、また、海外に滞在しているからといって、尽くすべき注意の程度が当然に軽減されるものではない」と判示している。

担当外の取締役にとっては非常に厳しい判示であるが、その内容は社外取締役・社外監査役にも当然に当てはまるものであり、留意すべきである。

② 東京地判平成24年6月22日金判1397号30頁

新株予約権付社債の発行による調達資金の全額をスワップ契約に基づく支払いに充てること等を記載せずに臨時報告書を提出したことについて、取締役・監査役に対して有価証券報告書の虚偽記載等に基づく責任を追及した事案である。

本件判決は、訴えられた会社役員を、①準備関与取締役、②取締役会出席役員、③取締役会欠席役員という3つに整理し、①および②の会社役員については責任を認め、③の会社役員については責任を否定した。これらのうち、②取締役会出席役員について、本件判決では「取締役は、取締役会を通じて、会社の業務執行全般を監視する職務を負っている」とした上、「臨時報告書の資金使途の項に本件スワップ契約の締結を含めて本件取引の概要を記載するかどうかは、付議事項……と密接に関連する事項である上、……〔投資家等〕が投融資等に関する合理的な判断を行うに当たって影響を与える重要な情報であった……から、取締役会出席役員としては、本件臨時報告書の資金使途の記載が適正に行われているかどうかについて、取締役会での審議を通じて、監視を行うべき立場にあった」として判示している。

本件においては、取締役会出席役員は当該取締役会の場で初めて本件取引の概要を知ったということであり、実務的な立場からすると非常に厳しい判示であると考えられるが、このような整理に従えば、取締役会に出席

していた社外取締役にも同様の責任が認められることになるため、留意しておくべきである。

● 事項索引 ●

アルファベット

MBO（Management Buy-Out）… 119, 262

あ 行

委員会規則 ……… 11, 28, 35, 159, 160, 214
違法行為差止請求権 … 198, 209, 214, 263
違法性監査 …………………… 195, 196, 200
インセンティブ報酬 ……… 31, 33, 185, 188
親会社 …………………………………… 113, 116
　──・支配株主との取引 …………… 115

か 行

海外機関投資家 …………… 50, 53, 94, 149
会計監査 ………………………… 193, 227, 232
会計監査人 …… 26, 40, 193, 194, 211, 220, 222, 226
　──の選解任等に関する議案の決定 ………………… 43, 211, 212, 229
　──の選定・評価基準 …………… 229
　──の報酬議案についての同意
　　　………………………… 43, 212, 229
確定金額報酬 ……………………………… 182
株主還元の方針 ……………………………… 90
株主総会 ………………… 12, 17, 26, 235
　──参考書類 ………………………… 26
　──招集決定 ………………………… 26
　──招集通知 ………………………… 27
　──の議長 ……………………………… 247
株主代表訴訟 ……………………………… 109
監査委員 ……………………………… 205, 213
監査委員会 …… 9, 12, 21, 26, 34, 139, 192, 196, 200, 206, 207, 212, 215, 221
　──の委員長 ………………… 34, 35, 214
　──の議長 …………………………… 35, 214
　──の招集権者 ……………… 35, 159, 214
監査計画 …………………………………… 36, 222

監査等委員会 … 7, 9, 12, 22, 26, 29, 34, 53, 123, 138, 139, 192, 196, 200, 206, 207, 212, 215, 221
　──の委員長 ……………………… 35, 214
　──の議長 ………………………… 35, 214
　──の招集権者 …………………… 35, 214
監査等委員会設置会社 …… 7, 53, 68, 91, 151, 196, 212, 223, 260, 266
監査等委員である取締役 … 7, 22, 204, 213
　──選任議案の同意権 ……… 205, 233
　──の選任・解任・辞任に関する
　　　意見陳述権 ………………………… 205
監査報告 … 26, 41, 192, 209, 210, 211, 212, 213, 226, 227, 231
監査方針 ………………………… 36, 210, 222
監査役 ……… 6, 26, 192, 195, 204, 209, 219
　──選任議案の同意権 … 198, 204, 212, 233
　──の権限 …………………………… 198
　──の選任・解任・辞任に関する
　　　意見陳述権 ………………… 198, 205
　──の地位 …………………………… 198
　──の任期 ……………………… 198, 204
監査役会 … 6, 9, 12, 34, 123, 138, 139, 206, 207, 210, 215, 219
　──規則 ………………………………… 11
　──の議長 …………………………… 35, 214
　──の招集権者 …………………… 35, 214
監査役会設置会社 ……… 6, 48, 66, 91, 149, 209, 260, 267
企業集団における内部統制システム
　　　………………………… 101, 102, 230
議決権行使基準 ……………………………… 18
議事整理権 ………………………………… 247
基本報酬 ……………………………… 32, 182
競業取引 ……………… 112, 113, 117, 123
業績評価基準 ……………………………… 183

271

事項索引

業務監査 …………………… 193, 224, 232
業務・財産状況調査権
　…… 37, 198, 205, 207, 209, 213, 230, 263
業務執行状況報告 ………… 23, 63, 130
業務執行取締役 ……… 6, 20, 47, 58, 60
経営会議 ……………………………… 11
経営管理契約 ………………… 106, 107
経営指標 ……………………………… 94
経営の基本方針 ……… 57, 68, 89, 91, 93, 94
経営判断の原則 …………… 77, 109, 259
計算書類 …… 26, 27, 192, 227, 231, 237, 239
決算短信 ……………………………… 25
子会社管理 …………………… 69, 106
子会社調査権 ………………… 209, 230
コーポレートガバナンス・コード
　…………………… 2, 53, 56, 68, 141, 229
コーポレート担当取締役 ……… 58, 179
コンプライアンス委員会 …… 12, 123, 135, 138

さ 行

再任取締役候補者の指名 ………… 169
財務報告の信頼性を確保するための
　体制 ……………………………… 230
サクセッション・プラン …… 28, 30, 173, 177
事業報告 ………… 26, 192, 231, 237, 239
事前説明 …………………………… 142
執行役 ……………………… 9, 21, 60
執行役員 ……………………… 21, 47
支配株主 …………………… 113, 116
四半期報告書 ……………………… 25
資本効率 …………………… 50, 53, 94, 149
資本政策 ……………………………… 69
指名委員会 …… 9, 10, 12, 21, 27, 123, 137, 148, 151, 161
　──の委員長 ……… 28, 156, 248, 254
　──の決議事項 ………………… 158
　──の決定権限 ………………… 156
　──の諮問事項 ………………… 158

　──の招集権者 ………………… 159
　──の審議事項 ………………… 165
指名委員会等設置会社 …… 8, 51, 68, 91, 151, 196, 212, 223, 260, 266
指名の方針 ………………………… 168
指名・報酬の決定プロセス …… 55, 64
諮問委員会 …… 7, 10, 53, 64, 137, 151, 201
社外監査役 …… 2, 6, 197, 199, 206, 219, 254, 258, 264
社外取締役 …… 1, 7, 51, 54, 58, 60, 87, 94, 150, 200, 206, 253
社外取締役候補者 ……………… 30, 170
社外役員会議 ……………………… 145
社内決裁手続 …………………… 83, 87
社内取締役 …………………… 58, 60, 88
　──と社外取締役の比率 ……… 177
社内取締役候補者 ……………… 30, 166
重要な業務執行 ………………… 66, 121
　──の決定 …………… 10, 23, 46, 61
常勤監査役 …… 35, 38, 206, 210, 219, 223, 254, 258
少数株主 …………………… 57, 115, 116
賞　与 ……………………… 32, 182
書面決議 …………………… 160, 215
書面報告 ……………………………… 62
新任取締役候補者の指名 ………… 166
信頼の原則 ……………………………… 85
スチュアードシップ・コード ……… 18
ステークホルダー …………… 57, 116
ストック・オプション …… 33, 182
政策保有株式 ………………… 69, 124
説明義務 ……………………………… 249
善管注意義務 …………………… 80, 257
創業家 ……………………………… 113
相談役・顧問制度 ……………… 173, 187
組織監査 …… 39, 205, 207, 213, 221, 225

た 行

退職慰労金 …………………… 33, 182
代表執行役 ……………………… 9, 21, 60

代表取締役 …………… 6, 20, 47, 58, 60
　──の選定・解職 …………… 46, 61
代理出席 …………………… 62, 160, 215
多重代表訴訟 ………………… 102, 108
中間配当 ………………………………… 25
中期経営計画 ………… 69, 89, 93, 94, 175
忠実義務 ……………………………… 80, 257
　──違反 ………………………………… 87
定　款 …………………………………… 11
動　議 ………………………………… 248
　実質的── …………………………… 248
　手続的── …………………………… 248
特定監査役 …………………………… 36
独任制 ……………… 205, 209, 219, 224
特別決議 ……………………………… 248
特別利害関係 ………………………… 160
特別利害関係人 ………………… 63, 114
独立性判断基準 ……………………… 171
取締役会 ……………… 6, 12, 19, 60, 195
　──規則 ……………………………… 11
　──決議事項 ………… 61, 65, 70, 120
　──資料 …………………………… 141
　──の意思決定機能 …… 47, 48, 52, 120
　──の監督機能 …… 47, 51, 52, 55, 120, 122, 148
　──の議長 …………………………… 21
　──の実効性評価 ……… 69, 124, 146
　──の招集権者 ………………… 21, 62
　──の招集手続 ……………………… 62
　──付議基準 ………… 11, 23, 63, 70, 120
　──報告基準 ……………………… 125
　──報告事項 ………… 24, 61, 120, 126
取締役の職務執行の監督 …………… 46, 61

な 行

内部監査 …………………………… 224
内部監査計画 ………………………… 40, 223
内部監査部門 …… 39, 135, 194, 211, 220, 221, 225
内部通報 ……………………………… 136
内部統制システム …… 39, 69, 96, 133, 194, 207, 212, 220, 221, 225, 265
　──の運用結果報告 ……………… 132
　──の構築・運用の相当性 … 226, 233

は 行

非常勤社外監査役 …………………… 265
普通決議 ……………………………… 248
報酬委員会 …… 9, 10, 12, 21, 22, 31, 123, 137, 148, 151, 162
　──の委員長 ……… 31, 156, 248, 254
　──の決議事項 …………………… 158
　──の決定権限 …………………… 156
　──の諮問事項 …………………… 158
　──の招集権者 …………………… 159
　──の審議事項 …………………… 181
報酬の基本方針 ……………………… 184
法令違反 ……………………… 67, 79, 87

ま 行

マネジメント・モデル ………… 48, 52, 149
モニタリング機能 …… 53, 55, 90, 122, 149, 201
モニタリング・モデル …… 50, 52, 90, 150, 200

や 行

役員責任追及訴訟 …………………… 256
有価証券報告書 ………………………… 25
有価証券報告書等の虚偽記載 ……… 267

ら 行

利益相反 ………………………………… 57
利益相反取引 …… 112, 113, 117, 123, 261, 262
リスク管理委員会 ……… 12, 123, 135, 138

273

はじめて学ぶ社外取締役・社外監査役の役割

2017年11月30日　初版第1刷発行

著　者　松　山　　　遙

発行者　塚　原　秀　夫

発行所　株式会社　商　事　法　務
〒103-0025 東京都中央区日本橋茅場町 3-9-10
TEL 03-5614-5643・FAX 03-3664-8844〔営業部〕
TEL 03-5614-5649〔書籍出版部〕
http://www.shojihomu.co.jp/

落丁・乱丁本はお取り替えいたします。
© 2017 Haruka Matsuyama
Shojihomu Co., Ltd.
ISBN978-4-7857-2566-2
＊定価はカバーに表示してあります。

印刷／広研印刷㈱
Printed in Japan

[JCOPY] <出版者著作権管理機構　委託出版物>
本書の無断複製は著作権法上での例外を除き禁じられています。
複製される場合は、そのつど事前に、出版者著作権管理機構
(電話 03-3513-6969、FAX 03-3513-6979、e-mail: info@jcopy.or.jp)
の許諾を得てください。